أسس
علم النفس الجنائي

دار زهران للنشر والتوزيع

المملكة الأردنية الهاشمـية

رقم الإيداع لدى دائرة المكتبة الوطنية

(٢٠١١/٦/٢٢٤٧)

يتحمل المؤلف كامل المسؤولية القانونية عن محتوى مصنفه ولا يعبّر
هذا المصنف عن رأي دائرة المكتبة الوطنية أو أي جهة حكومية أخرى.

أسس
علم النفس الجنائي

تأليف

د. أحمد محمد الزعبي

دكتوراة في علم النفس

أستاذ علم النفس المشارك

جامعات: اليمن/ السعودية

بسم الـلـه الرحمن الرحيم

قال الـلـه تعالى في كتابه العزيـز: (**وَأَنِ احْكُمْ بَيْـنَهُمْ بِمَـا أَنْـزَلَ الـلـه وَلَا تَتَّبِـعْ أَهْـوَاءَهُمْ وَاحْذَرْهُمْ أَنْ يَفْتِنُوكَ عَنْ بَعْضِ مَا أَنْزَلَ الـلـه إِلَيْـكَ فَإِنْ تَوَلَّـوْا فَـاعْلَمْ أَنَّمَا يُرِيـدُ الـلـه أَنْ يُصِيبَهُمْ بِبَعْضِ ذُنُوبِهِمْ وَإِنَّ كَثِيرًا مِنَ النَّاسِ لَفَاسِقُونَ**)

سورة المائدة: ٤٩

الفهرس

الباب الثالث
بعض أشكال الانحرافات والاضطرابات النفسية والعقلية

الفصل السابع
جنوح الأحداث

الفصل الثامن
إدمان الخمور والمخدرات

الفصل التاسع
الشخصية المضادة للمجتمع (الشخصية السيكوباتية)

الفصل الثالث عشر
السجون وأثرها في رعاية السجناء وإصلاحهم

بسم الله الرحمن الرحيم

مقدمة

ازداد الاهتمام في الآونة الأخيرة بالجوانب النفسية للسلوك الإجرامي، وبالعلاقة القائمة بين التكوين العضوي والتكوين النفسي للإنسان، وبدراسة شخصية المجرم ونموها في إطار تأثرها بالمحيط الاجتماعي الذي تعيش فيه.

فالإنسان في عالمنا المعاصر يواجه أزمات معقدة تتناول جميع جوانب حياته النفسية والاجتماعية، والعقلية، والجسمية- كما يجتاح العالم تيار مادي رهيب، أدى إلى قلب المعايير، وزلزلة القيم الإنسانية، وسيادة المنافسة المادية ومحاولة الوصول إلى الأهداف بأي السبل أو الوسائل حتى ولو كانت غير قانونية أو مشروعة من قبل المجتمع. وهذا ما أدى إلى كثرة الانحرافات السلوكية، والاضطرابات النفسية والعقلية، وانتشرت حالات الإجرام بشتى أنواعها، وارتفعت الأصوات التي تنادي بضرورة الحد من ظاهرة الإجرام وتخليص المجتمع من المجرمين الذين باتوا يقلقون أمن الوطن والمواطن.

وفي هذا الكتاب يمكن للقارئ الكريم، والذي يبحث عن حل لمثل هذه المشاكل والانحرافات، أن يجد ضالته، حيث كتب إلى الباحثين من رجال القانون وعلم النفس، والأخصائيين الاجتماعيين، والأطباء ورجال القضاء والمحامين، والمربين، والأدباء، والمرشدين النفسيين، وذوي الاهتمام الخاص بالجريمة والمجرم، وبالانحرافات السلوكية والاضطرابات النفسية.

تضمن هذا الكتاب أربعة أبواب أساسية، حيث تضمن الباب الأول فصلين، الأول عن علم النفس الجنائي؛ اهتماماته وتطوره التاريخي، والثاني طرائق البحث في علم النفس الجنائي. وتضمن الباب الثاني أربعة فصول، تم الحديث فيها عن الجريمة والمجرم، والاتجاهات الحديثة في معاملة المجرمين، والنظريات المفسرة للسلوك الإجرامي.

في حين تضمن الباب الثالث خمسة فصول، تناولت جنوح الأحداث، وإدمان الخمور والمخدرات، والشخصية المضادة للمجتمع والانحرافات، والجرائم الجنسية، وبعض الاضطرابات النفسية والعقلية والسلوك الإجرامي. أما الباب الرابع فقد تضمن ثلاثة فصول، حيث تم الحديث فيها عن أطراف العملية الجنائية في المحكمة، والسجون وأثرها في رعاية السجناء وإصلاحهم، والخدمات النفسية في المؤسسات الجنائية.

وبناء على ذلك يمكن لهذا الكتاب أن يسد فراغاً في المكتبة العربية، خاصة وأنها لا زالت تفتقر إلى المراجع العلمية الحديثة في مجال علم النفس الجنائي، حيث أن ما كتب باللغة العربية في هذا المجال حتى الآن قليل.

ولهذا فإن أملي كبير في أن أكون بهذا الجهد العلمي المتواضع قد وفقت في تحقيق الهدف الذي من أجله وضع هذا الكتاب.

و الله من وراء القصد

المؤلف

الدكتور أحمد محمد الزعبي

الباب الأول

علم النفس الجنائي وطرائق البحث فيه

الفصل الأول

علم النفس الجنائي

اهتماماته وتطوره التاريخي

- طبيعة علم النفس الجنائي واهتماماته.
- تعريف علم النفس الجنائي.
- التطور التاريخي لعلم النفس الجنائي.
- أهمية علم النفس الجنائي.
- العلوم ذات الصلة بعلم النفس الجنائي.

الفصل الأول

علم النفس الجنائي

اهتماماته وتطور التاريخي

طبيعة علم النفس الجنائي واهتماماته

يوضح علم النفس الجنائي أثر التركيب النفسي للإنسان على سلوكه بعامة وعلى السلوك المنحرف بخاصة. كما يهتم علم النفس الجنائي بالعلاقة الوثيقة بين التكوين العضوي والتكوين النفسي للإنسان. ولذلك يظهر السلوك الإنساني المنحرف كمعادلة ضمنها معادلات فمعادلات؛ يسعى الباحث العلمي للوصول عبرها إلى حقيقة الإنسان المجرم (العوجي، 1982: 24).

فالشخصية الإنسانية تعبر عن مكنوناتها الداخلية، وهي في هذا التعبير تتأثر بالتركيب العضوي للإنسان، وبالمؤثرات الخارجية، مما يجعلها تعكس بصورة مختلفة ما تتلقاه، وتسلك سلوكيات ربما أدت إلى الانحراف. فعلم النفس الجنائي يهتم بدراسة شخصية الإنسان المجرم، ونموها، وتأثيرها بالمحيط الاجتماعي الذي يعيش فيه منذ ولادته.

ولذلك يحاول علم النفس الجنائي بيان فائدة مضامين مبادئ علم النفس العام وعلم النفس الاجتماعي تجريبياً، ويتناول المشاكل الخاصة بميدان علم النفس الجنائي، وهو في محاولته هذه يتخذ وجهة نظر مهنية خاصة تختلف عن وجهة نظر علم النفس. فعالم النفس يتجه في بحوثه إلى بيان صحة فرض أو مبدأ أو تحقيقه للتوصل إلى المبادئ العلمية العامة، في حين يتجه اهتمام عالم النفس الجنائي إلى إيجاد حل عملي لمشكلة من المشاكل، وتكوين ممارسات مهنية تحقق أقصى ما يمكن من الفائدة التطبيقية. ولكن هذا لا يعني أننا نتحدث عن علمين منفصلين تماماً، فهناك الكثير من المبادئ النفسية التي يمكن التوصل إليها من خلال البحوث التي تجري في ميدان الجريمة، والتي تفوق أحياناً ما يتم التوصل إليه من خلال البحوث

التجريبية في علم النفس. ولهذا لابد لعالم النفس الجنائي من الاستمرار في البحث عن التطبيقات العلمية للنظريات والمبادئ العامة لعلم النفس، ومحاولة التوصل إلى المضامين النظرية للتطبيقات العملية المختلفة (جلال، 1984).

ويهتم علم النفس الجنائي باستخدام قوانين علم النفس في تنفيذ مختلف مراحل الإجراءات الجنائية من حيث تحليل تصرفات وأفعال المسئولين عن التنفيذ (القاضي، المحامي)، حيث أن كلاً من القاضي والمحامي بشر- يختلفون من حيث التكوين النفسي ومن حيث الاتجاهات والميول والقدرات، والذي من شأنه أن يؤثر على أسلوب التنفيذ. كما يهتم علم النفس الجنائي بدراسة الأساليب النفسية في التحري والبحث عن المجرم، وبالأساليب والطرائق المختلفة لإصلاح الجاني، والعودة به عضواً فعالاً إلى المجتمع الذي يعيش فيه. فعلم النفس الجنائي يهتم بسيكولوجية صانع قانون العقوبات ومنفذها والظروف التي تتم فيها سن القوانين وتطبيقها وتطويرها بهدف العلاج، والتقليل من الجريمة في مجتمع بعينه (جلال، 1984).

ولذلك فإن علم النفس الجنائي يضع لدى الأجهزة القضائية والأمنية المختلفة الأسس والقواعد العامة التي تساعدهم على تنفيذ مهامهم بيسر سواء في مجال التعرف على الجاني بشكل دقيق من خلال استخدام طرائق التشخيص النفسي- في البحث الجنائي، أو في مجال تحقيق الوقاية من الجريمة والتقليل منها والحد منها ما أمكن، وذلك من خلال برامج الإصلاح والتأهيل والرعاية. فعلم النفس الجنائي يهتم بدراسة أسباب الجريمة ودوافعها الشعورية واللاشعورية والفطرية والمكتسبة، وبالأسباب الاجتماعية التي تؤدي إلى الجريمة والجنوح، حيث يحاول الكشف عن العوامل التي تدفع الفرد إلى ارتكاب العمل الإجرامي (العيسوي، 1992).

كما يعالج علم النفس الجنائي الجريمة بوصفها ظاهرة نفسية سببها سوء توافق نفسي- واجتماعي من قبل الجاني، وذلك ليتخلص من انفعالاته واضطراباته. كما

يدرس الذكاء والطباع، والموقف الأخلاقي للجاني من الوجهة الموضوعية لعلم النفس التجريبي، وبدوافع فعله الشعورية واللاشعورية، كما يحاول الوصول إلى الظواهر المرضية للسلوك الإجرامي.

تعريف علم النفس الجنائي:

تعددت تعاريف علم النفس الجنائي من قبل العلماء والباحثين، حيث اعتبره البعض "فرعاً من فروع علم النفس الاجتماعي الذي يستند بدوره إلى علم النفس العام" (ليلة، 1901: 92). كما يعرفه البعض الآخر بأنه "فرع تطبيقي من علم نفس الشواذ، يدرس العوامل والدوافع المختلفة التي تتضافر في إحداث الجريمة، ويقترح أنجح الوسائل لعقاب المجرم أو علاجه أو إصلاحه" (راجح، 1942).

وهذا التعريف يهتم بالأسباب والدوافع المختلفة التي تدفع الفرد لارتكاب الفعل الإجرامي، ويقترح الوسائل الكفيلة لعقابه، أو علاجه، أو إصلاحه. ويحدد "لاجاش" علم النفس الجنائي بأنه "العلم الذي يتناول السلوك الإجرامي تناولاً سيكولوجياً". في حين يعرف جلال (1984: 3) علم النفس الجنائي بأنه "تطبيق مبادئ علم النفس العام في ميدان الجريمة". ولكن في كثير من الحالات فإن مجرد تطبيق مبادئ علم النفس العام في ميدان الجريمة، لا يأتي بالنتائج المرجوة، خاصة إذا كانت الآراء مصدرها علماء ليس لهم خبرة كافية بميدان الجريمة، والتعامل مع الفئات المنحرفة المختلفة. فعلم النفس الجنائي يتحمل اليوم مسؤولية إثبات مدى فائدة تطبيق علم النفس العام في ميدان الجريمة بشكل تجريبي، ويسعى إلى إيجاد حل علمي لمشكلة من المشاكل، وتكوين ممارسات مهنية تحقق أقصى ما يمكن من الفائدة التطبيقية.

ومن التعاريف المبسطة لعلم النفس الجنائي والتي تحدد مجاله، تعريف "هانزتوخ" (1961) إذ يعرفه بأنه "العلم الذي يشارك غيره من العلوم في تأهيل وإصلاح الجاني، يقوم بدراسة أسباب السلوك الإجرامي، ويحاول عزل وفصل

وفهم تفاعل العوامل الخاصة التي تؤدي ببعض الناس إلى اقتراف بعض الجرائم، محاولاً التوصل إلى قوانين أو مبادئ عامة عن أنماط أسباب السلوك المضاد للمجتمع، والهدف من ذلك علاج الجاني وتقليل الجريمة" (جلال، 1984).

وهذا التعريف يفرق بين علم النفس الجنائي وعلم النفس القانوني الذي يهدف إلى التحكم في العوامل النفسية التي تؤثر في موضوعية العمليات القانونية لتحقيق العدالة بطريقة إنسانية قدر المستطاع.

أما عيسوي (1981: 14) فيعرف علم النفس الجنائي "بأنه ذلك العلم الذي يدرس أسباب الجريمة ودوافعها سواء أكانت هذه الدوافع نفسية أم اجتماعية، كما يدرس وسائل مكافحة الانحراف، ويساهم في وضع السياسة العقابية التي تستهدف إصلاح الفرد بدلاً من إنزال العقاب به".

ولهذا فإن علم النفس الجنائي يدرس المجرمين والجرائم المختلفة، ويدرس تكوين وبناء الجريمة، والأغراض التي تؤدي إليها. كما يدرس الجماعات الإجرامية Criminal, Croups ومدى تأثير كل من الوراثة والبيئة في تكوين سلوكيات المجرمين.

أما ربيع وآخرون (1995: 18) فيعرفون علم النفس الجنائي "بأنه فرع من فروع علم النفس التطبيقي يهتم بدراسة السلوك الإنساني في إطار تعامل هذا السلوك مع القانون". وهذا التعريف يركز على العلاقة بين علم النفس والقانون، ويعتبر علم النفس الجنائي المنطقة التي يتقابل فيها علم النفس مع القانون.

ومن خلال ما تقدم عرضه من تعريفات يخلص المؤلف إلى تعريف علم النفس الجنائي على أنه "فرع من فروع علم النفس التطبيقي، يهتم بدراسة العمليات النفسية للسلوك الإجرامي والعمل على فهمها، ومعرفة الدوافع المختلفة في إحداث الجريمة، بهدف الوصول إلى القوانين والمبادئ العامة عن أنماط السلوك المضادة للمجتمع، من أجل إصلاح الجاني أو علاجه".

ولذلك فإن دراسة العمليات النفسية الكامنة وراء السلوك الإجرامي للمجرم، وكذلك معرفة دوافعه المختلفة، تعد من ضمن الاهتمامات الرئيسية لعلم النفس الجنائي، والغاية من ذلك التعرف إلى أنماط سلوك المجرم المضادة للمجتمع وذلك تمهيداً لإصلاحه أو علاجه في مؤسسات الرعاية الاجتماعية، أو في المستشفيات النفسية، أو في السجون.

التطور التاريخي لعلم النفس الجنائي

تعد الجريمة منذ فجر التاريخ الإنساني من أكثر منغصات المجتمع أهمية، وذلك نظراً لما يتكبده المجتمع من خسائر في شتى مجالات الحياة، وقد كان استخدام علم النفس في مجال القضايا الجنائية والقانونية مبكراً في تاريخ البشرية، حيث يمكن أن تعود البداية لهذا الاستخدام إلى قبل ما يقرب من (200) عام. وقد توافق ذلك مع بدايات تطور علم النفس، وظهور علومه التطبيقية، ومن خلال إسهامات أعلامه المشهورين (أمثال فوندت، واطسن، فرويد،... الخ)، الذين توصلوا إلى استنتاجات مهمة فيما يخص السلوك البشري، وتفسير ظواهره النفسية المختلفة.

ففي عام (1792) ظهر كتاب حول "القدرات الفيزيولوجية لتقييم المجرمين" للعالم (Eckardthausen) كما ظهر في نفس العام كتاب بعنوان "أفكار في علم النفس الجنائي" للعالم (Schaumann) ومن خلال هذه المؤلفات درست بعض القضايا الجنائية من وجهات نظر نفسية.

كما ظهرت في بداية القرن التاسع عشر بعض الأعمال مثل "التطبيقات الرئيسية لعلم النفس في المجال القانوني" للعالم (Hoffbauer) وكذلك "الدليل المنهجي لعلم النفس القضائي"، حيث شملت هذه المؤلفات قضايا مثل: تحليل شخصية المجرم، وتحديد المسؤولية الجنائية، وبعض المسائل التفصيلية التي ترتبط بسيكولوجية الإجراءات القضائية.

وفي منتصف القرن التاسع عشر شهد علم النفس مرحلة نوعية جديدة في تطوره، غير أن المسائل الخاصة بعلم النفس الجنائي لم تلق الأهمية الكافية.

وفي نهاية القرن التاسع عشر حظيت المشاكل العملية، وخاصة الظواهر الإجرامية باهتمام لا بأس به، والتي ترافقت مع ظهور معطيات ونتائج علم الإجرام. وقد لعبت مدرسة الحقوق الأنثروبيولوجية ومؤسسها "لومبروزو وتلاميذه" دوراً مميزاً، حيث تبنت فكرة "مجرم بالوراثة". وقد ساهمت هذه المدرسة مساهمة كبيرة في الدراسات البيولوجية لشخصية المجرم.

كما أن معالجة السلوك الإجرامي كظاهرة مرضية، أدى إلى الارتباط الوثيق بين علم النفس الجنائي، وعلم الأمراض العقلية الشرعي لفترة طويلة. كما أن ضرورة التفسير النفسي للمشكلات القانونية ليست محصورة فقط على المرضى العقليين، بل امتد ليشمل أيضاً الأشخاص العاديين في حالاتهم النفسية.

ولكن المحاولات في تحديد موضوع علم النفس الجنائي قد ظهرت بشكل واضح في كتاب (Friedrich) بعنوان "أهمية علم النفس في مكافحة الجريمة"، و "سيكولوجية النشاط القضائي"، و "سيكولوجية شخصية المجرم"، و "سيكولوجية الجرائم".

كما أن دراسة الفئات الخاصة من المجرمين، والدراسات النفسية للمجرمين، وكذلك الجريمة، كانت هي الأخرى مثار اهتمام كل من (C...L Wulfeen) و (M. Kaufmann) في كتابيهما "علم النفس الجنائي"، و "علم نفس الجريمة".

كما برز في نهاية القرن التاسع عشر أيضا عمل (H. Gross) "علم النفس الجنائي"، والذي يعتبر استمراراً لعمله السابق "دليل قاضي التحقيق"، حيث خصص هذا العمل للمشاكل النفسية للإجراءات الجنائية، وخصص ثلث هذا الكتاب للأسس النفسية للنشاط القضائي، وبقية الأجزاء خصصت لسيكولوجية التحقيق مع المتهمين والشهود، وبنتائج استخدام علم النفس في المجال القانوني. كما

اقترح عالم النفس الفرنسي (Laparje) التفريق بين علم النفس القضائي (الذي يهتم بسيكولوجية النشاط القضائي)، وعلم النفس الجنائي (الذي يهتم بسيكولوجية المجرم). ويمكن أن يتوحد هذان العلمان في اتجاه واحد يطلق عليه (علم النفس الشرعي).

وفي بداية القرن العشرين أصبح ارتباط علم النفس بالأعمال القانونية واضحاً، حيث اهتم علماء النفس، والعاملون في مجال الجريمة والقانون من بلدان متعددة في هذه الأنشطة، حيث تم فحص أقوال الشهود، والمتهمين في إطار ما يعرف (بعلم نفس الإجراءات الجنائية)، حيث يتم تشخيص الوقائع الإجرامية بطرائق نفسية يتم من خلالها إثبات التهم في المتهمين من خلال دراسة ردود الأفعال الفيزيولوجية في التحقيق. ومن أبرز الباحثين في هذا المجال العالم الألماني (Wartheimer) وكذلك (Munsterberg) الأمريكي الجنسية والأصل الألماني، والذي اهتم بتطبيقات علم النفس في مجالات الحياة، وخاصة المجال الجنائي، والمجال الصناعي، ويعتبر مؤسس علم النفس الجنائي، إذ أصدر في عام 1908 كتاباً بعنوان "على منصة الشهادة"، إذ أشار في هذا الكتاب إلى مشاهداته وملاحظاته لما يتم أثناء المحاكمة من مداخلات. كما نشرـ في عام 1914 مقالة بعنوان "الجوانب النفسية عند المحلفين" حيث كانت هذه الدراسة نتيجة بحوث أجريت على طلبة جامعتي "هارفارد"، و" راد كليف"، وأكد في هذه الدراسة على ضرورة استبعاد النساء من هيئات المحلفين على أساس أن الطالبات أقل كفاءة في دقة الأحكام واتخاذ القرارات من الطلاب.

كما أن أبحاث علماء النفس الأمريكي أدت إلى إنتاج أجهزة لكشف الكذب، وعرفت فيما بعد باسم "كاشفة الكذب". فنتائج البحوث النفسية التجريبية فيما يخص القضايا الجنائية أدت إلى ما يعرف أخيراً (بتقارير الخبرة النفسية في العملية القضائية)، وقد تضمنتها أعمال (Stern) "شهادة الأحداث في العمليات الاعتبارية"، كما نشر في عام (1939) دراسة عن أخطاء عملية التذكر عند

الأطفال، وعند الكبار، وأوضح بأنها تعود إلى أساليب الاستجواب ذات الطابع الإيحائي. أما العالم (K. Marbe) فقد ألف كتاباً بعنوان "عالم النفس كخبير قضائي في الإجراءات الجنائية والمدنية، وقدم في عام (1911) استشارات علمية للجهات القضائية عن الوقت الذي يفصل بين المثير والاستجابة.

كما عمل بعض علماء النفس الشرعيين كخبراء نفسيين في المحاكم، حيث ذكر (Waldimirow) في كتابه "البحث النفسي في الإجراءات الجنائية" أن الضوء لا يأتي لرجل البحث الجنائي من موقع القانون، ولكن من داخل عيادة طبيب الأمراض العقلية، وكذلك من مختبر علم النفس.

وفي عام (1922) عين (W. Marston) بوظيفة أستاذ علم النفس القانوني في الجامعة الأمريكية، وهو يعتبر من كبار علماء النفس الأمريكيين تأثراً في المجال الجنائي في ذلك الوقت، وقد عمل (Marston) باحثاً في "كلية راد كليف" وأجرى في عام (1917) دراسة عن العلاقة بين الكذب وارتفاع ضغط الدم، واشترك في تقديم الاستشارات العلمية إلى العديد من المؤسسات العلمية المهتمة بدراسة الجريمة. كما قام أيضاً بالعديد من الدراسات عن نظام المحلفين مما يتصل بالقضاء الأمريكي، بقصد مساعدتهم للوصول إلى فهم الجوانب النفسية المتعلقة بالشهادة والمحاكمة وغير ذلك.

أما في روسيا فقد توسع نطاق الرأي الذي يعتبر علم النفس الشرعي علماً مستقلاً بين أوساط القانونيين، وكذلك علماء النفس، حيث ظهر هذا الرأي بعد المؤتمر الأول لأبحاث السلوك الذي عقد في عام (1930).

أما في أوائل الأربعينات فكانت المؤسسات العقابية في الولايات المتحدة الأمريكية تضم حوالي مئتي ألف نزيل، وكان عدد الاختصاصيين النفسيين الذين يقدمون لهم الخدمات النفسية لا يتجاوز الثمانين، وكانت خدماتهم تقتصر على تطبيق الاختبارات النفسية، والإرشاد والتوجيه المهني والتعليمي.

أما في الخمسينات من هذا القرن فقد ساهم العديد من علماء النفس في المجال الجنائي، من حيث تقديم الاستشارات العلمية بشأن الشهادة القضائية، وكذلك في تقديم الفحوص النفسية للمجرمين، وأبدوا آراءهم عن أثر الأفلام الخلاعية على المراهقين، وكان تقرير المسؤولية الجنائية للمجرم أمراً يقرره الطبيب النفسي إذا كان المجرم مريضاً نفسياً، كما أن بعض المحاكم في الولايات المتحدة الأمريكية تأخذ بتقرير علماء النفس في تحديد الحالة النفسية والعقلية للمتهم مثل ولاية "كولومبيا".

وفي الستينات من هذا القرن أصدر (Toch 1961) كتاباً بعنوان "علم النفس الجنائي والقانوني (Legal And Criminal Psychology) وقد كتب هذا الكتاب اختصاصيون في علم النفس. كما أصدر آيزنك (Eysenk, 1964) كتاباً بعنوان الجريمة والشخصية (Criminal Personality) والذي يعتبر بحث تنظيراً متكاملاً لموضوع الجريمة يقوم به أحد علماء النفس المهتمين بموضوع الجريمة.

ومنذ ذلك الوقت وحتى الآن تتوالى المؤلفات وصدور الدوريات العلمية في مجال علم النفس الجنائي، إذ نجد اليوم مئات العناوين حول هذا المجال.

أهمية علم النفس الجنائي:

لعلم النفس الجنائي أهمية خاصة في دراسة نفسية المجرم، والكشف عن الأسباب المؤدية إلى سلوكه الإجرامي. فهو يهتم اهتماماً خاصاً بالتفاعلات النفسية التي تؤدي إلى الإجرام، ويسعى من أجل الحد منها وإيقافها من خلال الإجراءات الوقائية التي يتخذها، أو من خلال علاج المجرمين.

ولذلك كان لعلم النفس الجنائي الفضل في نشوء حركة إصلاح السجون، وظهور أساليب جديدة في معاملة المجرمين بدلاً من الأساليب القديمة. ويعتبر أحد المكاسب البشرية التي ترجع إلى علم النفس الجنائي، المبدأ المهم الذي تبنته

حالياً دساتير العالم كافة، وهو أن "العقاب ليس تشفياً أو انتقاماً، بل تقويماً لآدمية المجرم" (بهنام، 1979: 12).

كما أن معرفة النفس البشرية، وكذلك أسباب ودوافع الانحراف يفيد عامة الناس، إذ يبصرهم بأنفسهم، خاصة وأن علم النفس الجنائي يهتم أيضاً بدراسة الأمراض العقلية والنفسية والعصبية لدى المجرمين، ويوضح ما قد يعتري الجاني من اضطرابات تؤدي به الوصول إلى الجريمة. وقد ظهرت الحاجة ماسة إلى علم النفس الجنائي في عملية التطبيق القانوني، وذلك لتقديم إجابات دقيقة فيما يخص العديد من الأسئلة التي تخص القضاء ورجال الشرطة، وذلك لاتخاذ الإجراءات الدقيقة لتشخيص الأقوال، أو تشخيص حالة المجرم النفسية والعقلية، بهدف تحديد الدوافع الداخلية لارتكاب الجريمة، والمعوقات الصحيحة والنفسية التي لا تؤهله لإدراك نتائج أفعاله المرتكبة. كما أن الحاجة إلى علم النفس الجنائي أصبحت ماسة لأجهزة مكافحة الجريمة التي تتطلب قدراً كبيراً من المعارف العلمية النفسية لتحقيق العدالة المتوخاة من نشاطها.

العلوم ذات الصلة بعلم النفس الجنائي:

ليست الجريمة مجرد ظاهرة مضادة للمجتمع يتعامل معها القضاة والمحامون ورجال الأمن وفقاً لنصوص قانون العقوبات الثابتة، ولكنها أيضاً مشكلة سيكولوجية تستلزم الدراسة المتعمقة من قبل كل من يهتم بدوافع السلوك الإنساني.

ولهذا فإن المشتغلين بالقانون وعلماء النفس يتعاونون مع بعضهم في مهمة التعامل مع الجريمة والجاني. فالمشتغلون بالقانون يرون أن القانون الجنائي يهتم بالسلوك الإنساني، ولذلك ينبغي أن يستفيد من الفهم الذي حصل عليه علم السلوك من خلال الملاحظة العملية. كما أن علماء النفس يشعرون بالتزامهم كمواطنين إزاء فهم وخدمة عمل القانون الجنائي، ويدعم تعاون هذه الاتجاهات

المتكاملة، ما يدفعه المجتمع من ضريبة باهظة من المعاناة والفاقد البشري نتيجة مشكلة الجريمة وإخفاق المجتمع في التعامل معها. وأهم العلوم ذات الصلة بعلم النفس الجنائي ما يلي:

1- علم النفس القضائي: **Juridical Psychology**

يهتم علم النفس القضائي بدراسة نفسية كل من هو طرف في خصومة اجتماعية. والمراد بالطرف كل من يؤدي دوراً ولو لم تكن له صفة الخصم. فالمتهم طرف وخصم في آن واحد، ووكيل النيابة طرف وخصم، والقاضي طرف لابد منه ولا غنى عنه في سبيل فض الخصومة، غير أنه يعلو على الخصوم ولا يدخل في عدادهم كواحد منهم. والشاهد طرف وليس خصماً، والمحامي طرف وليس خصماً، والخبير طرف وليس خصماً، ومأمور الضبط ليس طرفاً ولا خصماً، ولكن له دور في التمهيد للرابطة الإجرائية الجنائية، إذ يمثل نقطة البداية في الطريق إليها، وقد يكون له دور الشاهد فيصبح طرفاً فيها.

ولهذا فإن علم النفس القضائي يهتم بدراسة العوامل النفسية التي تؤثر في جميع المشتركين في الدعوى الجنائية، كالقاضي، والمتهم، والمحامي، والمجني عليه، والشهود، والمبلغ، والجمهور عامة. كما يهتم بالعوامل التي تؤثر في القاضي كالصحافة والإذاعة ويدرس قدرة الشهود على التركيز والتذكر، والعوامل التي تؤثر في الشهادة. كما يدرس أثر الإيحاء في نفسية المشتركين في الدعوى، والعوامل النفسية الشعورية واللاشعورية التي يحتمل أن يكون لها أثر في جميع المشتركين في الدعوى الجنائية.

وللتمييز بين علم النفس الجنائي وعلم النفس القضائي يمكن القول أنه حين تصدر جريمة من طرف ما في الرابطة الإجرائية، فإن هذا الطرف قد وصم بوصمة المجرم. ولهذا فإن دراسة نفسيته في صلتها بالجريمة المرتكبة تدخل في نطاق علم النفس الجنائي وليس في نطاق علم النفس القضائي.

فعلم النفس القضائي لا تعنيه من هم أصحاب الأدوار في الخصومة القضائية سوى تلك المسالك التي تعتبر انحرافاً من غير أن تكون إجراماً، لأنها إن كانت كذلك دخلت مجال علم النفس الجنائي.

فضلاً عن ذلك يهتم علم النفس القضائي- كاتجاه مهم من اتجاهات علم النفس الجنائي- بتقديم تقارير الخبرة النفسية والعقلية لأجهزة العدالة وذلك في القضايا التي يشك في صحتها، مثل اختبار أقوال القاصرين من المتهمين والشهود والمجني عليهم، وتقديم تقارير نفسية حول نتائج تلك الاختبارات إلى القضاء، وكذلك تصنيف الأقوال الكاذبة بارتباطاتها مع الأبعاد المختلفة لشخصيات المفحوصين لإبراز جوانب الخلل في شخصياتهم وأسبابها وتأثيرها على الإدلاء بالأقوال الصحيحة، وذلك من خلال اختبارات القدرة على التركيز، والقدرة على التذكر والإدراك. . الخ (باعبيد، 1995).

كما يهتم علم النفس القضائي أيضاً في قضايا تحديد المسؤولية الجنائية لدى الأحداث الماثلين أمام القضاء، إذ يتم دراسة نموهم النفسي- والاجتماعي والعقلي من خلال الاختبارات التي يطبقها علم النفس الجنائي، ويحدد من خلالها مدى تجاوز الحدث لسن الطفولة ليتمكن القاضي من إصدار أحكامه على أسس سليمة. كما يقوم عالم النفس الجنائي بتحديد المسؤولية الجنائية لدى البالغين من حيث تحديد ما إذا كان المجرم من ذوي الأمراض النفسية أو العقلية التي تعيقه من إدراك عواقب فعله.

2- علم نفس المجرم:

يهتم علم نفس المجرم بدراسة شخصية المجرم من النواحي العضوية والعقلية والنفسية، والدوافع الكامنة وراء ظهور السلوك الإجرامي، والعوامل الخاصة بهذا السلوك.

وفي هذا الخصوص يتم دراسة كل ما يتعلق بتكوين المجرم العضوي ودراسة نظام الغدد الصماء، وكل ما له علاقة بالنواحي التشريحية والكيميائية الحيوية.

من جهة أخرى يهتم علم نفس المجرم بدراسة المظاهر العقلية والنفسية والأخلاقية كالشذوذ العقلي، والعنه، والبله، والجنون، وشذوذ الحساسية، وشذوذ الشعور الخلقي.

كما يتم تحليل بعض الظواهر مثل التوتر النفسي- الشديد، وتحديد بداية ظهور هذا السلوك، ومبررات الإقدام على اقتراف الجريمة دون غيرها من ردود الفعل الأخرى، وبحث العلاقة المتبادلة بين الدوافع الداخلية المرتبطة بشخصية المجرم والعوامل الخارجية. فعلم نفس المجرم يهتم إذاً بدراسة شخصية المجرم دراسة وافية، ويدرس السلوكيات الخاطئة والخطرة الناجمة عنه قبل اقتراف الجريمة عن طريق العملية المقرونة بإجراء مقابلات وفحوص مخبرية وتشريحية، وذلك بهدف اتخاذ التدابير الوقائية اللازمة، وكذلك مساعدتهم في دمجهم في الحياة الاجتماعية دون أن يتسببوا في إيذاء الآخرين.

3- علم نفس الإجراءات الجنائية:

يعد علم نفس الإجراءات فرعاً من فروع علم النفس الجنائي، يهتم باستخدام قوانين علم النفس في تنفيذ مختلف مراحل الإجراءات الجنائية، من حيث تحليل تصرفات وأفعال الجهات المشاركة في تلك الإجراءات ابتداءً من التحري وانتهاء بإصلاح الجاني.

ومن أجل ذلك تستخدم بعض الطرائق في التشخيص النفسي، وتتم دراسة الأسس النفسية لإجراءات البحث الجنائي عموماً، كما يتم استخدام برامج الإصلاح والتأهيل والعلاج والرعاية والوقاية.

4- علم الاجتماع الجنائي:

وضعت مدرسة الوسط الاجتماعي الفرنسية -البلجيكية نواة هذا العلم، كما يعتبر (Enrico Ferry) عالم الاجتماع الإيطالي مؤسساً لعلم الاجتماع الجنائي، حيث أصدر سنة (1881) كتاباً بهذا العنوان وله يعود الفضل في تطوره وازدهاره.

فعلم الاجتماع الجنائي يهتم بتحديد العلاقة بين الظروف الاجتماعية المختلفة وبين ظاهرة الإجرام، إذ يحاول أن يبين إلى أي مدى تساهم هذه الظروف في ارتكاب الجرائم (رمضان، 1972.

ولذلك فإن علم الاجتماع الجنائي يدرس الجريمة بوصفها ظاهرة اجتماعية، ويبحث عن ظروفها الاجتماعية سواء أكانت ظروفاً اقتصادية، أم مهنية، أم جغرافية ومناخية، أم سياسية، أم عمرانية، أم تعليمية، كما يهتم هذا العلم أيضاً بدراسة المجتمع من خلال مظاهره الإجرامية، ويبحث في العوامل الاجتماعية التي تهيئ الفرص للإجرام (راشد، 1974، 39).

فالإجرام لا يوجد إلا إذا تعارض سلوك الفرد مع سلوك الجماعة، أو سلوك فرد آخر، فإذا انعدم وجود الآخرين، انعدم معها السلوك الإجرامي. فالسلوك الإجرامي إذاً إطاره المجتمع الإنساني، وضمن هذا الإطار يتم دراسة المبادئ السلوكية المنبثقة عن الحياة والمرتبطة بتنظيم المجتمع الإنساني والقواعد التي يستند إليها في تأمين استمرارية هذه الحياة وهذا النظام والتفاعلات القائمة بين حياة الفرد وحياة المجتمع.

فالسلوك الإجرامي إذا ما تم الاقتراب منه من الزاوية الاجتماعية يظهر العوامل الاجتماعية التي تراكمت على أرضه فتفاعلت فأدت إلى تحققه، ودراسة هذا الاقتراب والتفاعل هي بالضبط ميدان علم الاجتماع الجنائي. فهو علم يساهم بما يقدمه من معرفة بالسلوك الإجرامي في جعل العلم الجنائي يحقق ذاتيته، ويتمم رسالته في شرح هذا السلوك (العوجي، 1980: 25). كما تمثل الجريمة ظاهرة اجتماعية ترتكز على أسس ثقافية، وتنشأ نتيجة تفاعل الفرد مع البيئة الاجتماعية التي يعيش فيها، حيث تؤثر في توافقه أو جنوحه أثناء عملية التنشئة الاجتماعية.

الفصل الثاني

طرائق البحث في علم النفس الجنائي

أولاً- الملاحظة

ثانياً- المقابلة

ثالثاً- دراسة الحالة

رابعاً- الدراسة الفردية لحالة المجرم

خامساً- دراسة المجموعات المتماثلة

سادساً- مقاييس التقدير

سابعاً- الاستبيان

ثامناً- الاختبارات النفسية

الفصل الثاني

طرائق البحث في علم النفس الجنائي

يتسم منهج البحث في علم النفس الجنائي كغيره من مناهج البحث في ميادين علم النفس الأخرى بطابعه العلمي، حيث يستند إلى الملاحظة والتجريب، فهو من العلوم التجريبية كالعلوم الطبيعية والاجتماعية. فعلم النفس الجنائي يبحث في المشاكل الواقعية المتعلقة بالجريمة والمجرم، ويتحقق من الفروض التي توضع في هذا الصدد عن طريق استخدام الأساليب العلمية التطبيقية لتفسير الوقائع المختلفة، كما أنه يبحث عن علاقات الارتباط بين الأسباب والنتائج لتأصيل الحقائق وصياغتها صياغة علمية.

وتتنوع طرائق البحث في علم النفس الجنائي من دولة إلى أخرى، وذلك تبعاً لاهتمام الدولة بهذا العلم، ومقدار الإمكانيات المتوافرة كماً وكيفاً من قبل الدولة. وهذا التنوع لا يعني أن هذه الطرائق منفصلة بل متكاملة، بحيث لا يستغني الباحث عن أحدهما دون الأخرى، إذ أن فهم الظواهر الاجتماعية ومعرفة الظروف التي تحيط بها، والقوانين التي تخضع لها يجعلنا نستخدم أكثر من طريقة لتحقيق هذا الغرض. وأهم طرائق البحث في علم النفس الجنائي ما يلي:

أولاً- الملاحظة Observation

تؤدي الملاحظة في علم النفس الجنائي دوراً فعالاً، حيث تتطلب من الباحث ملاحظة أفراد العينة بنفسه، ثم يسجل كل ما يصل إليه نظره من معلومات تتعلق بالواقعة موضوع البحث. والملاحظة قد تتم في مواقع طبيعية، وقد تتم في المخبر، ويجب أن يتوافر في الشخص الذي يقوم بالملاحظة، الخبرة والموضوعية في التقدير. ويمكن الحديث هنا عن نوعين من الملاحظة هما:

أ- الملاحظة البسيطة: **Simple Observation**

يستخدم الملاحظة (الباحث) هـذا النـوع مـن الملاحظـة مـن أجـل جمـع المعلومـات عـن الظاهرة موضوع البحث، وذلك من خلال مشاهداته ومراقبته واستماعه دون استخدام أجهـزة فنيـة، أو معـدات أخـرى. ويمكـن أن تكـون هـذه الملاحظـة عـلى شـكل ملاحظـة بالمشـاركة (Participation) حيث ينزل الباحث إلى ميدان الجريمة، ويندمج وسط الجماعـة التـي يهـدف دراستها، بحيث يصبح فرداً عادياً فيها. وتتميز هذه الطريقة بأنها تمكـن الباحـث مـن ملاحظـة نشاط الأفراد في الجماعة وسلوكياتهم المختلفة في الطبيعة عن كثب، مـما يسـاعده في الحصـول على معلومات دقيقة يتعذر الوصول إليها عن طريق الوسائل الأخرى.

وهذا الأسلوب يصعب على الباحث سلوكه، لأنه يتطلب منـه النـزول إلى البيئـة الإجراميـة ومشاركة أناس يسلكون طريق الإجرام في حياتهم. ولكن هناك آراء لبعض الباحثين تـرى أن دور الباحث يقتضي منه أحياناً الاشتراك في ارتكاب الجريمة من أجل التوصل إلى كشف الحقائق.

ولكن الملاحظة البسيطة قد لا تتطلـب مشـاركة الباحـث (Non- Participation) للأفـراد موضع البحث، فالباحث يفصح لهم عن حقيقة مهمتـه، ويحصـل عـلى ثقـتهم، وذلـك بتكـوين علاقات وصلات طيبة معهم، ويتجنـب الانـدماج معهـم كليـاً حتـى لا يـؤثر وجـوده في طبيعـة نشاطهم وفعالياتهم.

ب- الملاحظة العملية المنظمة:

تختلف هذه الملاحظة عن سابقتها من حيث أن الباحث يستعين بمعـدات وأجهـزة معينـة تساعده على جمع المعلومات، مثل الاختبارات، وأجهـزة القيـاس، وأجهـزة التصـوير والتسـجيل، والتحليل الكيميائي، والكشف الطبي، وهذا ما يساعد الباحث في التحقق من صـدق المعلومـات التي يسجلها.

وتقدم هذه الملاحظة خدمة كبيرة للبحث العلمي، فهي منظمة وليست عشوائية أو عرضية، وتسجل معلوماتها بدقة، وهي عرضة للتمحيص لبيان مدى صدقها وصحتها. إنها نقطة البداية في البحوث العلمية في علم النفس عامة وعلم النفس الجنائي خاصة.

والجدير بالملاحظة العلمية أنها تساعد الباحثين في علم النفس الجنائي وعلم الإجرام فيما يلي:

1- الإدراك المباشر للجريمة: أي ملاحظتها أثناء ارتكابها، سواء بوساطة التصوير، أو المصادفة، أو من خلال وضع عدسات تلفزيونية، كما هو في بعض المحلات التجارية الكبيرة.

2- إثبات الحالة: وذلك بعد إتمام الجريمة.

3- دراسة طريقة ارتكاب الجريمة: كحالة كسر القفل أو تسلق السور بقصد السرقة مثلاً.

4- حصيلة الجريمة: مثل سندات بنكية مزورة.

5- دراسة ملف القضية.

6- دراسة الأعمال المنجزة من قبل المسجونين، كالرسم، والكتب، والأدوات المصنوعة (خلف، 1986).

ثانياً- المقابلة Interview:

هي علاقة مهنية، اجتماعية، ديناميكية، تتم وجهاً لوجه مع الشخص موضع الدراسة وذلك بهدف الحصول على بيانات ومعلومات فيما يتعلق بأحداث وقعت للفرد، والأزمنة التي مر بها، والأماكن التي عاش فيها وذلك لشرح وتحليل حالته،

وتسجيلها وفق نظام محدد من التسجيل الكتابي، والسمعي، والمرئي (الزعبي، 1994ب: 118).

والمقابلة فرصة للاختصاصي النفسي لملاحظة انفعالات الفرد ومعرفة أفكاره، واتجاهاته النفسية، وخبراته الشخصية، وملاحظة نبرات صوته، وتعابير وجهه، وإشاراته، وغير ذلك مما يكون له أهمية في العملية الجنائية. كما أن المقابلة وسيلة تشخيصية. حيث يتم التركيز على اختبار بعض الفروض التشخيصية التي تكونت بفعل معلومات تم جمعها في مرحلة سابقة. كما إن للمقابلة أيضاً أهدافاً علاجية إذ يتم من خلالها مساعدة الفرد على التخلص من مشاكله وصراعاته.

وقد تكون المقابلة مقيدة بأسئلة معينة يسألها الاختصاصي، ويجيب عنها الفرد، أو تطبيق بعض الاختبارات النفسية، وقد تكون طليقة كما يحدث في جلسات التحليل النفسيـ دون أن يتقيد الفرد بأي قيد ونترك له الحرية للحديث عن كل ما يخطر بباله.

ثالثاً- دراسة الحالة :Case Study

تستخدم طريقة دراسة الحالة في العلوم المختلفة وتستخدم بشكل خاص في ميدان علم النفس الجنائي. فعلماء النفس الجنائي يهمهم في خدمة الحالات الفردية معرفة أفراد الأسرة وعلاقاتهم ببعضهم، والمستوى الاجتماعي والاقتصادي لها، وظروف عمل الفرد، وحياته في الطفولة وحالته الصحية، والظروف المحيطة به حالياً والتي سببت له مشاكله. وحسب هذه الطريقة يكون المجرم هو الوحدة لموضوع الدراسة التي تشمل جميع الخصائص النفسية، والعضوية، والظروف الاجتماعية للمجرم. كما يتناول الباحث حالة الفرد ويخضعها للدراسة التفصيلية، فيتعرف على حياة المجرم في الماضي سواء أكانت تكوينية أم اجتماعية، كما يتناول الجرائم التي ارتكبها سابقاً (إن وجدت) والظروف المرافقة لها، والآثار المترتبة

عليها. فضلاً عن ذلك يجري الباحث فحوصاً متعددة للمجرم وتشتمل هذه الفحوص على ما يلي:

أ- فحص طبي عام:

ويتناول هـذا الفحـص جسـم المجـرم بشـكل كامـل مـن حيـث مـدى صحته، والعاهـات الجسدية الدائمة، ومدى تأثير العجز الجسمي على تكوين السلوك الإجرامي بصفته عاملاً دافعاً للسلوك الإجرامي. كما يهتم هذا الفحص بدراسة مراحل النمو الطبيعي وغير الطبيعي لمختلـف الوظائف العضوية لجسم المجرم. كما يتم أيضاً فحص الحالة العقلية للمجرم بغية التعـرف إلى الأمراض العقلية التي يعاني منها.

ب- فحوص بيوكيميائية:

وتهتم هذه الفحوص بدراسة وظائف الغدد الصماء، ومدى تأثير إفرازاتهـا الهرمونيـة علـى تكوين السلوك الإجرامي.

جـ- فحوص عصبية:

لابد أن يتم فحص الجهاز العصبي للمجرم، إذ أثبتت الدراسات وجود علاقة واضحة قويـة بين الجهاز العصبي للإنسان وسلوكه. فقد تبين من خلال الفحوص التي أجريت على المجرمين في إيطاليا وفرنسا وبريطانيا، وجود حركات في العيون، وفي اللسان، ورعشـات في اليـدين والجفـون أكثر مما هو موجود عند الأشخاص العاديين.

د- الفحوص النفسية:

يتم فحص الحالة النفسية للمجرم من خلال تطبيق عـدد مـن الاختبـارات النفسية عليـه مثل: اختبارات الـذكاء، واختبارات الشخصية، والاختبارات المهنيـة والتربويـة، وغيـر ذلـك مـن الوسائل الحديثة. إذ يتم من خلال هذه الاختبارات

معرفة ذكاء الفرد، ومستوى إدراكه ووعيه، ومدى قدرته على التفكير والتذكر والتصور. أما الوعي والإدراك فيتكون من مجموع العوامل النفسية التي تمكن شخص من الإحاطة بعالمه الداخلي، وما يجري في العالم الخارجي، ويدخل في ذلك الانتباه والذاكرة. فقد تبين أن المجرمين يغلب عليهم الوعي بأحوالهم النفسية الداخلية دون أن يتمكنوا من وعي العالم الخارجي من حولهم، إذ أن المجرم لا يتمكن من الإحاطة إلا بما يتصل بحاجاته بما يتصل بحاجاته الغريزية دون الانتباه للآخرين، وهذا الوعي يكون عادة وعياً بليداً متجمداً يتميز بتركيز الانتباه على كل ما يؤدي إلى العمل الإجرامي، وهذا ما يظهر بشكل خاص في جرائم العنف العاطفي، حيث تتسلط على المجرم فكرة معينة تستحوذ عليه وتلاحقه أينما ذهب، وتبعد تفكيره عما يترتب من نتائج بسبب فعله الإجرامي.

ويكون فحص تفكير الإنسان المجرم على شكل استجواب يتم من خلال الاختبارات الخاصة بذلك، ومن خلال ذلك يتم الانتباه إلى تسلسل أفكاره ومدى ترابطها المنطقي، وذلك من خلال الاستنتاج الصحيح الذي يبدأ بمقدمة لمشكلة ما، وينتهي بنتيجة معينة. فقد تبين أن القدرة على الاستنتاج عند المجرم تقل عن المتوسط إذا قورنت بالأشخاص العاديين. كما يتم بالإضافة إلى ذلك فحص قدرة المجرم على التخيل، لاكتشاف ما يتمتع به خياله من خصوبة أو جدب. كما يخضع المجرم إلى التحليل النفسي لمعرفة العوامل اللاشعورية التي دفعت المجرم إلى ارتكاب الجريمة، بالإضافة إلى تعرف حالات الصراع الناجمة عن عدم قدرة الأنا في التوفيق بين مطلب الأنا الأعلى (Ego- Super) وبين مطالب الهي (Id) كإشباع الحاجات الأساسية والجنسية، مما يولد لدى الفرد توتراً واضطراباً نفسياً قد يؤدي به إلى سلوك إجرامي.

هـ- فحوص عاطفية:

تجرى الفحوص العاطفية للمجرم للتعرف إلى مدى قدرته الاحتمالية نتيجة لما يواجهه من قيود وضغوط اجتماعية عندما يريد تحقيق رغباته وميوله. وعندما يعاق تحقيق هذه الرغبات والميول تظهر ردود فعل المجرم على شكل اعتداء عنيف على

الآخرين أو على الذات. ولهذا فإن فحص الجانب العاطفي للمجرم يظهر درجة تمرده على القيود والقيم الاجتماعية، وعلى القانون والأعراف والتقاليد السائدة في المجتمع. ويتم هذا الفحص من خلال المقابلات والاختبارات والاستبانات.

د- فحص الظروف الاجتماعية والاقتصادية للمجرم:

يقوم الباحث بالإضافة إلى ما سبق بتحقيق اجتماعي يتناول فيه شخصية المجرم وحالته المادية والأسرية والاجتماعية. فقد أعطى سوذرلاند وكريزي (Sutherland, Cressey, 1960) أهمية خاصة لأثر البيت غير الملائم على السلوك الإجرامي، إذ وجدوا أن هناك علاقة وثيقة، وأثراً واضحاً بين البيت الأسري المتصدع والوضع الحياتي للمجرم.

كما يعتبر العالم الأمريكي وليام هيلي (W. Healy) أول من استخدم هذه الطريقة على نطاق واسع وذلك في دراساته العديدة على الأطفال الجانحين، متناولاً أسرهم، وجوارهم، والظروف المحيطة بهم من النواحي البيولوجية والنفسية والاجتماعية، وأعطى أهمية خاصة للعوامل النفسية من حيث أثرها على السلوك الإجرامي (خلف، 1986).

رابعاً- الدراسة الفردية لحالة المجرم:

ويتم من خلال ذلك دراسة حالات فردية إجرامية محددة من حيث الخصائص هشة، أو بعدت المدة التي تمت فيها هذه الصلة بين الشخص المجرم والمتحدثين عنه.

7- دراسة الآباء والأخوة والأقارب والثقافة والبيئة التي نشأ فيها المجرم: وهذا المصدر يفيد في إعطاء معلومات مباشرة عن الفرد نفسه، إذ يساعد في ضوئها تحليل نتائج ملاحظتنا ومعلوماتنا التي حصلنا عليها من مصادر أخرى.

خامساً- دراسة المجموعات المتماثلة:

يتناول الباحث في هذه الطريقة مجموعات مـن الحـالات المتماثلة في بعـض عناصرهـا أو خصائصها الإجراميـة، ويحـاول إظهـار العلاقـة الوطيـدة بينهـا وبيـن الإجـرام الـذي تمثله هـذه الحالات.

فالباحث هنا يخضع للدراسة مجموعات من الحالات التي يتماثل أو يتقارب أفرادها مـن حيث السن، أو من حيث الظروف البيئية، ويبين العناصر المشتركة فيما بينها ودورها في الإجرام. والغاية التي يستهدفها الباحث هي الوصول إلى قواعد عامة مستنبطة مـن هـذه الحـالات مـن جهة، وتصلح أساساً للتطبيق على حالات مماثلة من جهة أخرى. وتشبه هـذه الطريقـة إلى حـد كبير؛ الطريقـة التجريبية في العلوم الطبيعية مع فارق مفاده أن الحكـم في المواقـف الاجتماعيـة أقل كمالاً مما هو عليه في العلوم الطبيعية.

ومن أمثلة هذا النوع مـن الدراسـة تلـك الأبحـاث التـي تناولـت فئـات مـن المجـرمين، أو الأحداث، أو الشواذ، أو المجانين، وذلك بعد فحص عينات من هذه النماذج، سواء أكان في مركز الأمـراض العقليـة للمجانين، أم في مركز البحـوث الاجتماعيـة والجنائيـة... الخ، وذلـك بهـدف الوصول إلى إثبات نظرية معينة، أو محاولة التعرف إلى أثر عامل أو عـدة عوامـل عـن الظاهـرة الإجرامية. كما تؤدي هذه الدراسات إلى أبحـاث ونتـائج ووقـائع ثابتـة عـن المجـرمين، وتأصيل الصلة بين العنصر المشترك الذي يجمع بين أفراد كل فئة كحداثة السـن، أو الشـذوذ، وبيـن نـوع الجرائم المرتكبة، ومثال ذلك أن معظم جرائم الأحداث هي جرائم سرقـة. ومـن أجـل أن تـؤدي هذه الطريقة وظيفتها على الوجه الأكمل لابد أن يتوافر فيها شرطان أساسيان هما:

1- أن تكون هذه الحـالات ممثلة تمثيلاً دقيقاً للفئة المـراد دراستها، فمـثلاً إذا تنـاول الباحث المجرمين الأحداث، فإنه يتعين أن تكون عينة الأحداث

موضوع الدراسة ممثلة لغالبية فئات الأحداث، بحيث يصلح تطبيقها على جميع الأحداث أو على الأقل على أغلبهم.

2- أن تتعدد هذه الحالات، بحيث يمكن استخراج متوسط يصلح أساساً للتطبيق عليها رغم تنوعها. ومن البديهي أن ثمار هذه الدراسة ترقى قيمتها تبعاً لعدد الحالات موضوع الدراسة.

سادساً- مقاييس التقدير:

من الطرائق المستخدمة في دراسة السلوك الإجرامي مقاييس التقدير والتي تعتبر في جوهرها مقاييس كمية تستخدم لتقدير بعض السمات السلوكية والشخصية لدى مجموعة من الأشخاص بوساطة بعض الباحثين المدربين من خلال المقابلة أو الملاحظة. كما يمكن للشخص نفسه أن يقوم بتقدير درجة على بعض السمات.

ومقياس التقدير الخاص لأي سمة من سمات الشخصية يعد شكلاً متصلاً كمياً يتكون من خمس أو سبع درجات تمتد من أقل الدرجات تعبيراً عن السمة التي يتم تقديرها إلى أكبر درجة تعبر عن ذلك. ويقوم الباحث بتقويم الفرد في سمة من السمات أو مجموعة منها، وذلك لبيان مدى تأثير الفرد في الباحث (الملاحظ). ويقوم بمثل هذه الطريقة عادة ملاحظة أو قاض يكون قد اتصل بالفرد اتصالاً كافياً يؤهله للحكم عليه في السمة التي يراد تقويمه فيها. وكلما تعدد الملاحظون في تقويم الفرد في السمة الواحدة كان التقويم أقرب إلى الدقة والموضوعية.

تستخدم مقاييس التقدير لتقويم الفرد في سمات متعددة مثل: الحساسية، الكرم، التعاون، المواظبة، التحكم في الانفعالات، العدوان.... الخ. ويتضمن كل مقياس تقدير سمة واحدة فقط، ومن أجل تحاشي اختلاف الحكام في فهم المراد قياسه، لابد من مراعاة المبادئ التالية (جلال، 1984: 24، 25):

أ- تحديد السمة التي يراد تقويم الفرد فيها تحديداً واضحاً، ليفهمها الحكام المختلفون بمعنى واحد. ويكون تحديد السمة إما يشرحها، أو إعطاء مرادفات لغوية لها، أو إعطاء مثال للسلوك الذي يندرج في إطار هذه السمة.

ب- تحديد الدرجات المختلفة للسمة التي يراد تقدير الفرد فيها. وتحدد درجات السمة عادة بأربع فئات أو أكثر، وتنحصر فئات معظم الموازين التقديرية في خمس أو سبع فئات. ويجب تعريف كل فئة من هذه الفئات حتى تكون المستويات فيها محددة تحديداً واضحاً، كما هو الحال في تحديد السمة التي تقاس.

وفيما يلي مثال على ذلك:

1	2	3	4	5
عمل غير مرض بتاتاً	عمل لا يصل إلى مستوى الرضا	عمل مرض	عمل فوق المتوسط العادي	عمل ممتاز

مقياس تقدير عمل الفرد

ويبين القاضي أو الحاكم (الملاحظ) تقديره للفرد في ملء هذه الموازين بوضع إشارة عند النقطة التي يرى أنها تمثل ما لدى الفرد من السمة. وتستطيع موازين التقدير من هـذا النـوع تقدير سمة أو صفة من صفات الفرد. ولكن قد يكون من الصعب الإقرار بتساوي الأبعـاد بين الدرجات، فالفرق بين الدرجة (1) والدرجة (2) قد لا يكون مساوياً تماماً للفرق بين الدرجة (2) والدرجة (3).. الخ. كما أن القاضي أو الحاكم أو الملاحظ كثيراً ما يتأثر بأثر الهالة (Halo Effect) فكثيراً ما نتأثر عندما نقابل فرداً لأول مرة بمظهره سلباً أو إيجاباً، مما يسبب لنا الوقوع في الخطأ في تقدير السمة لدى الفرد.

ولكن كاتيل (Cattel) اقترح في عام (1950) أنه بدلاً من تقدير السمات لدى الشخص، نقوم بتقدير السلوك، فبدلاً من أن نسأل القاضي مثلاً تقدير ما إذا كان الفرد اجتماعياً أم غير اجتماعي، ندعه يلاحظ سلوكاً معيناً محدداً مثل "ما عدد المرات التي يتكلم فيها مع زميل له في العمل تلقائياً دون وجود حاجة ملحة لذلك"؟."هل يبدأ بالتحدث مع الأغراب"؟، وما إلى ذلك.

كذلك يمكن تقدير السلوك لشخص ما من خلال ملاحظة سلوكه في زمن محدد، فالملاحظ يلاحظ أنواعاً محددة من السلوك خلال فترة زمنية محددة تطول أو تقصر حسب الحاجة. وقد استخدمت طريقة ملاحظة السلوك بشكل خاص في دراسة سلوك الأطفال بشكل خاص نظراً لصعوبة الحصول على تقارير لغوية منهم، إذ تتم ملاحظة سلوك الأطفال في فناء المدرسة، أو في الفصل، أو من خلال لعبهم مع غيرهم من الأطفال. وبهذه الطريقة يمكن دراسة سلوك الأطفال العدوانيين، أو سلوك المنافسة والتعاون عندهم. كما يمكن استخدام هذه الطريقة أيضاً مع الأحداث في المؤسسات، أو مع السجناء في السجون وغيرهم من المنحرفين.

سابعاً- الاستبيان:

وهي طريقة من طرائق جمع المعلومات عن فرد أو مجموعة من الأفراد، يطلب فيها من الفرد الإجابة على عدد من الأسئلة المحددة التي تدور حول موضوع معين. وفي الاستبيان يسأل المفحوص عما يعرف، أو عما يعتقد، أو عما يشعر به، أو عما يرغب فيه، أو عما ينوي عمله.. الخ. ويجيب المفحوص عن هذه الأسئلة وفقاً لاستبصاره بمشاعره، وانفعالاته، واعتقاداته، وسلوكه الماضي والحاضر، بهدف الكشف عن جوانب سلوكية معينة في شخصيته أو الحصول على معلومات خاصة به.

... والاستبيانات قد تكون على أشكال متعددة منها:

- استبيانات يكون الهدف منها الحصول على المعلومات. فالقاعدة في هذا الموضوع هي "أنه إذا أردت معرفة شيء، فاسأل صاحب الشأن نفسه، أو من تكون لديه

المعلومات الصحيحة عنه". وفي هذا النوع من الاستبيانات يتم التعرف إلى عمر الشخص، ومستوى تعليمه، ودخله الشهري، وحالته الاجتماعية،ـ وعمله الحالي.. الخ.

- استبيانات بقصد التعرف إلى معتقدات الشخص وفيما إذا كانت هذه المعتقدات عامة أم خاصة، ومدى تمسكه بهذه المعتقدات.

- استبيانات بهدف التعرف والكشف عن معايير السلوك. فالألفاظ التي يعبر من خلالها الفرد تبين الفلسفة التي يؤمن بها مثل:"يجب" أو "يتحتم عليه"أو "يجب علينا"، كما أنها قد تقرر السلوك الذي يسلكه.

- استبيانات بهدف التعرف إلى سلوك الفرد الماضي أو الحاضر، إذ يتحتم من خلال هذا النوع من الاستبيانات التعرف إلى سلوك الفرد الماضي أو الحاضر.

- استبيانات بهدف التعرف إلى أسباب المشكلة أو الحادثة: وهنا يكون السؤال لهذا النوع من الاستبيانات بـ "لماذا"، إذ من خلال الإجابات يتم معرفة تاريخ المشكلة، أو التعرف إلى الدوافع الكامنة وراء حدث معين، أو الاستفسار عن مواقف معينة أو ظروف خاصة يحدث فيها رد فعل معين.

- وقد تكون الاستبيانات على شكل أسئلة أو عبارات مغلقة، يتطلب الإجابة عنها بنعم أو لا، أو تكون مفتوحة يترك للمفحوص فيها حرية التعبير.

وبشكل عام لابد من الانتباه أثناء وضع هذه الاستبيانات، إلى أن تكون أسئلتها واضحة، وشاملة، وألا تكون طويلة بحيث تؤدي إلى الملل، وأن تكون سهلة التصحيح والتطبيق.

ثامناً- الاختبارات النفسية:

تعد الاختبارات النفسية من أهم وسائل جمع المعلومات بصورة أقرب إلى الموضوعية، وذلك بعد إخضاعها للتجريب والتقنين والمقارنة وإعادة التجريب. كما يمكن اعتبارها وسائل تشخيصية تنبؤية تستخدم جنباً إلى جنب مع الوسائل

الأخرى وليست بديلاً عنها. إنها وسائل علمية صممت لمعرفة جوانب شخصية المجرم بصورة أقرب إلى الموضوعية، يعبر عنها قولاً أو كتابة أو بالعمل. ولهذا فهي تحتاج إلى خبرة كافية من قبل من يستخدمها (الزعبي، 1994 ب: 135، 136).

والاختبارات التي يمكن استخدامها في دراسة شخصية المجرم كثيرة منها: اختبارات الذكاء (اختبار بينيه، واختبار وكسلر، واختبار المصفوفات، واختبار الذكاء المصور)، وهناك اختبارات القدرات الخاصة، واختبارات سمات الشخصية (اختبار كاتيل، واختبار

برنرويتر، واختبار مينيسوتا المتعدد الأوجه (Mmpi) واختبارات الميول المهنية (اختبار كودر، واختبار سترونج، واختبار الميول المهنية لأحمد زكي صالح)، واختبارات الاتجاهات النفسية، والاختبارات الإسقاطية (اختبار رور شاخ، واختبار تفهم الموضوع Tat) (جلال، 1984).

الفصل الثاني

طرائق البحث في علم النفس الجنائي

أولاً- الملاحظة

ثانياً- المقابلة

ثالثاً- دراسة الحالة

رابعاً- الدراسة الفردية لحالة المجرم

خامساً- دراسة المجموعات المتماثلة

سادساً- مقاييس التقدير

سابعاً- الاستبيان

ثامناً- الاختبارات النفسية

الفصل الثاني

طرائق البحث في علم النفس الجنائي

يتسم منهج البحث في علم النفس الجنائي كغيره من مناهج البحث في ميادين علم النفس الأخرى بطابعه العلمي، حيث يستند إلى الملاحظة والتجريب، فهو من العلوم التجريبية كالعلوم الطبيعية والاجتماعية. فعلم النفس الجنائي يبحث في المشاكل الواقعية المتعلقة بالجريمة والمجرم، ويتحقق من الفروض التي توضع في هذا الصدد عن طريق استخدام الأساليب العلمية التطبيقية لتفسير الوقائع المختلفة، كما أنه يبحث عن علاقات الارتباط بين الأسباب والنتائج لتأصيل الحقائق وصياغتها صياغة علمية.

وتتنوع طرائق البحث في علم النفس الجنائي من دولة إلى أخرى، وذلك تبعاً لاهتمام الدولة بهذا العلم، ومقدار الإمكانيات المتوافرة كماً وكيفاً من قبل الدولة. وهذا التنوع لا يعني أن هذه الطرائق منفصلة بل متكاملة، بحيث لا يستغني الباحث عن أحدهما دون الأخرى، إذ أن فهم الظواهر الاجتماعية ومعرفة الظروف التي تحيط بها، والقوانين التي تخضع لها يجعلنا نستخدم أكثر من طريقة لتحقيق هذا الغرض. وأهم طرائق البحث في علم النفس الجنائي ما يلي:

أولاً- الملاحظة   Observation

تؤدي الملاحظة في علم النفس الجنائي دوراً فعالاً، حيث تتطلب من الباحث ملاحظة أفراد العينة بنفسه، ثم يسجل كل ما يصل إليه نظره من معلومات تتعلق بالواقعة موضوع البحث. والملاحظة قد تتم في مواقع طبيعية، وقد تتم في المختبر، ويجب أن يتوافر في الشخص الذي يقوم بالملاحظة، الخبرة والموضوعية في التقدير. ويمكن الحديث هنا عن نوعين من الملاحظة هما:

أ- الملاحظة البسيطة **Simple Observation:**

يستخدم الملاحظة (الباحث) هـذا النـوع مـن الملاحظـة مـن أجـل جمـع المعلومـات عـن الظاهرة موضوع البحث، وذلك من خلال مشاهداته ومراقبته واستماعه دون استخدام أجهـزة فنيـة، أو معـدات أخـرى. ويمكـن أن تكـون هـذه الملاحظـة عـلى شـكل ملاحظـة بالمشـاركة (Participation) حيث ينزل الباحث إلى ميدان الجريمة، ويندمج وسط الجماعـة التـي يهـدف دراستها، بحيث يصبح فرداً عادياً فيها. وتتميز هذه الطريقة بأنها تمكـن الباحـث مـن ملاحظـة نشاط الأفراد في الجماعة وسلوكياتهم المختلفة في الطبيعة عن كثب، مـما يسـاعده في الحصـول على معلومات دقيقة يتعذر الوصول إليها عن طريق الوسائل الأخرى.

وهذا الأسلوب يصعب على الباحث سلوكه، لأنه يتطلب منـه النـزول إلى البيئـة الإجراميـة ومشاركة أناس يسلكون طريق الإجرام في حياتهم. ولكن هناك آراء لبعض الباحثين تـرى أن دور الباحث يقتضي منه أحياناً الاشتراك في ارتكاب الجريمة من أجل التوصل إلى كشف الحقائق.

ولكن الملاحظة البسيطة قد لا تتطلـب مشـاركة الباحـث (Non- Participation) للأفـراد موضع البحث، فالباحث يفصح لهم عن حقيقة مهمتـه، ويحصـل عـلى ثقـتهم، وذلـك بتكـوين علاقات وصلات طيبة معهم، ويتجنـب الانـدماج معهـم كليـاً حتـى لا يـؤثر وجـوده في طبيعـة نشاطهم وفعالياتهم.

ب- الملاحظة العملية المنظمة:

تختلف هذه الملاحظة عن سابقتها من حيث أن الباحث يستعين بمعـدات وأجهـزة معينـة تساعده على جمع المعلومات، مثل الاختبارات، وأجهـزة القيـاس، وأجهـزة التصـوير والتسـجيل، والتحليل الكيميائي، والكشف الطبي، وهذا ما يساعد الباحث في التحقق من صـدق المعلومـات التي يسجلها.

وتقدم هذه الملاحظة خدمة كبيرة للبحث العلمي، فهي منظمة وليست عشوائية أو عرضية، وتسجل معلوماتها بدقة، وهي عرضة للتمحيص لبيان مدى صدقها وصحتها. إنها نقطة البداية في البحوث العلمية في علم النفس عامة وعلم النفس الجنائي خاصة.

والجدير بالملاحظة العلمية أنها تساعد الباحثين في علم النفس الجنائي وعلم الإجرام فيما يلي:

1- الإدراك المباشر للجريمة: أي ملاحظتها أثناء ارتكابها، سواء بوساطة التصوير، أو المصادفة، أو من خلال وضع عدسات تلفزيونية، كما هو في بعض المحلات التجارية الكبيرة.

2- إثبات الحالة: وذلك بعد إتمام الجريمة.

3- دراسة طريقة ارتكاب الجريمة: كحالة كسر القفل أو تسلق السور بقصد السرقة مثلاً.

4- حصيلة الجريمة: مثل سندات بنكية مزورة.

5- دراسة ملف القضية.

6- دراسة الأعمال المنجزة من قبل المسجونين، كالرسم، والكتب، والأدوات المصنوعة (خلف، 1986).

ثانياً- المقابلة **Interview:**

هي علاقة مهنية، اجتماعية، دينامكية، تتم وجهاً لوجه مع الشخص موضع الدراسة وذلك بهدف الحصول على بيانات ومعلومات فيما يتعلق بأحداث وقعت للفرد، والأزمنة التي مر بها، والأماكن التي عاش فيها وذلك لشرح وتحليل حالته،

وتسجيلها وفق نظام محدد من التسجيل الكتابي، والسمعي، والمرئي (الزعبي، 1994ب: 118).

والمقابلة فرصة للاختصاصي النفسي لملاحظة انفعالات الفرد ومعرفة أفكاره، واتجاهاته النفسية، وخبراته الشخصية، وملاحظة نبرات صوته، وتعابير وجهه، وإشاراته، وغير ذلك مما يكون له أهمية في العملية الجنائية. كما أن المقابلة وسيلة تشخيصية. حيث يتم التركيز على اختبار بعض الفروض التشخيصية التي تكونت بفعل معلومات تم جمعها في مرحلة سابقة. كما إن للمقابلة أيضاً أهدافاً علاجية إذ يتم من خلالها مساعدة الفرد على التخلص من مشاكله وصراعاته.

وقد تكون المقابلة مقيدة بأسئلة معينة يسألها الاختصاصي، ويجيب عنها الفرد، أو تطبيق بعض الاختبارات النفسية، وقد تكون طليقة كما يحدث في جلسات التحليل النفسي ـ دون أن يتقيد الفرد بأي قيد ونترك له الحرية للحديث عن كل ما يخطر بباله.

ثالثاً ـ دراسة الحالة Case Study:

تستخدم طريقة دراسة الحالة في العلوم المختلفة وتستخدم بشكل خاص في ميدان علم النفس الجنائي. فعلماء النفس الجنائي يهمهم في خدمة الحالات الفردية معرفة أفراد الأسرة وعلاقاتهم ببعضهم، والمستوى الاجتماعي والاقتصادي لها، وظروف عمل الفرد، وحياته في الطفولة وحالته الصحية، والظروف المحيطة به حالياً والتي سببت له مشاكله. وحسب هذه الطريقة يكون المجرم هو الوحدة لموضوع الدراسة التي تشمل جميع الخصائص النفسية، والعضوية، والظروف الاجتماعية للمجرم. كما يتناول الباحث حالة الفرد ويخضعها للدراسة التفصيلية، فيتعرف على حياة المجرم في الماضي سواء أكانت تكوينية أم اجتماعية، كما يتناول الجرائم التي ارتكبها سابقاً (إن وجدت) والظروف المرافقة لها، والآثار المترتبة

عليها. فضلاً عن ذلك يجري الباحث فحوصاً متعددة للمجرم وتشتمل هذه الفحوص على ما يلي:

أ- فحص طبي عام:

ويتناول هـذا الفحـص جسـم المجرم بشكل كامل مـن حيـث مـدى صحته، والعاهـات الجسدية الدائمة، ومدى تأثير العجز الجسمي على تكوين السلوك الإجرامي بصفته عاملاً دافعاً للسلوك الإجرامي. كما يهتم هذا الفحص بدراسة مراحل النمو الطبيعي وغير الطبيعي لمختلف الوظائف العضوية لجسم المجرم. كما يتم أيضاً فحص الحالة العقلية للمجرم بغية التعرف إلى الأمراض العقلية التي يعاني منها.

ب- فحوص بيوكيميائية:

وتهتم هذه الفحوص بدراسة وظائف الغدد الصماء، ومدى تأثير إفرازاتهـا الهرمونيـة علـى تكوين السلوك الإجرامي.

جـ- فحوص عصبية:

لابد أن يتم فحص الجهاز العصبي للمجرم، إذ أثبتت الدراسات وجود علاقة واضحة قوية بين الجهاز العصبي للإنسان وسلوكه. فقد تبين من خلال الفحوص التي أجريت على المجرمين في إيطاليا وفرنسا وبريطانيا، وجود حركات في العيون، وفي اللسـان، ورعشـات في اليـدين والجفـون أكثر مما هو موجود عند الأشخاص العاديين.

د- الفحوص النفسية:

يتم فحص الحالة النفسية للمجرم من خلال تطبيق عـدد مـن الاختبـارات النفسية عليه مثل: اختبارات الـذكاء، واختبـارات الشخصية، والاختبارات المهنيـة والتربويـة، وغـير ذلـك مـن الوسائل الحديثة. إذ يتم من خلال هذه الاختبارات

معرفة ذكاء الفرد، ومستوى إدراكه ووعيه، ومدى قدرته على التفكير والتذكر والتصور. أما الوعي والإدراك فيتكون من مجموع العوامل النفسية التي تمكن شخص من الإحاطة بعالمه الداخلي، وما يجري في العالم الخارجي، ويدخل في ذلك الانتباه والذاكرة. فقد تبين أن المجرمين يغلب عليهم الوعي بأحوالهم النفسية الداخلية دون أن يتمكنوا من وعي العالم الخارجي من حولهم، إذ أن المجرم لا يتمكن من الإحاطة إلا بما يتصل بحاجاته بما يتصل بحاجاته الغريزية دون الانتباه للآخرين، وهذا الوعي يكون عادة وعياً بليداً متجمداً يتميز بتركيز الانتباه على كل ما يؤدي إلى العمل الإجرامي، وهذا ما يظهر بشكل خاص في جرائم العنف العاطفي، حيث تتسلط على المجرم فكرة معينة تستحوذ عليه وتلاحقه أينما ذهب، وتبعد تفكيره عما يترتب من نتائج بسبب فعله الإجرامي.

ويكون فحص تفكير الإنسان المجرم على شكل استجواب يتم من خلال الاختبارات الخاصة بذلك، ومن خلال ذلك يتم الانتباه إلى تسلسل أفكاره ومدى ترابطها المنطقي، وذلك من خلال الاستنتاج الصحيح الذي يبدأ بمقدمة لمشكلة ما، وينتهي بنتيجة معينة. فقد تبين أن القدرة على الاستنتاج عند المجرم تقل عن المتوسط إذا قورنت بالأشخاص العاديين. كما يتم بالإضافة إلى ذلك فحص قدرة المجرم على التخيل، لاكتشاف ما يتمتع به خياله من خصوبة أو جدب. كما يخضع المجرم إلى التحليل النفسي لمعرفة العوامل اللاشعورية التي دفعت المجرم إلى ارتكاب الجريمة، بالإضافة إلى تعرف حالات الصراع الناجمة عن عدم قدرة الأنا في التوفيق بين مطلب الأنا الأعلى (Ego- Super) وبين مطالب الهي (Id) كإشباع الحاجات الأساسية والجنسية، مما يولد لدى الفرد توتراً واضطراباً نفسياً قد يؤدي به إلى سلوك إجرامي.

هـ- فحوص عاطفية:

تجرى الفحوص العاطفية للمجرم للتعرف إلى مدى قدرته الاحتمالية نتيجة لما يواجهه من قيود وضغوط اجتماعية عندما يريد تحقيق رغباته وميوله. وعندما يعاق تحقيق هذه الرغبات والميول تظهر ردود فعل المجرم على شكل اعتداء عنيف على

الآخرين أو على الذات. ولهذا فإن فحص الجانب العاطفي للمجرم يظهر درجة تمرده على القيود والقيم الاجتماعية، وعلى القانون والأعراف والتقاليد السائدة في المجتمع. ويتم هذا الفحص من خلال المقابلات والاختبارات والاستبانات.

د- فحص الظروف الاجتماعية والاقتصادية للمجرم:

يقوم الباحث بالإضافة إلى ما سبق بتحقيق اجتماعي يتناول فيه شخصية المجرم وحالته المادية والأسرية والاجتماعية. فقد أعطى سوذرلاند وكريزي (Sutherland, Cressey, 1960) أهمية خاصة لأثر البيت غير الملائم على السلوك الإجرامي، إذ وجدوا أن هناك علاقة وثيقة، وأثراً واضحاً بين البيت الأسري المتصدع والوضع الحياتي للمجرم.

كما يعتبر العالم الأمريكي وليام هيلي (W. Healy) أول من استخدم هذه الطريقة على نطاق واسع وذلك في دراساته العديدة على الأطفال الجانحين، متناولاً أسرهم، وجوارهم، والظروف المحيطة بهم من النواحي البيولوجية والنفسية والاجتماعية، وأعطى أهمية خاصة للعوامل النفسية من حيث أثرها على السلوك الإجرامي (خلف، 1986).

رابعاً- الدراسة الفردية لحالة المجرم:

ويتم من خلال ذلك دراسة حالات فردية إجرامية محددة من حيث الخصائص هشة، أو بعدت المدة التي تمت فيها هذه الصلة بين الشخص المجرم والمتحدثين عنه.

7- دراسة الآباء والأخوة والأقارب والثقافة والبيئة التي نشأ فيها المجرم: وهذا المصدر يفيد في إعطاء معلومات مباشرة عن الفرد نفسه، إذ يساعد في ضوئها تحليل نتائج ملاحظتنا ومعلوماتنا التي حصلنا عليها من مصادر أخرى.

خامساً- دراسة المجموعات المتماثلة:

يتناول الباحث في هذه الطريقة مجموعات من الحالات المتماثلة في بعض عناصرها أو خصائصها الإجرامية، ويحاول إظهار العلاقة الوطيدة بينها وبين الإجرام الذي تمثله هذه الحالات.

فالباحث هنا يخضع للدراسة مجموعات من الحالات التي يتماثل أو يتقارب أفرادها من حيث السن، أو من حيث الظروف البيئية، ويبين العناصر المشتركة فيما بينها ودورها في الإجرام. والغاية التي يستهدفها الباحث هي الوصول إلى قواعد عامة مستنبطة من هذه الحالات من جهة، وتصلح أساساً للتطبيق على حالات مماثلة من جهة أخرى. وتشبه هذه الطريقة إلى حد كبير؛ الطريقة التجريبية في العلوم الطبيعية مع فارق مفاده أن الحكم في المواقف الاجتماعية أقل كمالاً مما هو عليه في العلوم الطبيعية.

ومن أمثلة هذا النوع من الدراسة تلك الأبحاث التي تناولت فئات من المجرمين، أو الأحداث، أو الشواذ، أو المجانين، وذلك بعد فحص عينات من هذه النماذج، سواء أكان في مركز الأمراض العقلية للمجانين، أم في مركز البحوث الاجتماعية والجنائية... الخ، وذلك بهدف الوصول إلى إثبات نظرية معينة، أو محاولة التعرف إلى أثر عامل أو عدة عوامل عن الظاهرة الإجرامية. كما تؤدي هذه الدراسات إلى أبحاث ونتائج ووقائع ثابتة عن المجرمين، وتأصيل الصلة بين العنصر المشترك الذي يجمع بين أفراد كل فئة كحداثة السن، أو الشذوذ، وبين نوع الجرائم المرتكبة، ومثال ذلك أن معظم جرائم الأحداث هي جرائم سرقة. ومن أجل أن تؤدي هذه الطريقة وظيفتها على الوجه الأكمل لابد أن يتوافر فيها شرطان أساسيان هما:

1-   أن تكون هذه الحالات ممثلة تمثيلاً دقيقاً للفئة المراد دراستها، فمثلاً إذا تناول الباحث المجرمين الأحداث، فإنه يتعين أن تكون عينة الأحداث

موضوع الدراسة ممثلة لغالبية فئات الأحداث، بحيث يصلح تطبيقها على جميع الأحداث أو على الأقل على أغلبهم.

2- أن تتعدد هذه الحالات، بحيث يمكن استخراج متوسط يصلح أساساً للتطبيق عليها رغم تنوعها. ومن البديهي أن ثمار هذه الدراسة ترقى قيمتها تبعاً لعدد الحالات موضوع الدراسة.

سادساً- مقاييس التقدير:

من الطرائق المستخدمة في دراسة السلوك الإجرامي مقاييس التقدير والتي تعتبر في جوهرها مقاييس كمية تستخدم لتقدير بعض السمات السلوكية والشخصية لدى مجموعة من الأشخاص بوساطة بعض الباحثين المدربين من خلال المقابلة أو الملاحظة. كما يمكن للشخص نفسه أن يقوم بتقدير درجة على بعض السمات.

ومقياس التقدير الخاص لأي سمة من سمات الشخصية يعد شكلاً متصلاً كمياً يتكون من خمس أو سبع درجات تمتد من أقل الدرجات تعبيراً عن السمة التي يتم تقديرها إلى أكبر درجة تعبر عن ذلك. ويقوم الباحث بتقويم الفرد في سمة من السمات أو مجموعة منها، وذلك لبيان مدى تأثير الفرد في الباحث (الملاحظ). ويقوم بمثل هذه الطريقة عادة ملاحظة أو قاض يكون قد اتصل بالفرد اتصالاً كافياً يؤهله للحكم عليه في السمة التي يراد تقويمه فيها. وكلما تعدد الملاحظون في تقويم الفرد في السمة الواحدة كان التقويم أقرب إلى الدقة والموضوعية.

تستخدم مقاييس التقدير لتقويم الفرد في سمات متعددة مثل: الحساسية، الكرم، التعاون، المواظبة، التحكم في الانفعالات، العدوان.... الخ. ويتضمن كل مقياس تقدير سمة واحدة فقط، ومن أجل تحاشي اختلاف الحكام في فهم المراد قياسه، لابد من مراعاة المبادئ التالية (جلال، 1984: 24، 25):

أ- تحديد السمة التي يراد تقويم الفرد فيها تحديداً واضحاً، ليفهمها الحكام المختلفون بمعنى واحد. ويكون تحديد السمة إما بشرحها، أو إعطاء مرادفات لغوية لها، أو إعطاء مثال للسلوك الذي يندرج في إطار هذه السمة.

ب- تحديد الدرجات المختلفة للسمة التي يراد تقدير الفرد فيها. وتحدد درجات السمة عادة بأربع فئات أو أكثر، وتنحصر فئات معظم الموازين التقديرية في خمس أو سبع فئات. ويجب تعريف كل فئة من هذه الفئات حتى تكون المستويات فيها محددة تحديداً واضحاً، كما هو الحال في تحديد السمة التي تقاس.

وفيما يلي مثال على ذلك:

5	4	3	2	1
عمل ممتاز	عمل فوق المتوسط العادي	عمل مرض	عمل لا يصل إلى مستوى الرضا	عمل غير مرض بتاتاً

مقياس تقدير عمل الفرد

ويبين القاضي أو الحاكم (الملاحظ) تقديره للفرد في ملء هذه الموازين بوضع إشارة عند النقطة التي يرى أنها تمثل ما لدى الفرد من السمة. وتستطيع موازين التقدير من هذا النوع تقدير سمة أو صفة من صفات الفرد. ولكن قد يكون من الصعب الإقرار بتساوي الأبعاد بين الدرجات، فالفرق بين الدرجة (1) والدرجة (2) قد لا يكون مساوياً تماماً للفرق بين الدرجة (2) والدرجة (3).. الخ. كما أن القاضي أو الحاكم أو الملاحظ كثيراً ما يتأثر بأثر الحالة (Halo Effect) فكثيراً ما نتأثر عندما نقابل فرداً لأول مرة بمظهره سلباً أو إيجاباً، مما يسبب لنا الوقوع في الخطأ في تقدير السمة لدى الفرد.

ولكن كاتيل (Cattel) اقترح في عام (1950) أنه بدلاً من تقدير السمات لدى الشخص، نقوم بتقدير السلوك، فبدلاً من أن نسأل القاضي مثلاً تقدير ما إذا كان الفرد اجتماعياً أم غير اجتماعي، ندعه يلاحظ سلوكاً معيناً محدداً مثل "ما عدد المرات التي يتكلم فيها مع زميل له في العمل تلقائياً دون وجود حاجة ملحة لذلك"؟، "هل يبدأ بالتحدث مع الأغراب"؟، وما إلى ذلك.

كذلك يمكن تقدير السلوك لشخص ما من خلال ملاحظة سلوكه في زمن محدد، فالملاحظ يلاحظ أنواعاً محددة من السلوك خلال فترة زمنية محددة تطول أو تقصر حسب الحاجة. وقد استخدمت طريقة ملاحظة السلوك بشكل خاص في دراسة سلوك الأطفال بشكل خاص نظراً لصعوبة الحصول على تقارير لغوية منهم، إذ تتم ملاحظة سلوك الأطفال في فناء المدرسة، أو في الفصل، أو من خلال لعبهم مع غيرهم من الأطفال. وبهذه الطريقة يمكن دراسة سلوك الأطفال العدوانيين، أو سلوك المنافسة والتعاون عندهم. كما يمكن استخدام هذه الطريقة أيضاً مع الأحداث في المؤسسات، أو مع السجناء في السجون وغيرهم من المنحرفين.

سابعاً- الاستبيان:

وهي طريقة من طرائق جمع المعلومات عن فرد أو مجموعة من الأفراد، يطلب فيها من الفرد الإجابة على عدد من الأسئلة المحددة التي تدور حول موضوع معين. وفي الاستبيان يسأل المفحوص عما يعرف، أو عما يعتقد، أو عما يشعر به، أو عما يرغب فيه، أو عما ينوي عمله.. الخ. ويجيب المفحوص عن هذه الأسئلة وفقاً لاستبصاره بمشاعره، وانفعالاته، واعتقاداته، وسلوكه الماضي والحاضر، بهدف الكشف عن جوانب سلوكية معينة في شخصيته أو الحصول على معلومات خاصة به.

... والاستبيانات قد تكون على أشكال متعددة منها:

- استبيانات يكون الهدف منها الحصول على المعلومات. فالقاعدة في هذا الموضوع هي "أنه إذا أردت معرفة شيء، فاسأل صاحب الشأن نفسه، أو من تكون لديه

المعلومات الصحيحة عنه". وفي هذا النوع من الاستبيانات يتم التعرف إلى عمر الشخص، ومستوى تعليمه، ودخله الشهري، وحالته الاجتماعية، وعمله الحالي.. الخ.

- استبيانات بقصد التعرف إلى معتقدات الشخص وفيما إذا كانت هذه المعتقدات عامة أم خاصة، ومدى تمسكه بهذه المعتقدات.

- استبيانات بهدف التعرف والكشف عن معايير السلوك. فالألفاظ التي يعبر من خلالها الفرد تبين الفلسفة التي يؤمن بها مثل:"يجب" أو "يتحتم عليه"أو "يجب علينا"، كما أنها قد تقرر السلوك الذي يسلكه.

- استبيانات بهدف التعرف إلى سلوك الفرد الماضي أو الحاضر، إذ يتحتم من خلال هذا النوع من الاستبيانات التعرف إلى سلوك الفرد الماضي أو الحاضر.

- استبيانات بهدف التعرف إلى أسباب المشكلة أو الحادثة: وهنا يكون السؤال لهذا النوع من الاستبيانات بـ "لماذا"، إذ من خلال الإجابات يتم معرفة تاريخ المشكلة، أو التعرف إلى الدوافع الكامنة وراء حدث معين، أو الاستفسار عن مواقف معينة أو ظروف خاصة يحدث فيها رد فعل معين.

- وقد تكون الاستبيانات على شكل أسئلة أو عبارات مغلقة، يتطلب الإجابة عنها بنعم أو لا، أو تكون مفتوحة يترك للمفحوص فيها حرية التعبير.

وبشكل عام لابد من الانتباه أثناء وضع هذه الاستبيانات، إلى أن تكون أسئلتها واضحة، وشاملة، وألا تكون طويلة بحيث تؤدي إلى الملل، وأن تكون سهلة التصحيح والتطبيق.

ثامناً- الاختبارات النفسية:

تعد الاختبارات النفسية من أهم وسائل جمع المعلومات بصورة أقرب إلى الموضوعية، وذلك بعد إخضاعها للتجريب والتقنين والمقارنة وإعادة التجريب. كما يمكن اعتبارها وسائل تشخيصية تنبؤية تستخدم جنباً إلى جنب مع الوسائل

الأخرى وليست بديلاً عنها. إنها وسائل علمية صممت لمعرفة جوانب شخصية المجرم بصورة أقرب إلى الموضوعية، يعبر عنها قولاً أو كتابة أو بالعمل. ولهذا فهي تحتاج إلى خبرة كافية من قبل من يستخدمها (الزعبي، 1994 ب: 135، 136).

والاختبارات التي يمكن استخدامها في دراسة شخصية المجرم كثيرة منها: اختبارات الذكاء (اختبار بينيه، واختبار وكسلر، واختبار المصفوفات، واختبار الذكاء المصور)، وهناك اختبارات القدرات الخاصة، واختبارات سمات الشخصية (اختبار كاتيل، واختبار

برنرويتر، واختبار مينيسوتا المتعدد الأوجه (Mmpi واختبارات الميول المهنية (اختبار كودر، واختبار سترونج، واختبار الميول المهنية لأحمد زكي صالح)، واختبارات الاتجاهات النفسية، والاختبارات الإسقاطية (اختبار رور شاخ، واختبار تفهم الموضوع (Tat (جلال، 1984).

الباب الثاني

الجريمة والمجرم

والنظريات المفسرة للسلوك الإجرامي

الفصل الثالث

الجريمة

- مفهوم الجريمة

مفهوم الجريمة لدى علماء النفس

مفهوم الجريمة لدى علماء الاجتماع

- تصنيف الجرائم

- مراحل ارتكاب الجريمة

- مسرح الجريمة

- النطاق المكاني والزماني لمسرح الجريمة

- الأثر الجنائي

- الدليل الجنائي وقيمته الإثباتية

- دور الباحث الجنائي في الكشف عن الجريمة

- دور الخبراء في الكشف عن الجريمة

- دور الطبيب الشرعي في الكشف عن الجريمة

الفصل الثالث

الجريمة Crime

- مفهوم الجريمة Crime Concept

يشير لفظ الجريمة إلى أي فعل من أفعال الشر. Wickedness أو أنها عبارة عـن أي خطأ يرتكب ضد المجتمع، ويعاقب عليه القانون، وقد يكون هذا الخطأ ضـد شخص معين، أو ضـد جماعة من الأشخاص. ويعرف العيسوي (1992: 14) الجريمة بأنها "كـل فعل يخالف أحكـام قانون العقوبات، أو يكون تعدياً على الحقوق العامة، أو خرقاً للواجبات المترتبة نحو الدولـة أو المجتمع بوجه عام".

أما بهنام (1986) فيرى أن الجريمة هي "إشباع لغريـزة إنسـانية بطريقـة شـاذة لا يسـلكه الرجل العادي حيث يشبع الغريزة نفسها، وذلك لأحوال نفسية شاذة انتابـت مرتكب الجريمـة في لحظة ارتكابها بالذات".

أما بدوي (1977) فيعرف الجريمة في معجم مصطلحات العلوم الاجتماعية "بأنها كل فعل يعود بالضرر على المجتمع ويعاقب عليه القانون. والجريمة ظاهرة اجتماعية تنشأ عن اتجاهات وميول وعقد نفسية، وعن التأثر بالبيئة الفاسدة. كما قـد تنشـأ عـن نقـص جسـمي أو ضـعف عقلي أو اضطراب انفعالي، وتختلف الأفعال التي تجرم من مجتمع إلى آخر".

في حين تعرف ليلة (1991: 89) الجريمة بأنها "فعل غير مشروع صـادر عـن إرادة جنائية يقرر له القانون عقوبة، أو تدابير احترازية".

واستناداً إلى ما تقدم فإن الجريمة حينما تقع، فإن الجـاني يرتكب فعـلاً مادياً يتمثل في الاعتداء على المجني عليه بالسرقة، أو بالضرب.. مما يترتب على مثل هـذه الأفعـال آثـاراً يكـون فيها اعتداء على الحق الذي يحميه القانون. فضلاً عن ذلك فإن

الجريمة تفترض صدور الفعل غير المشروع عن إرادة جنائية، فالجريمة ليست فقط عملاً مادياً خالصاً، بل هي عمل إنسان يسأل عنها، ويتحمل العقاب من أجلها. والإرادة لا تصدر إلا عن إنسان مدرك وحر حتى يكون مسئولا عن الجريمة. وللإرادة الجنائية صورتان: الأولى القصد الجنائي، وتعني اتجاه الإرادة إلى الفعل ونتيجته. والثانية الخطأ غير العمدي، وتعني اتجاه الإرادة إلى الفعل دون النتيجة.

ويذكر بيغ وآخرون (1995) أن الجريمة "هي سلوك ينتهك القواعد الأخلاقية التي وضعت لها الجماعة جزاءات سلبية، تحمل صفة الرسمية". فالجريمة سلوك تحرمه الدولة، وتحتم على مرتكبه عقوبة معينة، نتيجة لما يترتب عليه من ضرر على الفرد وعلى المجتمع.

ومن خلال ما تقدم يرى المؤلف أن الجريمة :"هي عبارة عن فعل ينتهك القواعد الأخلاقية ويعاقب عليه القانون نتيجة لما يترتب عليه من ضرر يلحق بالفرد أو المجتمع".

فالجريمة من هذا المنطلق فعل لا اجتماعي يتضمن خرقاً لقواعد الجماعة وعاداتها ومعاييرها. ولذلك فإن معظم تعريفات الجريمة ركزت على الفكرة القانونية للجريمة، بالرغم من أن الجريمة في تغير مستمر من وقت لآخر، ومن مكان إلى مكان آخر. فبعض الأفعال تعد جريمة في دولة ما، في حين أنها ليست كذلك في دولة أخرى، بل حتى في الدولة الواحدة يتغير وصف السلوك من وقت إلى آخر، فقد يعد السلوك في وقت ما جريمة، ثم يعدل المشرع في سياسته عنه ويعتبره فعلاً مباحاً في وقت آخر. ولكن يمكن القول بأن هذا التغير مهما حدث في أي مكان أو زمان فإنه تغير نسبي وليس مطلقاً. فالإجرام الذي يحدث في الوقت الحاضر يشبه إلى حد كبير الإجرام الذي حدث في الماضي، وما سيحدث مستقبلاً مع تغير في وسائل الإجرام. فالإجرام عمل نسبي غير قابل للتعريف بصورة عامة ومطلقة، وكل محاولة ترمي إلى إعطائه طابعاً عاماً ومطلقاً تؤدي إلى الغموض والتناقض، لاستحالة جمع عناصر ثابتة وشاملة للمجرم.

مفهوم الجريمة عند علماء النفس:

يعتبر علماء النفس أن الجريمة تعبير عن موقف يمكن وصفه بأنه تضارب بين سلوك الفـرد وسلوك الجماعة. فالجريمة كما يرى لاغاش (Lagach, 1952) هي التعدي الحاصـل مـن فـرد أو مجموعة أفراد أعضاء في مجتمع معين على القيم المشتركة الخاصة، بهذا المجتمع. ويفسر لاغاش فكرته عن الجريمة والسلوك الإجرامي بقوله: إن المجرم بفعله الإجرامي يرفض قيماً مشـتركة في الجماعة التي ينتمي إليها أو يقضي عليها، واضعاً في اعتباره قيماً ومعـايير أخرى خاصـة بـه أو مشتركة مع جماعة أخرى، فهو يعزل نفسه عن جماعته أو يخرج منها، كما تعمل الجماعة عـلى عزله أو إخراجه أو حتى القضاء عليه، فالصفة التي يتصف بها السلوك الإجرامـي هـي عدوانيـة السلوك الإجرامي، سواء أكان هذا العدوان على حياة أقرانه أو أملاكهم أو سمعتهم.

والجريمة ليست مجرد ظاهرة مضادة للمجتمع يتم التعامـل معهـا وفقـاً لنصوص قانون العقوبات فقط، ولكنها أيضاً مشكلة نفسية، يتوجب عـلى القـائمين عـلى تطبيق السياسـات العقابية أن يتابعوا منجـزات العلـوم الاجتماعيـة وبخاصـة علـم النـفس فيما يتعلـق بأسلوب التعامل مع الجريمة والمجرمين. فالمجرم يوضع في السجن بمعزل عـن المجتمع فـترة العقوبة، حيث تستفحل نوازعه العدوانية إزاء الآخرين نتيجة الجـو الاجتماعـي داخـل مجتمع السـجن، ونتيجة تراكم مشاكله خارج مجتمع السجن، ثم يفرج عنه ويوضع في المجتمع مرة أخرى، حيث يلفظه المجتمع، ويرفض التعامل معه، وتغلـق في وجهه أبـواب الكسـب، ولا يجـد إلا الجريمـة سبيلاً.

من جانب آخر فإن المسجون يوضع مع معتادي الإجرام، حيث يكتسب منهم معـارف وعلاقات تسهل له التورط في الجريمة مرات أخرى عديدة، إذ يتعرف إلى مزوري البطاقات، أو من يصرفون المسروقات، ومن يروجون المخدرات. وهكـذا يخـرج مـن السـجن وهـو منـدمج في شبكة إجرامية.

ولهذا ينبغي على القائمين على تطبيق السياسة العقابية الاطلاع المستمر على منجزات العلوم الاجتماعية للاستفادة منها في تطبيق تلك السياسة.

ويرى علماء النفس أن منع الجريمة لا يكون بعقاب المتهمين والزج بهم في السجون، حيث يرون في السجون الكثير من الأساليب اللاإنسانية والتي من شأنها تغذية الإحساس بالهوية الإجرامية، وتدعيم الميول الإجرامية للمجرم بدلاً من القضاء عليها. ولذلك يقترح ادوارد ساكر (Edward J. Sacher) أن يرسل المتهم إلى السجن ليس للعقاب، ولكن للإرشاد والعلاج النفسي وذلك من أجل تعديل سلوكه أو تغييره بسلوك يتوافق مع المجتمع، ويبتعد به عن الإجرام والمجرمين.

مفهوم الجريمة عند علماء الاجتماع:

لا يختلف علماء الاجتماع كثيراً عن علماء النفس من حيث تحديدهم لمفهوم الجريمة، ولكنهم يعطون أهمية أكبر للعوامل الاجتماعية من حيث تأثيرها في تكوين شخصية المجرم، وفي تحديد سلوكه المنحرف. فالسلوك الإجرامي هو اعتداء على القيس السلوكية في مجتمع معين، حيث يرى "لافي بروهل" أن الجرم هو كل فعل يصدم بشدة الضمير الجماعي لجماعة معينة، فيحدث ردة فعل لديها ضد الفاعل المفترض " (العوجي، 1980: 154).

فالأهل يرسمون لأبنائهم خطة يسيرون عليها في أساليب تعاملهم مع الآخرين، وهؤلاء الأبناء يرسمون لمن يأتي بعدهم مثل هذه الخطة.. وهكذا، ومع الزمن تتبلور هذه الخطة لتصبح على شكل قيم سلوكية معروفة يلتزم بها الأفراد في مجتمع معين، وإن كان هؤلاء الأفراد قد أصبحوا مستقلين ببلوغهم سن الرشد عمن فرض عليهم هذه الخطة، أو باختيارهم نهجاً معيناً في حياتهم، فإذا خرج أحد الأفراد عن النهج المرسوم سابقاً بحكم التربية والتقاليد، يصبح في حالة سوء توافق مع سائر أفراد المجتمع ونظرتهم إلى سلوك الفرد، مما يوجب اتخاذ تدابير معينة بحق

من خرج عن الخطة المرسومة، والتي أصبحت قيماً مسلماً بها. وهذه التدابير المتخذة تختلف باختلاف السلوك الذي ارتكبه الشخص، ومدى تأثيره سلباً على المجتمع، وتقاليده، وعاداته، وقيمه. فإذا كان سلوك الفرد يهدد أحد المبادئ الأساسية للمجتمع، كانت العقوبة شديدة وأصبح الشخص في نظر المجتمع مجرماً.

أما إذا كان السلوك الذي يقترفه الشخص يمس عادات وقيماً ثانوية للمجتمع فإن ردة الفعل الاجتماعية تكون بالاحتقار واللوم. فالجرم هو العمل الذي يهدد قيماً أساسية في مجتمع معين. ولهذا يرى إميل دور كهايم (Emile Durkeim, 1897) في هذا الصدد أن العقوبة الجزائية تفرض على من يمس الشعور القوي للضمير الاجتماعي (العوجي، 1980: 155)، ويعني بالشعور القوي؛ القيم الأساسية التي يعتمدها الضمير الجماعي في حياة الفرد خاصة، والحياة الاجتماعية عامة.

تصنيف الجرائم:

يمكن تصنيف الجرائم وفقاً للآتي:

1- جنايات وجنح ومخالفات:

فالجنايات هي الجرائم التي يعاقب عليها القانون بعقوبة الإعدام، أو الأشغال الشاقة المؤبدة، أو السجن لمدد متفاوتة. أما الجنح فهي الجرائم التي يعاقب عليها القانون بالسجن لمدة لا تزيد عن شهر واحد، أو الغرامة وفقاً لنصوص القانون. في حين أن المخالفات تتضمن الجرائم التي يعاقب عليها القانون بالسجن لمدة لا تزيد عن أسبوع، أو الغرامة المالية.

2- الجرائم الواقعة على النظام الاجتماعي:

تهدد الجرائم الواقعة على النظام الاجتماعي استقرار المجتمع وأمنه. فالخيانة الزوجية، وتشريد الأطفال، والاعتداء عليهم، وعدم إرسالهم للمدارس، والتهرب

من الواجبات الأسرية، وتعدد الزوجات (في بعض البلدان)، والأعمال المخلة بالآداب العامة، والجرائم ضد الدين والشعائر الدينية المعترف بها، والتعدي على حرمة الأموات، والجرائم ضد السلامة العامة، أعمال موجهة ضد النظام الاجتماعي، ويعاقب عليها القانون.

ولهذا فإن العلم الجنائي يركز اهتمامه بصورة خاصة على هذا النوع من الجرائم لأن مرتكبيها يعانون من مرض عضوي، أو عقلي، أو اجتماعي، أو أخلاقي، يتطلب علاجهم بشكل جدي لإعادتهم إلى حالتهم الطبيعية، وإبعاد العوامل التي أدت بهم إلى هذه الجرائم.

3- الجرائم الواقعة على نفس الإنسان:

تستهدف هذه الجرائم حياة الإنسان الآخر بوسائل متنوعة. ويعمل العلم الجنائي إلى تحري الأسباب التي تدفع هذا الجاني إلى القضاء على حياة إنسان آخر، كما يهتم بمعرفة صلة القربى، والعلاقة العاطفية بين الجاني والضحية، ومثال ذلك قتل الوالدين، أو الزوجة، أو الأولاد، أو الأقارب. وهذه الأفعال تعبر عن نفسية الجاني وخروجه على القيم الاجتماعية والعادات السائدة، والقانون. أما قتل شخص غريب فيدل على عدم احترام الجاني لحياة الآخرين وحريتهم، كما يدل على درجة الحقد الذي يحمل للقضاء على حياة هذا الشخص. فضلاً عن ذلك فإن الإيذاء الجسدي الذي يؤدي إلى جرح أو قطع أحد الأعضاء، أو إلحاق عاهة جسدية أو تشويه بالمجني عليه، يدخل ضمن هذا النوع من الجرائم، والتي لا تقل شأناً عن تلك الواقعة على شخص آخر بسبب ما تلحقه من ألم للشخص المجني عليه.

4- جرائم الانتحار:

يعتبر القضاء الفرد جزءاً من المجتمع، وانتحاره هو سلب لهذا الفرد من مجموع أفراد المجتمع، مما يوجب إنزال العقوبة على من أقدم على جريمة الانتحار في حالة

نجاته. ولهذا ينظر إلى الانتحار في البلاد الأوروبية على أنه نوع من الجبن المعنوي، والفعل المدان حتى من الوجهة الدينية. فاليابانيون مثلاً ينظرون إلى الانتحار على أنه شبه فرض ديني أو وطني على المخطئ، ويعتبرونه كفارة للذنوب، ويشجعون عليه. كما أن "هتلر" ينظر إلى الانتحار نظرة حلفائه اليابانيين، ويدعو الشعب الألماني إلى اختياره سبيلاً عندما لا يكون أمامهم سوى ذلك من خيار.

فقتل النفس من أغرب السلوك البشري وأصعبه على الفهم والتفسير. وقد تزايد الاهتمام بالانتحار في القرن العشرين نظراً لأنه أصبح في عداد الأسباب المهمة للموت البشري، ولأن نسبة المنتحرين في تصاعد مستمر وخاصة في العالم الغربي (في الدانمارك (35) شخصاً من كل مئة ألف شخص، وفي السويد (20) شخصاً من كل مئة ألف شخص، وفي البلاد العربية 0.5- 3.5 شخصاً من كل مئة ألف شخص). فالمنتحر من وجهة نظر الطب النفسي مريض لم يلق العلاج الصحيح، وليس ذا نزعة إجرامية. فالمهم في الانتحار نفسه هو دراسة المسببات للقضاء عليها، وإلا استمر المنحل في حصاد سنابل القمح البشرية قبل أوانها، دون أن يكون هناك رادع أو قوى ردع ممثلة في الدولة، أو فهم المجتمع لأهمية الطب النفسي في علاج مثل هذه الحالات.

5- الجرائم السياسية:

يعد الشخص مجرماً إذا قام بأعمال تمس النظام القائم في الدولة. وبما أن لكل دولة دستورها ونظامها تحافظ عليه من الاعتداء أو من تغييره أو إزالته بالعنف، لذا فإن أي محاولة للاعتداء على دستور البلاد أو النظام القائم، أو المساس بالأمن، أو الخيانة، أو المساس بالأشخاص المسئولين عن النظام يعد جريمة يعاقب عليها القانون. ولكن قانون العقوبات لا يعاقب على هذه الأعمال بنفس الشدة التي يعاقب بها على الجرائم التي تتناول حرية الإنسان أو حياته. فالعقوبات السياسية أخف وطأة من العقوبات الأخرى (العوجي، 1980).

6- الجرائم الاقتصادية:

وهي الجرائم التي تستهدف الإضرار بالاقتصاد الوطني والعالمي من خلال ممارسات فردية أو جماعية، وذلك لتحقيق الربح غير المشروع، من خلال استغلال بعض الأوضاع الخاصة التي يمر بها الاقتصاد الوطني، كاحتكار المواد الأساسية، والمضاربة بأسعارها، والاتجار بالعملة الأجنبية دون إذن، وتزوير العملات، والغش في تصنيع المواد الغذائية، وتصريف المواد الفاسدة والتهريب، والتهرب من دفع الضرائب والرسوم الجمركية.. الخ، مما ينعكس سلباً على الوضع الاقتصادي العام، وعلى حياة كل مواطن لما تسببه من أزمات تزعزع الثقة بالأنظمة القائمة، وتعرض أمن المواطنين وحياتهم للخطر. ولهذا وضع في قانون العقوبات ما يجرم مرتكبي هذه الأعمال، وإنزال العقوبات الصارمة بهم. وهذا النوع من الإجرام يستأثر باهتمام خاص في العلم الجنائي لأن آثاره تنعكس على حياة الأمة، ويتستر فاعلوه بمظهر رجال الأعمال للقيام بأعمالهم الإجرامية.

7- الجرائم الماسة بالملكية الأدبية والفنية:

وهي تلك الجرائم المتمثلة في سرقة الحقوق الأدبية والفنية من خلال طبع الكتب، أو المنتجات الفنية خلسة وتوزيعها في الأسواق بأسعار زهيدة مما يلحق الضرر بالمؤلفين والناشرين. كما يلجأ البعض إلى طباعة مثل هذه المنتجات بأسمائهم متجاوزين حدود الأمانة العلمية والأدبية. ولهذا قوبلت مثل هذه الأعمال بقوانين جزائية رادعة. والعلم الجنائي بمعالجته لأوضاع هؤلاء المختلسين يتقصى ـ الدوافع الكامنة وراء هذه الأعمال وذلك لاتخاذ التدابير الوقائية والعلاجية الرادعة لهم.

8- الجرائم المتعلقة بالبيئة:

وهي الجرائم التي تلحق أذى بالبيئة الجغرافية المحيطة بالإنسان، أو بالكائنات الحية التي تشكل مصدراً من مصادر تجديد الطاقة الحياتية. فالغازات المنتشرة من

المصانع، ودخان السيارات، والنفايات الناتجة عن التصنيع، يسبب تلوث المنتجات الزراعية، وتلوث المياه، ويلحق الأذى بالثروة النباتية والحيوانية والإنسان. وهذا ما أدى إلى ارتفاع الصرخات في كل أنحاء العالم للحفاظ على البيئة، وعقد الندوات والمؤتمرات الخاصة بذلك، والعلم الجنائي يهتم بمثل هذه الجرائم، لأنها تضر بحياة الإنسان والمجتمع، والحفاظ على حياة الإنسان والمجتمع من أهم أهداف هذا العلم.

9- جرائم العنف:

تزداد جرائم العنف في العالم يوماً بعد يوم، وتختلف الدوافع الكامنة وراء هذه الجرائم. فقد دلت الدراسات (M. Lopez - Rey, 1975) أن هناك رابطاً وثيقاً بين الشعور بفقدان المساواة في المجتمع، وفقدان العدالة الاجتماعية، ورفض الأنظمة القائمة، وبين جرائم العنف. فالشعور بالظلم يثير ثورة في النفس يعبر عنها الأفراد بتصرفاتهم العنيفة. كما أن تشنج الأعصاب الذي تحدثه ضغوط الحياة اليومية غير العادية، تؤدي إلى ضيق دائرة التسامح لدى الفرد، ويصبح الانفجار عنده ممكناً لأي سبب بسيط.وهناك من جرائم العنف ما يكون مصدرها النقمة على الأنظمة السياسية والاجتماعية القائمة، مما يجعل القائمون على أعمال العنف يسلكون بهدف النيل من مكانة الدولة، وإحداث اهتزاز في النظام الاجتماعي بغية تحقيق أنظمة اجتماعية أكثر عدالة في نظرهم. وبناء على ذلك يمكن تصنيف جرائم العنف وفقاً للآتي:

آ- جرائم القتل والإيذاء: **Murder & Homieide Crimes**

تتعدد أسباب جرائم القتل والإيذاء، إذ قد يقتل الشخص مع سبق الإصرار والترصد، كما أنه قد يقتل خطأ أو نتيجة للإهمال، أو أنه يقتل دفاعاً عن النفس أو عن شخص آخر، أو قد يؤدي إلى إحداث عاهة مستديمة، أو قد يكون بسيطاً، أو

قد يكون على شكل شروع في القتل. ومهما كانت الأسباب والبواعث للقتل والإيذاء فقد تكفـل القانون الجنائي تحديد الأركان العادية والمعنوية لكل نوع من أنواع جرائم القتل أو الإيذاء.

ب- جرائم السرقة والاحتيال Robbery Crimes

إن مال الإنسان وسيلة من وسائل الوجود البشري، والاعتداء عليه هو اعتداء على الإنسان، لأنه يمسه في صميم كيانه الاجتماعي. ويقصد بالسرقة أخـذ أي شيء ذي قيمـة مـن ممتلكـات الآخرين، وذلك باستخدام وسائل مختلفة، وذلك بدافع الحرمان أو إرضاء لرغبات مكبوتـة لـدى السارق. والسارق قد يكون إنساناً فقيراً يلجأ إلى السرقة نتيجـة حرمـان يعـاني منـه هـو وأفراد أسرته. ولكن هناك حالات لا يكون الفقـر هـو الـدافع إلى السرقة إذ أن الأغنياء يلجأون إلى السرقة كذلك، حتى أنهم يسرقون مال الفقير وذلك بدافع الطمع، وزيادة الثروة دون أي رادع.

كما أن من دوافع السرقة المرض، حينما يلجأ إلى السرقة وجهاء وأثريـاء، فيقومـون بعمليـة السرقة لأخذ مال الغير أو ممتلكاتهم خلسة، بالرغم مـن معرفتهم بـأن ذلك مخالف للقانون والأخلاق، وذلك إرضاء لرغبة مكبوتة داخلهم. والقانون لا يفرق بين سارق عادي وسارق بـدافع المرض، ولكنه يترك للقاضي حق تقدير ظروف الجريمة.

وتعد السرقة بالإكراه أحـد أشـكال السرقـة التـي تـتم في الأمـاكن العامـة، مثل مواقـف السـيارات، والشوارع المزدحمـة، والحـدائق العامـة. ففـي إحـدى الدراسـات التـي أجريـت في الولايات المتحدة الأمريكية، تبين أن حوالي 50% أو أكثر مـن جـرائم السرقة بالإكراه تحدث في الشوارع ومواقف السيارات. وهذا ما أدى بالعديد من الناس إلى النزوح مـن المـدن الكبـيرة إلى المجمعات شبه الحضرية (ربيع وآخرون، 1995).

جـ- جرائم الكراهية: Hate Crimes

تعد جرائم الكراهية أفعال عنيفة توجه ضد شخص معين أو جماعة معينة، وذلك بـسبب ما تتميز به الجماعة، أو الشخص من خصائص عنصرية أو عرقية أو دينية معينة، مـما يجعلهـم موضع اعتداء وتميز من قبل جماعة الأكثرية. ومن ضمن هذه الجرائم، مـا يقع مـن اعتـداءات على دور العبادة أو المقدسات، وما يتم من ممارسات تمييز عنصرية من قبل السكان البيض ضد السود في الولايات المتحدة الأمريكية وجنوب أفريقية، أو ما يتم من إبادات جماعية بحق بعض السكان من ديانات معينة مثل إبادة قادة الصرب الكثير من المسلمين بشكل جماعي، والسبب في ذلك كراهية هؤلاء لأبناء تلك الشعوب.

10- الجرائم المخطط لها والجرائم الوقتية (جرائم العمد وغير العمد):

فالجرائم المخطط لها تتوافر فيها صورة القصد الجنائي، حيث يستغرق الإعـداد والتخطيط لها زمناً يطول أو يقصر- ويمر الجاني بالمراحل المختلفة للجريمـة. ويرتكـز القصد الجنائي في الجرائم المخطط لها على عنصري العمل والإرادة اللذين يمتدان في الأساس إلى كل الوقائع التـي تتكون منها ماديات الجريمة.

أما الجرائم الوقتية فلا يتوافر فيها القصد الجنائي لـدى الجـاني، فالجريمـة في هـذه الحالـة تكون وليدة الانفعال والتلقائية (مثال حالة الزوج الذي يضبط زوجته متلبسة بالزنا مع عشيقها فيقتلهما أو يقتل أحدهما).

11- الجريمة الكاملة:

وهي الجريمة التي يتم التخطيط لها بإحكام، ويتم تنفيذها بشكل يصعب علـى الباحـث الجنائي الكشف عن غموضها مهما طال زمن البحث فيها. ولكن هنـاك مـن يـرى بأن الجريمـة الكاملة غير موجودة، فلابد لكل جريمة من أن تخلف آثاراً تساعد

على كشف غموضها. والجرائم التي اعتبرت كاملة لم يكشف النقـاب عـن غموضها؛ ليست إلا دليلاً على أن الباحث أو الباحثين في وضع خطة البحث أو إجراء التنفيذ.

مراحل ارتكاب الجريمة*

آ- مرحلة السببية:

إن السبب في ارتكاب الجريمة هو واقعة مادية سـابقة عـلى وقـوع الجريمة، وتكون تلك الواقعة سبباً في تولد الدافع إلى ارتكاب الجريمة (مثل القتل، الحالة الاقتصادية: كالفقر والعـوز.. الخ).

ب- مرحلة الدفع إلى ارتكاب الجريمة:

وهي حالة نفسية تنتاب الجاني لفترة زمنية معينة تتولد عن حـدوث السـبب، وتـؤدي إلى التفكير في ارتكاب الجريمة (مثل الحقد، الرغبة في الانتقام، الرغبة في الثراء.. الخ) وهـذه المرحلـة تلي مرحلة السبب، فهي تنشأ عنها، إذ أن السبب واقعة مادية، والدافع حالة نفسية.

جـ- مرحلة التفكير:

وهي مرحلة ذهنية مبكرة في الإعداد لارتكاب الجريمة، وتمثل الصراع الـداخلي للجـاني بـين الحالة النفسية المتولدة لديه والتي تدفعه إلى ارتكاب الجريمة، وبين العوامـل الأخـرى المختلفـة التي قد تجعله يحجم عن ذلك.

د- مرحلة التخطيط:

وفي هذه المرحلة يبدأ الجاني بوضع خطة مناسبة للتنفيذ، وما قد يتطلبه ذلك مـن معاينـة لمكان الجريمة، واختيار أدوات وأسلوب وزمن التنفيذ الفعلي للجريمة.

هـ- مرحلة الإعداد والتجهيز:

وتتمثل في إعداد أدوات التنفيذ، وتوزيع الأدوار على الشركاء إن وجدوا، والانتقال إلى مكان الجريمة.

و- مرحلة التنفيذ:

وفي هذه المرحلة تترجم المراحل السابقة إلى واقع فعلي، حيث ينفذ الجاني خطته وينتهي دوره ليبدأ دور الباحث الجنائي.

ز- مرحلة التمويه والتضليل:

وهي مرحلة لاحقة لارتكاب الجريمة، إذ يقوم الجاني بمحاولة تضليل الباحث الجنائي من خلال إخفاء الآثار التي قد تقوده لكشف غموض الحادث أو توجيه البحث إلى جهة تبعد الشبه بالجاني الحقيقي.

والجدير ذكره أن الزمن مرن تماماً في هذه المراحل، ويختلف باختلاف القضايا التي يتم فيها الحدث الجنائي. ففي قضايا الثأر قد تستغرق المراحل السابقة سنوات ليتم التنفيذ. ولكن في حادث قتل تم نتيجة إهانة، فإن ذلك لا يستغرق إلا زمناً قصيراً. ومن وجهة أخرى فإن اكتمال المراحل السابقة يحتم أن يكون في جريمة من النوع المخطط له.

مسرح الجريمة:

تتعدد الاتجاهات في تحديد مسرح الجريمة، ولكنها أجمعت في النهاية على وجود اتجاهين: الأول يحدد مسرح الجريمة بالمكان الذي يحتوي على الأدلة الجنائية التي تساعد المحقق على كشف الحقيقة. وقد يتضمن مسرح الجريمة مكاناً واحداً أو عدة أماكن سواء كانت متصلة أم متباعدة، وفقاً لنوع الجريمة المرتكبة، والبعض يلحق بمسرح الجريمة الطرق الموصلة إليها، والأماكن المحيطة بها، وأماكن إخفاء

متحصلات الجريمة وآثارها المادية. أما الاتجاه الثاني فيحدد مسرح الجريمة بمكان ارتكاب الجريمة، أو يلتقي فيه بالمجني عليه، ثم يغادره محققاً هدفه من الجريمة أو يخيب أمله في ذلك (أبو القاسم، 1986: 2).

فمسرح الجريمة يتحدد بمكان ارتكابها، ويمتد ليشمل الطرق التي سلكها الجناة في الدخول والخروج من مسرح الجريمة.

النطاق المكاني والزماني لمسرح الجريمة:

أولاً- النطاق المكاني:

لقد أجمع الخبراء في مجال البحث الجنائي على أن مكان الجريمة هو مستودع سرها، لاحتوائه على الآثار المادية، والأدلة الجنائية التي تؤدي إلى كشف الحقيقة، مما دفع البعض منهم إلى التوسع في تحديد نطاق مكان ارتكاب الجريمة، فامتد إلى الأماكن المجاورة من طرقات وأماكن عامة للبحث عن الآثار المادية المتعلقة بالحادث.

ثانياً- النطاق الزماني:

لم تحدد التشريعات المختلفة زمناً محدداً لإجراء المعاينة، وإنما تركت ذلك لما يراه المحقق مناسباً، إذ يختلف ذلك من واقعة إلى واقعة أخرى، وذلك منعاً لظروف وملابسات كل جريمة.

ولكن من الملاحظ أن معظم التشريعات تحبذ ضرورة الإسراع في إجراء المعاينة بعد ارتكاب الجريمة، وذلك للحفاظ على الأدلة الجنائية المتعلقة بالجريمة. ففي مصر- مثلاً نجد أن المادة (24) الفقرة الأولى من قانون الإجراءات الجنائية، تؤكد على الفورية بعد قبول التبليغات بشأن الجريمة. كما تؤكد المادة (3) من الفقرة الأولى من قانون الإجراءات الجنائية على الفورية بعد توفر حالة التلبس بجناية أو

جنحة. أما في فرنسا فإن الانتقال يكون إجبارياً في حالة التلبس بجناية، مع ضرورة إخطار وكيل النيابة فوراً من قبل ضابط الشرطة القضائي ليتسنى له الحضور شخصياً ومعه عند اللزوم قاضي التحقيق. وفي إيطاليا فإن قاضي التحقيق هو الذي يقوم بالملاحظة القضائية بعد وقوع الجريمة. وفي الكويت فإن المادة (10) الفقرة الثانية من قانون الإجراءات الجنائية تنص على الانتقال الفوري إلى مكان وقوع الجريمة للمحافظة على أدلتها. وفي تونس تفضل السرعة في الانتقال لإجراء المعاينة قبل أن تزول معاً لم الجريمة (المهدي، 1993).

الأثر الجنائي:

إن الأمر الجنائي هو كل ما يمكن أن يتخلف في مجال الجريمة، ويكون له علاقة بها سواء عن طريق الجاني، كآثار الأقدام والبصمات والأسنان والشعر والدم والبقع المنوية.. الخ، أو عن طريق الآلات المستعملة في ارتكاب الجريمة في مراحلها المختلفة مثل: الأسلحة النارية، أو الأسلحة القاطعة، والمفك، والإزميل.. الخ. وهناك آثار خاصة بمكان الحادث قد تعلق بملابس الجاني كالرمل والتراب.

وهذه الآثار قد تكون ظاهرة يمكن إدراكها بالحواس كآثار الأقدام، وإطارات السيارات، ومنها ما يكون خفياً لا يمكن كشفه إلا بالاستعانة بوسائل فنية كبصمات الأصابع، والدم، والإفرازات المختلفة، كما تكون هذه الآثار ظاهرة أو خفية، دائمة كوجود مسدس أو طعنة سكين. وقد تكون مؤقتة تزول مع مرور الوقت كآثار الأقدام وبصمات الأصابع.

والأساس العلمي لوجود هذه الآثار المادية في مكان الجريمة يعود إلى قاعدة علمية مفادها أن كل جسم يلمس جسماً آخر لابد أن يترك جزءاً من مادته أو كله عليه، ويأخذ من الجسم الآخر من مادته أو شكله، ويطلق على هذه القاعدة نظرية تبادل المواد. ومثال ذلك عندما تصطدم سيارة بيضاء بأخرى زرقاء، فإن دهان السيارة الأولى سوف ينتقل إلى دهان السيارة الثانية الزرقاء، والعكس صحيح.

وهذا يعني أن أي تلامس بين جسمين سوف ينتج عنه أن جزءاً من مادة كل منهما لابد وأن ينتقل إلى الآخر، ويختلف انتقال هذه المادة باختلاف درجة الليونة أو الصلابة، أو الغازية التي تتمتع بها الأجسام المتلامسة.

الدليل الجنائي وقيمته الإثباتية:

يقصد بالدليل الجنائي الوقائع المادية أو المعنوية التي تتصل بالجريمة، والذي يؤدي اكتشافها إلى تحديد كل أو بعض أبعاد الجريمة، مثل وقتها، ومكانها، ودوافعها، وأسلوب ارتكابها، والظروف المحيطة بها، ومسؤولية أطرافها من متهمين، ومجني عليهم، بحيث يؤدي تجميع وربط ما تسفر عنه من حقائق إلى تحديد مرتكب الجريمة بصورة قاطعة لألبس فيها (المهدي، 1993: 225، 226).

ويشترط في الدليل الجنائي أن يكون منتجاً في إثبات الواقعة التي يستهدف إثباتها. بمعنى أن يشير بصورة مباشرة أو غير مباشرة إلى حدوث الواقعة التي يسعى الباحث إلى إثبات وقوعها، مثل انطباق بصمة الأصابع المرفوعة من مكان الحادث على بصمات المتهم، وتقرير الطبيب الشرعي، وشهادة فرد أو عدة أفراد برؤية المتهم حال ارتكاب الجريمة، أو تقرير خبير الشخصية الذي يثبت أن المقذوف الناري الذي استخرج من جثة المجني عليه قد أطلق من المسدس الذي ضبط في حيازة المتهم.

فقيمة الدليل الجنائي تتوقف على مدى دقة عملية المعاينة والالتزام فيها بضوابط المشروعية. والأدلة الجنائية أنواع منها ما يكون مادياً: وهي الأدلة التي يمكن الإحساس بها بالحواس الخمس مثل بصمات الأصابع، وبقع الدم، وآثار الأقدام، والطلقات النارية، أو تقرير الخبراء عن المخلفات المادية التي يتركها الجاني في مكان الحادث. ومن الأدلة ما يكون معنوياً: وهي الأدلة التي ليس لها وجود مادي، وإنما يعتمد الخبير على ما يستنتجه ذهنياً، ويدركه مثل ما يستنتجه المحقق الجنائي من أقوال الشهود، واستجواب المتهمين.

ويمكن أن تكون الأدلة الجنائية مباشرة، وهي التي تثبت بمجرد توافرها حدوث الجريمة أو عدم حدوثها (مثل بصمات الأصابع التي تثبت ملامسة الشخص للمجني عليه، وكذلك الشهود الذين رأوا بشكل مباشر وقوع الحادث). كما تكون الأدلة الجنائية غير مباشرة، وتعرف بالقرائن. والقرينة هي الدليل الذي لا يشير مباشرة إلى حدوث أو عدم حدوث واقعة ما، وإنما يزيد من درجة احتمال وقوع الجريمة (مثال رؤية الشاهد للمتهم وهو يخرج مع المجني عليه ليلاً، ثم يعثر عليه قتيلاً في الصباح، أو رؤية المتهم وهو يتمشىـ بجانب المحل المسروق قبل اكتشاف حادثة السرقة).

فقيمة الدليل الجنائي تتوقف على مدى دقة عملية المعاينة، والالتزام فيها بضوابط المشروعية. ولهذا فالقيمة الإثباتية للدليل الجنائي يؤكد إما براءة المتهم الذي دارت حوله الشبهات، أو تؤدي إلى إخلاء سبيله نتيجة ما أسفرت عنه عملية التحقيق والمعاينة، أو تؤكد إدانته نتيجة المعاينة بالوسائل العلمية الحديثة، وإثبات صلة الجاني بالجريمة بسبب وجود بعض الآثار المتخلفة من جسم الجاني وصلتها مع ما هو موجود من آثار المجني عليه.

دور الباحث الجنائي في الكشف عن الجريمة:

تتمثل كفاءة الباحث الجنائي في إمكان تحقيق أقصى قدر من الاستفادة من مكان الجريمة لحظة وقوع الجريمة. ولذلك يتمثل دور الباحث الجنائي بما يلي:*

1- الانتقال إلى مكان الجريمة:

إن الانتقال الفوري إلى مكان الجريمة عند تلقي الخبر مسألة مهمة في عملية المحافظة على الحالة التي تركها الجاني دون أي عبث أو تدمير للآثار، والأدلة الموجودة. كما يمكن للباحث الجنائي الحصول على بعض النتائج السريعة التي قد لا تتحقق إذ تباطأ في الانتقال (كضبط الجاني قبل هروبه، أو سماع شهادة المجني عليه

قبل وفاته، أو سماع شهادة الشهود قبل مغادرتهم مكان الجريمة..). ولهذا يعول على رجل الشرطة الدور الأكبر في الانتقال إلى مكان الجريمة قبل الباحث الجنائي، وذلك للمحافظة على كل الأدلة المتعلقة بمكان الجريمة.

2- فحص أو معاينة مكان الجريمة:

إن طبيعة مكان الجريمة تحدد أسلوب المعاينة. فإذا كانت الأماكن واسعة (كالطريق العام، والمزارع، والجبال، والصحراء..) فإن الفحص يشمل عدة مئات من الأمتار بحثاً عن آثار أقدام أو إطار سيارة، أو أدوات أو أسلحة سقطت من الجناة عند هروبهم. أما إذا كانت الأماكن محددة (كالمنازل، والمتاجر، والمباني..) فلابد أن يمتد الفحص ليشمل هذه الأماكن من الداخل والخارج وذلك بغية العثور على أي أثر للجناة، حيث تفحص الجدران، والأرضية، والأثاث، والصور وما تحتها، وقد يكون أصغر جزء من مادة غريبة هو الأثر البارز في الدلالة على الجناة. كما يتضمن الفحص جثة المجني عليه في حالة وجود قتل، وذلك من حيث الملابس، والشكل العام، ومكان وجودها، واتجاه الرأس والقدمين، والجروح، والإصابات، والطعنات التي لحقت بالمجني عليه.

3- تحديد الآثار المتخلفة في مكان الجريمة:

إن الآثار المتخلفة في مكان الجريمة عن الجاني أو المجني عليه نوعان هما:

أ-   آثار ظاهرة: وهي ما ترى بالعين المجردة، كالأدوات، والأجهزة.. الخ.

ب-   آثار غير ظاهرة: وهي الآثار التي لا ترى بالعين المجردة، بل تستلزم رؤيتها استخدام الخبرة الفنية بالأجهزة والأدوات اللازمة لذلك. وبناء على هذه الآثار الموجودة في مسرح الجريمة يمكن تحديد نوعية الخبراء المطلوب انتقالهم إلى مكان الجريمة.

4- جمع المعلومات:

يقوم الباحث الجنائي بجمع المعلومات الدقيقة عن الجريمة، والتي تتعلق بوقائع مادية ثابتة أو مرجح ثبوتها. كما لابد للباحث الجنائي من الانتباه تماماً في هذه المرحلة، إذ أن الجاني يقوم في كثير من الأحيان بعمليات تمويه وتضليل خشية الوقوع في شرك الجريمة، إذ لابد له أن يلتزم بالموضوعية، ولا ينساق وراء التصورات، وأن يجمع المعلومات والحقائق عندما تكون واضحة تماماً.

5- استخلاص المدلولات عن الجريمة:

بعد أن يقوم الباحث الجنائي بفحص مكان الجريمة، وتحديد الآثار التي خلفها الجاني، وبعد أن يجمع المعلومات اللازمة عن الجريمة يقوم باستخلاص المدلولات عن الجريمة، ومحاولة ترجيح بعضها على الآخر دون إهمال لأي واحد منها. مثلاً عندما يدخل الجاني إلى مكان الجريمة دون استخدام العنف، حقيقة لها مدلولات متعددة. فقد يكون الجاني قد حضر بصحبة المجني عليه، أو قد يكون معروفاً لدى المجني عليه. ففتح الباب عند حضور الجاني، أو أن الجاني لديه مفتاحٌ لباب المجني عليه. . ويمكن ترجيح مدلول على آخر في ضوء ظروف الحادث.

6- تصور الباحث الجنائي لكيفية وقوع الحادث:

بعد أن يقوم الباحث الجنائي بجمع كل الحقائق عن الجريمة، ويستخلص المدلولات اللازمة، فإنه يضع تصوراً مبدئياً لكيفية وقوع الحادث، وارتكاب الجريمة. ولذلك كلما ازدادت كفاءة الباحث كان تصوره لكيفية وقوع الحادث أقرب إلى الواقع. وبعد أن تتخذ الإجراءات الأخرى في معاينة الجريمة (كتشريح جثة المجني عليه، وسؤال الشهود، وفحص الآثار المترتبة عن الجريمة)، يتمه وضع تصور نهائي لكيفية ارتكاب الجريمة.

7- وضع خطة للبحث:

في ضوء ما تقدم، يضع رئيس الفريق المكلف بفحص غموض الحادث خطة بحث واضحة وشاملة تتضمن الخطوط الأساسية العامة والفرعية وكذلك ورقات عمل يومية لما تم إنجازه، وما ينبغي إنجازه، وما أوضحته نتائج الفحص والمناقشات من إضافة بعض النقاط التفصيلية وفقاً لظروف كل حادث.

8- توزيع الأدوار وتنفيذ الخطة:

بعد وضع خطة البحث، وقبل البدء بالتنفيذ، يقوم رئيس الفريق بتوزيع الأدوار على أعضاء الفريق من أجل التنفيذ. ولذلك لابد أن يكون رئيس الفريق على علم ودراية بكفاءة كل عضو من أعضاء الفريق، وبإمكاناته العقلية والبدنية حتى يكلفه بالدور الذي يحسن أداءه.

9- تحديد زمن ارتكاب الجريمة:

يمكن تحديد زمن ارتكاب الجريمة، من خلال المعاينة، وسؤال الشهود، والمجني عليه إن كان على قيد الحياة، وبسؤال الطبيب الشرعي، وفحص مختلف ظروف وملابسات الجريمة. ولتحديد زمن ارتكاب الجريمة أهمية بالغة، إذ في تحديد الزمن يمكن إثبات تواجد مشتبه به في وقت حدوث الجريمة، أو في وقت سابق أو لاحق لوقوعها. كما يمكن من خلال تحديد زمن وقوع الجريمة إثبات بعد شخص معين عن مكان الجريمة.

دور الخبراء في الكشف عن الجريمة:

يعد الخبراء أعوان للباحث الجنائي، حيث يقوم الباحث الجنائي بتحديد من هم الخبراء المطلوبون في كل حادث، ويستدعيهم من أجل الكشف عن غموض الحادث، والمساعدة في الوصول إلى مرتكبيه. ويمكن تحديد هؤلاء الخبراء كالآتي:*

1- خبير التصوير الجنائي:

وهو أول من يجب دخوله إلى مكان الجريمة لتسجيل الواقعة كما تركها الجاني، وقبل أن يحدث أي عبث بالآثار الموجودة به. والتصوير الجنائي مهم جداً كونه تسجيل حي مصور في ملف الحادث يمكن الرجوع إليه عند الحاجة. كما أنه قد يوضح بعض الآثار التي قد لا تتضح من خلال المعاينة أو يصعب على المحقق إثباتها. كما أن صورة الحادث الجنائي ينقل المحكمة إلى مكان الحادث، حيث يساعدهم ذلك في الوصول إلى قناعة بظروف وملابسات الحادثة. كما أن أي تغير في فريق البحث ووجود باحث جنائي جديد، فإن اطلاعه على صور مكان الحادث يجعله يتعايش معه، حيث لا يستطيع بعد مرور فترة طويلة معاينته على الطبيعة.

2- خبير البصمات:

إن طبيعة العمل الجنائي تقتضي من خبير البصمات، الانتقال إلى مكان الحادث لرفع ما قد يوجد من آثار بصمات ظاهرة أو غير ظاهرة. ثم يقوم بإرجاء المقارنات مع البصمات التي يقدمها له الباحث الجنائي من المشتبه فيهم أو المترددين على مكان الجريمة، أو من ذوي السوابق. ويضاف إلى ذلك آثار الأقدام عارية أو منتعلة. وقد استقر القضاء على اعتبار البصمة دليلاً مادياً قاطعاً إذا ما انطبقت وتطابقت البصمة المرفوعة على بصمة المتهم في (12) خطاً حلمياً. وهذا ما يوضح مدى أهمية الاستفادة من هذا النوع من الخبرة. وقد توصل التقدم العلمي في عدد من الدول إلى حفظ البصمات في عقول إلكترونية (كمبيوتر) وتصنيفها بمساعدة الخبراء، مما يعني انتهاء عصر البصمة المجهولة في مسرح الجريمة.

3- خبراء العمل الجنائي:

يضم المعمل الجنائي العديد من أقسام الخبرة في مختلف مجالات العلوم كالدم، والأنسجة والزجاج، والشعر، وفحص المستندات، والأسلحة، والحرائق،

والمفاتيح، والعملة، والآلات، وغير ذلك من التخصصات. وفوائد هذه الأنواع من الخبرات تكون في إنارة الطريقة أمام الباحث الجنائي لإزالة الغموض الـذي يكتنـف ظروف الحـادث. وكذلك تضييق نطاق البحث وتحديد الطريق الذي سيسلكه الباحث الجنائي، فضلاً عـن تقـديم أدلـة جديدة للباحث الجنائي لتعزيز الأدلة القديمة، وكذلك تفيد في التحقيق من صحة أقوال المجنـي عليهم والشهود.

دور الطبيب الشرعي في الكشف عن الجريمة:

يتولى الطبيب الشرعي فحص جثة المجني عليه، وبيان أسـباب الوفـاة، ووقتهـا، والإصابات والجروح، والآلات، والأسلحة المستخدمة في إحداثها، مع تصوير كيفية وقوع الحـادث، وموقـف الضارب من المضروب، والمسافة التي أطلقت منها الأعيرة النارية.

والباحث الجنائي يقوم بدوره بتوجيه عدد من الأسئلة للطبيب الشرعي والتي من شأنها أن تساعده في توضيح طريقه، ووضع أقرب تصور لكيفية ارتكاب الجريمة.

والجدير ذكره فإنه من المفضل ترتيب عمل الخبراء وفقاً للترتيب الآنف الذكر، بحيث يبدأ بالمصور الجنائي، فخبير البصمات، ثم خبراء المعمل الجنائي، ثم عمليـة نقل الجثـة إلى المشرـحة تمهيداً لتشريحها من قبل الطبيب الشرعي.

الفصل الرابع

المجرم

من هو المجرم؟

السلوك الإجرامي

- مفهوم السلوك الإجرامي

- الهدف من السلوك الإجرامي

- الفحص النفسي للمجرم

- خصائص السلوك الإجرامي

تصنيف المجرمين

أولاً- التصنيف القانوني

ثانياً- التصنيف البيولوجي

ثالثاً- التصنيف النفسي

رابعاً- التصنيف الاجتماعي

استخدام الأساليب النفسية في التعامل مع المجرمين

الفصل الرابع

المجرم Criminal

من هو المجرم؟

إنه ذلك الشخص الذي خالف مبادئ سلوكية معينة، اعتبرها المجتمع الـذي يعيش فيـه مضرة به وبالفرد، وعاقب عليها بجزاء حددته قوانين ذلك المجتمع (العوجي، 1980: 216).

أو هو الشخص الذي ينتهك القوانين والقواعد الجنائية في المجتمـع ممـا يترتـب علـى ذلـك عقوبات حددتها قوانين ذلك المجتمع.

ولكن هل شخصية المجرم تختلف من حيث تكوينها البيولوجي والنفسيـ والاجتماعـي، أم أنها شخصية عادية أدت بها بعض الظروف المحيطة إلى مخالفة القوانين والأنظمة المعمـول بهـا في بلد معين؟

السلوك الإجرامي Criminal Behavior

مفهوم السلوك الإجرامي:

يرى بعض العلماء أن السلوك الإجرامي يعكس خللاً في شخصية من يصدر عنه، سواء أكان هذا الخلل في تكوينه العضوي أم في جهازه النفسي، حيث يعبـر السـلوك الإجرامـي عـن معانـاة الشخص من أزمة نفسية يمكن أن تكون آنيـة أو مزمنـة. في حـين أن آخـرين يـرون أن السـلوك الإجرامي يعكس المؤثرات الاجتماعية في شخصية الإنسان والتي أدت بـه إلى الإجرام. فالسـلوك الإجرامي هو "أي سلوك مضاد للمجتمع، وموجـه ضـد المصـلحة العامـة، أو هـو أي شـكل مـن أشكال مخالفة المعايير الأخلاقية التي يرتضيها مجتمع معـين، ويعاقـب عليهـا القـانون "(ربيـع وآخرون، 1995: 41).

فدراسة السلوك الإجرامي إذاً تقتضي العودة إلى التكوين العضوي للإنسان ومدى قدرته على التوافق مع متطلبات البيئة الاجتماعية والثقافية التي يعيش فيها، وذلك من أجل التعرف إلى الأسباب التي أدت به إلى الخروج على المبادئ السلوكية المعتمدة وساقته إلى الإجرام.

فالإنسان وهو يعيش حياته يسعى إلى إقامة توازن مستمر بين نزعاته البيولوجية والنفسية من جهة، وبين متطلبات الحياة الاجتماعية من جهة ثانية، وذلك حفاظاً على النظم الاجتماعية وذاتيته وكيانه ومصلحة الآخرين الذين يعيشون معه. وإذا اختل هذا التوازن أدى إلى التصادم المستمر، وانعدام الشعور بالمسؤولية الأخلاقية والاجتماعية، وسادت شريعة الغاب في المجتمع. فالإنسان يشعر أثناء الثورات والانقلابات، وحرب العصابات بغياب القانون والسلطة عن الحياة الاجتماعية خلال تلك الأزمات، فيطلق لنزعاته العنان، ويقوم بأعمال وحشية لا يقوم بها في الأحوال الطبيعية، ومثال ذلك، ما حدث في أوروبا أثناء الاحتلال الألماني، حيث استعمل الألمان السفاكين لتنفيذ مآربهم ضد سكان البلاد المحتلة. ويبدو أن مثل هؤلاء الحكام (حكام ألمانيا) قد سيطرت عليهم روح الإجرام التي كانت كامنة في نفوسهم وأيقظتها تلك الحروب لتخرج وتضرب بشراسة دون وعي. وهؤلاء كما يقول "دوغرييف": إن نفسية هؤلاء الأشخاص تتحول لدرجة تصور لهم أنهم يقومون بأعمال مباحة أخلاقياً واجتماعياً، ويعتقدون اعتقاداً راسخاً أن تصرفاتهم طبيعية، بل إنها تتصف بالبطولة والشجاعة. فالسلوك الإجرامي يمكن أن يحدث في إحدى الحالتين التاليتين:

أ- تكون نتيجة حالة مرضية تستدعي العلاج الطبي المناسب، كما هو في حالة الشذوذ الجنسي، أو المرض العقلي الذي يؤثر في سلوك الإنسان.

ب- تنتج عن فقدان التربية الصحيحة منذ الطفولة، أو عدم انسجام تلك التربية مع النظم الاجتماعية السائدة في المجتمع أو شذوذها. وكذلك تأثير الصحبة السيئة في الشارع أو المدرسة أو المهنة.

ولذلك من أجل التعرف إلى السلوك الإجرامي، لابد من دراسة الناحية النفسية في تكوين الإنسان، وكذلك النواحي النفسية والاجتماعية التي تؤثر في نفسيته. فهذه النواحي الثلاث تترابط مع بعضها ترابطاً وثيقاً، بحيث لا يمكن دراسة إحداها دون الأخرى.

الهدف من السلوك الإجرامي:

يرى كارول (Carroli,   1964) أن سلوك المجرمين والجانحين يمثل في الغالب سلوكاً تعويضياً، فالطفل الذي يتصف سلوكه بالضعف والتخنث، يحاول الحصول على المكانة الاجتماعية بين أقرانه عن طريق السرقة، وقد يستمر هذا السلوك اللاتكيفي للحصول على تقديرهم، إذا حقق هذا السلوك الغاية المرجوة. وقد يلجأ أيضاً إلى مثل هذا السلوك، وإلى سلوكيات أخرى مضادة للمجتمع عدد من أبناء الأغنياء وأصحاب المناصب العالية، وذلك بغرض الحصول على رضى زملائهم. فالسلوك الإجرامي يمثل حرباً ضد الإحباط، إنه يتولد من الشعور بالإخفاق والإحباط والإحساس بالظلم، مما يجعل المجرمين يقومون بسلوكياتهم الإجرامية كشكل من أشكال العدوان على المجتمع، وذلك تعبيراً عن وجود شعور بالنقص لدى المجرمين أو في بيئتهم المباشرة. ولذلك يرى "كارول" أنه لابد من اعتبار كل مجرم، وكل حدث حالة مرضية لابد من الانتباه إليه والاهتمام بحالته. وكذلك الاهتمام بالعوامل الاجتماعية التي أدت إلى الجريمة والجنوح بدلاً من التركيز على الجريمة وفرض العقاب القاسي بحق المجرمين.

الفحص النفسي للمجرم:

يهتم علماء النفس الجنائي، وكذلك علم الإجرام بفحص الجوانب الجسمية والعقلية والنفسية والاجتماعية للمجرم، وما يهمنا في هذا الجانب هو الفحص النفسي للمجرم، حيث يتم فحص قدراته، وأسلوب تفكيره وتصوره للأشياء،

ومدى ذكائه. كما تدرس عنده جوانب التفكير والشعور والإرادة، وكذلك قدرتـه على الانتبـاه والتذكر. فقد ذكر بهنام (1977) أنه لوحظ لدى المجـرمين وعيٌ بـذواتهم وأحـوالهم الشخصيـة دون أحوال العالم المحيط. فالإحساسات التي يكونها العالم المحيط في نفوس المجـرمين، تقـل في متوسطها عن تلك التي يولدها في نفوس الأشخاص العاديين، إذ لا تتلقى ذات المجرم مـن تلـك الإحساسات إلا ما يتصل بحاجاته الغريزية الشخصية دون الانتباه إلى ما يتعلق بالآخرين.

فالوعي عندهم منطوي على الداخل أكثر من الخارج ويتخذ أشكالاً متعددة منها*:

أ- تارة يكون وعياً بليداً متجمداً يتمركز فيه ذهن المجرم في الشعور بالحاجة المؤديـة إلى العمل الإجرامي نفسه وانصرافه عما سواه (مثل جرائم العنف العاطفي).

ب- وتارة يكون هذا الـوعي مختلطـاً ويتميـز باضـطراب في إدراك الأمـور وفي صـفاء هـذا الإدراك (مثال حالة السكر).

جـ- وتارة أخرى يكون الوعي مزدوجاً يكون فيه للمجرم شخصـيتان متعارضـتان، فيقضيـ أيامـاً في الرحيل والتنقل، ويرتكب فيها أنواعاً مختلفة مـن الجـرائم مـع احتفاظه في نفس الوقت بصفات الشخص الواعي اليقظ والصافي الذهن. وقد يقوم المجرم بتصور خاطئ لأمور معينة تعرض في العالم الخارجي، فتتمثل في مخيلته على غير حقيقتها، كأن يفهم من حركة يقوم بها شخص آخر عـلى أن المـراد بهـذه الحركـة قتله. فالمجرم في هـذه الحالة يعاني من أوهام وتخيلات باطلة.

وقد يعاني المجرم من التوهم، فيعتقد بوجود أشياء في العالم الخارجي المحيط بـه لا وجود لها في الواقع. وقد تأخذ الهلاوس التي يعـاني منهـا المجرم شـكل هـلاوس بصـرية أو سـمعية أو ذوقية أو لمسية أو شمية. فهو يتخيل ويتوهم بأن أشخاصاً

يتآمرون عليه ويريدون الاعتداء عليه وهم أصلاً غير موجودين. كما أنه قد يسمع أصواتاً وعبارات تهديد أو سب.. لم ينطق بها أحد، فتساوره حالة انفعالية شديدة، ويصبح شديد القلق، وقد تؤدي به هذه الحالة إلى ارتكاب أفعال عنيفة وإجرامية. كما قد يتخيل المريض أنه ضحية اغتصاب أو هتك عرض، فيقوم بأفعال عدوانية تجاه أشخاص يعتقد أن الفعل صدر عنهم.

ولذلك لابد من فحص القوى العقلية للمريض أو المتهم جيداً بإخضاعه لمجموعة من الاختبارات النفسية والعقلية، مع متابعته لملاحظة سلوكه في الواقع. كما يتم فحص أسلوب تفكير المجرم من حيث كمية الأفكار، ونوعيتها، وأهلية المجرم للحكم على الأشياء، والقدرة على ترتيب أفكاره منطقياً، وقدرته على ممارسة النقد. وقد لوحظ أن هذه الأهلية تقل عن متوسطها عند المجرمين، وقد يكون مبالغ فيها، كما هو الحال في مركب الشعور بالعظمة، كأن يعتقد المرء بأنه مصلح اجتماعي، أو أنه نبي.. الخ. وقد تكون ناتجة عن الشعور الديني، كاعتقاده بأن زوجته تخونه.

بالإضافة إلى عملية الفحص بالاختبارات والمقاييس النفسية، لابد أن يتم ملاحظة سلوك المجرم ومتابعته لفترة من الزمن. كما تؤثر الحالة الانفعالية فيما يرتكبه الفرد من جرائم، وذلك من حيث ما يتمتع به الفرد من حالة انفعالية هادئة أو شديدة.

خصائص السلوك الإجرامي:

أوضح هول (T. Hall) أن هناك سبع خصائص لابد من توافرها للحكم على السلوك بأنه سلوك إجرامي وهذه الخصائص هي:*

1- الضرر: فالسلوك الإجرامي يؤدي إلى إحداث الضرر بالمصالح الفردية أو الاجتماعية، أو بهما معاً. وهذا هو الركن المادي للجريمة.

2- التحريم: لابد أن يكون السلوك الإجرامي محرماً قانوناً، ومنصوص عليه في قانون العقوبات.

3- الإكراه: وهنا لابد من وجود سلوك يؤدي إلى وقوع الضرر، سواء أكان إيجابياً أم سلبياً، عمدياً أم غير عمدي.

4- توافر القصد الجنائي: وهنا لابد أن يتوافر في السلوك الإجرامي الوعي التام من قبل الجاني، حتى يكون مسئولا عنه. وهذا السلوك يختلف عن السلوك الذي يرتكبه الفرد بإكراه، أو يرتكبه الطفل أو المجنون.

5- التوافق بين التصرف والقصد الجنائي: ومثال ذلك أن رجل الشرطة عندما يدخل منزلاً ليقبض على شخص ما بأمر من القاضي أو المسئول القانوني، ثم يرتكب جريمة أثناء وجوده في المنزل بعد تنفيذ أمر القبض. فهذا الرجل لا توجه إليه تهمة دخول المنزل بقصد ارتكاب جريمة لأن التصرف والقصد الجنائي لم يلتقيا معاً.

6- توافر العلاقة الفعلية بين الضرر المحرم قانوناً وسوء التصرف حتى يمكن تجريمه. فالجاني لا يسأل عن نتيجة فعله إلا إذا كانت هناك رباطة سببية بين الفعل والنتيجة، وهي الرابطة التي تربط الفعل الحاصل من الجاني بالنتيجة التي يسأل عنها.

7- يجب النص على عقوبة للفعل المحرم قانوناً. وهذا هو مبدأ الشريعة الذي يقرر أنه لا جريمة ولا عقوبة إلا بنص.

تصنيف المجرمين:

أولاً- التصنيف القانوني:

صنف القانون الجنائي منذ نشأته المجرمين استناداً إلى تكرار مرات الإجرام. فهناك المجرم الذي يرتكب السلوك الإجرامي لأول مرة، والمجرم الذي يعاود

تكرار الجريمة المرة تلو الأخرى. وقد رتب القانون الجنائي للمجرم الثاني عقوبة أشد من المجرم الثاني. ثم تطور القانون الجنائي، وأصبحنا نلاحظ تصنيف المجرمين والجرائم استناداً إلى جسامة السلوك، حيث صنفت الجرائم إلى مخالفات وجنح وجنايات. كما صنفت الجرائم استناداً إلى الموضوع الذي يتجه إليه السلوك الإجرامي إلى جرائم ضد الأشخاص، وأخرى ضد الأموال، وجرائم عامة، وجرائم سياسية. كما وضعت تصنيفات من قبل بعض الباحثين نذكر منها:

- تصنيف "جاروفالد".

صنف "جاروفالد" المجرمين استناداً إلى الاتجاه القانوني في نشأة الجريمة إلى أربعة أنواع هي:

1- المجرم القاتل:

ويمثل النمط الغالب بين المجرمين، إذ يتصف بالأنانية، ويخلو من الرحمة والعدل.

وهذا النوع من المجرمين يرتكب أي جريمة قتل أو سرقة دون اكتراث بما حصل. كما أنه يطلق زوجته بسهولة ليتزوج بأخرى.. الخ.

2- المجرم العنيف:

وفي هذا النوع من المجرمين يمكن أن نجد المجرم الانفعالي الذي تستثيره الظروف الانفعالية غير العادية، وكذلك الخمور. كما نجد المجرم الذي يقوم بالاغتيالات السياسية، والذي يأخذ بالثأر في مناطق معينة.

3- المجرم غير الأمين:

يفتقر هذا النوع من المجرمين إلى الأمانة، ويرتكبون جرائم ضد الملكيات.

4- المجرم المخل بالعفة:

وهذا النوع من المجرمين يمارس العديد من الجرائم الجنسية، وكل ما من شـأنه أن يمـس الطهارة والعفة.

ثانياً- التصنيف البيولوجي:

صنف "لومبروزو" المجرمين إلى ثلاثة أنواع هي:

1- المجرم بالفطرة:

وهو المجرم الذي يرث عن آبائه مجموعـة مـن الصـفات والخصـائص الجسـمية والعقليـة تؤدي به إلى الإجرام.

2- المجرم المريض:

وهو المجرم الذي يرتكب الإجرام نتيجة معاناته من بعض الأمراض الجسمية (العاهات) أو الاضطرابات النفسية والعقلية مثل الصرع والهستيريا.

3- أشباه المجرمين:

ويتميز هؤلاء المجرمون بأنهم أصحاء جسمياً وعقلياً، ولكن حالتهم العقلية لا تؤهلهم لأن يتصرفوا تصرفاً طبيعياً في بعض المواقف التي يتعرضون لها، مما يدفعهم إلى الإجرام.

ثالثاً- التصنيف النفسي:

وهذا النوع من التصنيفات يضع في اعتباره الاضطرابات النفسية والعقليـة التـي يمكن أن يعاني منها المجرم، وكذلك صراعاته النفسية. وهناك محاولات من قبـل بعـض العلـماء لتصنيف المجرمين على أساس نفسي منها:

آ- تصنيف كورزيني (R. Corsini):

صنف "كورزيني" المجرمين إلى الأنواع التالية:

1- المجرم العرضي: وهو الذي يرتكب جريمته دون قصد مثل السائق الطـائش، أو الصياد غير الحذر.. الخ.

2- المجرم الموقفي: وهو المجرم الذي يرتكب جريمته استناداً إلى موقف محدد مثل الـذي يسرق ليسد رمقه تفادياً للموت.

3- المجرم غير المسئول: وهو الشخص الذي لا تتوافر فيه المسـؤولية الجنائيـة كالطفـل أو المجنون.

4- المجرم العصابي: وهو الشخص الذي يرتكب جريمته نتيجة مواجهتـه لمشكلة يريـد أن يواجهها ليتغلب عليها رغم أنه لا يدرك ما يواجهه.

5- المجرم السيكوباتي: وهو الشخص الـذي يتصـف بـاختلال الخلـق، بحيـث تصـدر عنـه سلوكيات تمثل خرقاً للقانون الخلقي السائد في المجتمع.

6- المجرم المضطرب نفسياً: وهو الشخص الذي يستخدم العنف في ارتكاب جرائمه الجنسية.

7- المجرم المحترف: وهو الشخص الذي يرتكب جرائمه بقصد، وذلك ليتمكن من كسب عيشه.

ب- تصنيف أبراهامسن : (D. Abrahamsen)

صنف "أبراهامسن" المجرمين إلى فئتين رئيسيتين هما:

1- المجرم العرضي:

وهو الشخص الذي يقوم بارتكاب جريمته في ظل ظروف خاصة، إنه ليس مجرماً حقيقياً، وإنما وجد في ظروف وملابسات اجتماعية دفعته إلى الإجرام.

2- المجرم المزمن:

وهو الشخص الذي يرتكب جريمته في ظل ظروف عصابية تتسم بالطابع القهري، وعدم القدرة على ضبط السلوك. ومثال ذلك حالات جنون السرقة، وإشعال الحرائق، والقتل، والاغتصاب الجنسي، والشذوذ الجنسي، وإدمان المخدرات، والمرض العقلي.

رابعاً- التصنيف الاجتماعي:

يتحدد المجرمون في ضوء هذا التصنيف في إطار ثقافة معينة، تسود في مجتمع معين، بحيث يتخذ المجرم إجرامه على أنه مهنة أو حرفة له لكسب العيش. وأهم الأنواع لهذا التصنيف ما يلي:

1- المجرم العادي:

ويضم هذا النوع المجرمين الذين يكسبون عيشهم من خلال ارتكابهم جرائم تقليدية ضد ممتلكات الآخرين. ويتميز هؤلاء المجرمون بأنهم يعيشون في أسر فقيرة، وفي أحياء ينقصها الكثير من الخدمات.

2- المجرم المحترف:

يتميز المجرم المحترف عن غيره من المجرمين باستخدامه وسائل خاصة تمكنه من تنفيذ جرائمه بمهارة عالية. إنه يستخدم مهارة فنية عالية للحصول على ما يريد الحصول عليه دون أن يتعرض للقبض عليه. ولهذا نادراً ما يلجأ المجرم المحترف إلى استخدام العنف في جرائمه، بل يستخدم العقل والحيلة، ومثال ذلك سارق البنوك والمتاجر ومحلات المجوهرات، ومزور الشيكات والنقود، ومزيف اللوحات.. الخ.

3- المجرم المنظم:

يعمل هذا النوع من المجرمين في إطار جماعة منظمة، بحيث يكون أساس تنظيمها تركيز الزعامة والتدرج في المراكز الاجتماعية، والإدارة المعقدة، والضوابط

الاجتماعية المنوعة، وتعدد مجالات العمل الإجرامي وتقسيمه والتخصص فيه. ويتركز نشاط المجرمين المنظمين في عرض وتوزيع السلع والخدمات التي يحرمها القانون، ويتحدد استمرار الجريمة المنظمة في المجتمع استناداً إلى استمرار حاجة المجتمع إلى هذه السلع والخدمات غير المشروعة. ويتمثل نشاط هؤلاء المجرمين في أعمال مثل القمار، والدعارة، والمخدرات، والتهريب، وطبع النشرات المحرمة قانوناً. وقد غزت الجريمة المنظمة في السنوات الأخيرة مجالات الصناعة والعمل والخدمات الترويحية. والسمة المميزة لهذا النوع من النشاط الإجرامي أنه يتعامل مع أشخاص محددين. إذ يسعى الشخص بإرادته للتعامل مع تنظيم للدعارة، أو تهريب مواد ممنوعة، أو اللعب بالقمار، بحيث يحصل على مقابل ما يقوم به من خدمات. وهذا الأسلوب من الإجرام يخلو من العنف. أما مظاهر العنف التي ترتبط بالجريمة المنظمة فإنها تتجه إلى الأطراف الذين يقعون في صراع مع التنظيم الإجرامي، سواء من داخله أو خارجه (ربيع وآخرون 1995).

استخدام الأساليب النفسية في التعامل مع المجرمين

قد يقع رجال الشرطة فريسة للقلق بسبب تعرضه للعنف، أو أنه يكون صحبة للعنف. ولذلك قد يلجأ إلى استخدام أساليب رسمية وغير رسمية كيما يسيطروا على الأفراد الخطرين خلال مهامهم الأمنية. وقد مورست ولزمن طويل وسائل تقليدية في التعامل مع المجرمين العاديين، ولكن الدراسات التي توضح كيفية تعامل رجال الشرطة مع المضطربين عقلياً في مواقف ميدانية قليلة تبدو قاصرة عن الإحاطة بنظرية تكاملية، إضافة إلى أنها تترك رجل الأمن مع سلسلة من القواعد بدون فهم نظري لكيفية تطبيق هذه القواعد في كل حالة، ويجعلهم يعيشون في حالة من الارتباك والتشوش لعدم معرفتهم الطريقة الأنجح في التعامل مع هذه الفئات المريضة. فقد اعتاد رجل الشرطة أن يستخدم أسلوبين من المداخلات عند تعامله

مع المجرمين العاديين وهما :"التعامل العقلاني الحكيم" الذي يتطلب الاتصال بالفرد ومخاطبة منطقه وفكره العقلاني. ومثل هذا الاتصال يتم من خلال طرح تساؤلات كالآتي :"أعلمني ما هي المشكلة"؟ أو "لماذا لا تكون هادئاً"؟ أو توجه له التهديدات مثل :"إذا لم تتصرف بسلام، فإننا سنضطر إلى إجبارك بالقوة على ذلك". فالطريقة العقلانية تسعى إلى إقناع الفرد بأن الأخذ بالمسلك السلمي والرضوخ طوعاً يكونان في مصلحته.

أما الأسلوب الثاني فهو أسلوب الصلة Relationship Pethod الذي يتمحور حول تقديم التطمينات والوعود أو "الإنصات الفعال" في محاولة لإضعاف انفعالات الفرد الخارجة عن سيطرته وسلوكه.. كما يسعى هذا الأسلوب إلى إقناع الفرد أن المشكلة التي يعاني منها ليست هي مشكلة ينفرد بها لوحده، فهناك الكثير ممن هم على شاكلته، فالشرطي المحاور يمكنه أن يحصل على ثقة الفرد إن هو أشعره بالاهتمام بمشكلته (الحجار، 1994: 131، 132).

إن هذين الأسلوبين لهما نفعهما ونتائجهما الإيجابية في كثير من المواقف الأمنية مثل: تهدئة الفرد بوسائل الحوار والمناقشة والإقناع دون اللجوء إلى العنف، ولكن في مواقف أخرى قد لا يحقق هذان الأسلوبان الأهداف المرجوة، وقد يؤديان إلى زيادة تحدي الفرد وتهيجه، ولا يجد رجل الشرطة بعد أن استنفذ ما لديه من وسائل سلمية- إلا وسيلة العنف. فالأفراد المضطربون عقلياً لديهم خبرات سلبية ومؤلمة خلال تعاملهم مع رجال أنظمة الخدمة في المستشفيات التي تمت فيها معالجتهم، لذا فإنهم يقفون من رجل الشرطة موقف الشك والريبة.

من هذا المنطلق فإن واجب رجل الشرطة عندما يواجه شخصاً مضطرباً نفسياً وعقلياً، أن يساعده على إضعاف قلقه من خلال إضعافه لصراعات الفرد النفسية. لذا فإن أسلوب المداخلة النفسية التحليلية يرمي إلى السيطرة الداخلية أي مساعدة "أنا" الفرد في أن يتدبر تدبراً فعالاً وواقعياً بالقوى النفسية التي يخضع لسلطانها.

وبما أن "الأنا" هي الجهة الوحيدة القادرة على التعامل مع الواقع بأسلوب عقلاني متوازن، فإن ما تبديه من تعاون يجب أن يكون بمثابة ربح وميدان استثمار من أجل تهدئة الشخص المضطرب، وكل ما من شأنه أن يساعد الأنا في أن تتكامل وتستبصر ـ المشاعر المضطربة حيث يؤدي إلى زيادة قدرة الأنا في السيطرة على القلق والنزوعات (الحجار، 1995).

ولذلك فإن التدريب الكافي على هذه الطرائق السيكولوجية من قبل رجال الشرطة، تكسبهم المهارات الفعالة في مواجهة الحالات النفسية الطارئة، حيث أن مثل هذا التدريب يمنحهم فهماً أفضل للعمليات النفسية الكامنة وراء سلوك العنف والإجرام. ولكن بالرغم من أن هذه الأساليب تبدو غير مألوفة لرجال الأمن في التعامل مع حالات العنف والجريمة، وأنهم تعودوا أساليب العنف في احتواء الأزمات التي تواجههم، إلا أن الدراسات الحديثة أظهرت، أن استخدامهم للطرائق السيكولوجية في التعامل مع مواقف الأزمة، تجعلهم أكثر مرونة، وهذا ما يجعل رجل الأمن أكثر مواكبة للتطورات العلمية الحديثة في التعامل مع الأحداث والأزمات.

الفصل الخامس

الاتجاهات الحديثة في معاملة المجرمين

مقدمة:

أولاً- علاج المجرمين

الأوقات التي يتم فيها علاج المجرمين

أ- العلاج أثناء المراقبة

ب- العلاج أثناء السجن

ج- العلاج بعد الإفراج عن السجين

ثانياً- تأهيل المجرمين:

أساليب تأهيل المجرمين

1- دور الإرشاد والتوجيه والتدريب المهني

2- التعليم

ثالثاً- الوقاية من الجريمة:

الوقاية من الدرجة الأولى

1- الوقاية من الدرجة الثانية

2- الوقاية من الدرجة الثالثة

- الأساليب المستخدمة في الإجراءات الوقائية

1- العقاب

2- الإرشاد والتوجيه

3- الوقاية من الجريمة في الإسلام

الفصل الخامس

الاتجاهات الحديثة في معاملة المجرمين

مقدمة:

تكثر اليوم في العالم الذي نعيش فيه الجرائم، والتي يذهب ضحيتها الكثير من الأبرياء، كما تكثر المؤسسات العقابية التي تلاحق المجرمين لعقابهم على أفعالهم الإجرامية.

كما تعددت أساليب التحقيق مع المجرمين للتحري عـن الأسباب والـدوافع الكامنـة وراء السلوك الإجرامي، وهذا ما دعا إلى ظهور أنصار يدعون إلى العقاب، وأنصار يـدعون إلى تأهيـل المجرمين وإصلاحهم، وكذلك دعاة إلى ضرورة الوقاية من السلوك الإجرامـي قبـل وقوعـه، إذ أن هناك حالات كثيرة يرتد فيها المجرم إلى السلوك الإجرامي بعد قضاء فـترة العقوبـة في السـجن، فقد أوضحت الدراسات أن نسبة عودة المجرم إلى السجن مرتفعة، إذ تصل إلى حوالي 60- 70% (العيسوي، 1990: 282).

ولهذا لابد للمجتمع من أن يسعى إلى علاج المجرمين كل حسب حالته وتأهيله بمـا يكفـل عدم عودة المجرم إلى الجريمة مرة أخرى. بالإضافة إلى تقديم المجتمع كل ما يمكن للوقايـة مـن الجريمة. فالهدف النهائي من العلاج والتأهيل والوقاية مـن السـلوك الإجرامي هـو الإقلال مـن حدوثه، وتلافي آثاره الضارة على الفرد والمجتمع. وأهم الاتجاهات الحديثة في معاملة المجرمين ما يلي:

أولاً- علاج المجرمين:

إن الهدف من علاج المجرمين هو حماية المجتمع من خطر المجرمين، وحمايـة المجـرم مـن الاستمرار في سلوكه الإجرامي، ومساعدته لكي يصبح شخصاً نافعاً،

تعليمـه كيـف يتحمـل تبعـات أعمـاله، وكـذلك تعليمه كيـف يطيـع القـانون عـن رغبـة وطواعية.

ومن أجل تحقيق ذلك لابد من اتباع أساليب علاجية متعددة (طبية، ونفسية، واجتماعية) وذلك لضمان التحسـن الكـلي أو الجـزئي للحالـة التـي يـتم علاجهـا، وتحقيـق التوافـق النفسيـ والاجتماعي لها في إطار المجتمع الذي نعيش فيه.

ففي مجال العلاج الطبي، يؤكد كثير مـن العلـماء عـلى ضرورة تحـاشي العـلاج الطبـي بالجراحة المخية، أو بالصدمات الكهربائية، أو بالعقاقير، إلا في الحالات التي يثبت فيها بالـدليل العلمي أن اضطراب السلوك يعود إلى سبب عضوي أدى إلى اضطراب وظائف الـدماغ. ولـذلك يمكن أن تقدم الخدمات الطبية للمجرم (المريض) خلال فترة إقامته في السجن أو المستشـفى أو الإصلاحية، كما يمكن أن تقدم هذه الخدمات بعد انتهاء فترة العقوبة أو الشفاء من المرض.

ويمكن للطبيب النفسي أن يقوم بـدور مهـم في مجـال تفهـم السلوك الإجرامي للمجرم، وتقديم العلاجات النفسية أو العقلية (انظر دور الطبيب النفسي في الفصل الرابع عشر).

فالطبيب النفسي يمكنه أن يقدم العلاج بالأدوية النفسية، وذلك لضبط السلوك المضطرب نفسياً، ومن هذه الأدوية النفسية مضادات الـذهان، ومضادات الاكتئاب، ومضادات الهـوس، ومضادات القلق، والمهدئات والمنومات. وتفيد هذه الأدوية النفسية في علاج أنواع معينـة مـن الاضطرابات السلوكية حسب الحالة التي يعاني منها المجرم (المريض).

فضلاً عن ذلك يمكن للطبيب النفسي أن يقدم العلاج بالأنسلين وخاصة في مرضى الفصام. كما يقـوم المعـالج بعـلاج حـالات أخـرى مـن خلال الجلسـات الكهربائية (وخاصة في حـالات الاكتئاب، وبعض حالات الفصام). وفي أحيان أخرى يكون من اللازم التـدخل الجراحـي كحـالات القلق النفسي المزمن،

والوسواس القهري، والاكتئاب الشديد المصحوب بالتوتر، وذلك بعد إخفاق أنواع العلاج الأخرى.

أما في مجالات العلاجات النفسية، فإن الطبيب النفسي- والمعالج النفسي- يمكنهما تقديم المساعدة اللازمة في حالة معاناة المجرم أو المريض من اضطرابات ذات صبغة انفعالية، حيث أن الهدف من ذلك هو الكشف عن مصادر الصراع التي يعاني منها المريض، ومحاولة إعادة توافقه مع المجتمع الذي يعيش فيه. ولهذا تتعدد طرائق العلاج النفسي- التي تستخدم مع هؤلاء المرضى، فهناك العلاج بالتحليل النفسي، الذي يهدف إلى إحداث تغيير أساسي في بناء الشخصية، والعلاج النفسي المتمركز حول المتعالج، الذي يهدف إلى إحداث التطابق بين الذات الواقعية والذات المثالية والاجتماعية، فهو يركز على إحداث تغيير في مفهوم الذات بما يتطابق مع الواقع، والذي يؤدي إلى التوافق النفسي.

ومن طرائق العلاج النفسي- أيضاً العلاج النفسي- الجماعي الذي يستخدم في العيادات النفسية وفي مستشفيات الأمراض العقلية وعيادات توجيه الأطفال، وفي بعض المؤسسات الإصلاحية، والذي يهدف إلى إحداث تغيير في سلوك الشخص المضطرب، وتعديل نظرته إلى الحياة وإلى المرض الذي يعاني منه، وذلك اعتماداً على ما يقوم بين أفراد الجماعة من تفاعل وتأثير متبادل بين بعضهم البعض، وبينهم وبين المعالج أو المعالجين. بالإضافة إلى ذلك فهناك العلاج السلوكي الذي يهدف إلى ضبط وتعديل السلوك المرضي من خلال السيطرة على الأعراض ومعالجتها، وتنمية السلوك الإرادي السوي عند الفرد، وذلك من خلال استخدام مبادئ وقوانين التعلم في العلاج النفسي- حيث يستخدم المعالج السلوكي لتحقيق هذا الغرض عدداً من الأساليب (الزعبي، 1994ب: 167- 197).

فأصحاب المدرسة السلوكية ينظرون إلى الاضطرابات النفسية على أنها نوع من التعلم الخاطئ، ومن ثم يتم الشفاء منها عن طريق محو هذا التعلم الخاطئ، وتعليم الفرد أنواعاً أخرى من السلوك الإيجابي (العيسوي، 1990: 310).

وهناك أيضاً العلاج الاجتماعي الذي يهدف إلى التعامل منع البيئة الاجتماعية للمريض وتعديلها أو تغييرها أو ضبطها بما يحقق له التوافق النفسي والاجتماعي.

الأوقات التي يتم فيها علاج المجرمين:

يتم علاج المجرم أثناء المراقبة، وأثناء السجن، وبعد الإفراج عن المتهم. وسوف يتم الحديث عن هذه الأوقات من المعالجة كما يلي:

آ- العلاج أثناء المراقبة:

في بعض الحالات يحكم على المتهم بالسجن، ويوصف بأنه ليس خطراً على نفسه ولا على المجتمع، وأنه من الممكن أن يعيش في مجتمعه الأصلي تحت المراقبة على أساس أن المعيشة في المنزل تحت إشراف دقيق مع وضع قيود شديدة على نشاطاته يكون أفضل من السجن. والمحكمة لا تصدر حكماً من هذا النوع إلا بعد الاطلاع على حالة المتهم بشكل دقيق، والتأكد من أن علاجه الأمثل يتم في مجتمعه الأصلي. ولذلك لابد أن يقوم بعملية الإشراف شخص مؤهل تأهيلاً فنياً دقيقاً، بحيث يوجه سلوك المتهم وهو يمارس عمله في المجتمع. ولكن ذلك غير متوفر دائماً، إذ أن ضابط المراقبة يتحمل أعباء كثيرة، ويكلف بالإشراف على عدد كبير من الحالات، وقد يكون غير مؤهل فنياً بشكل دقيق، كما أنه قد تكون التعليمات الموضوعة للمراقبة جامدة وقاسية بدرجة تجعل الحياة غير مرحية وغير مناسبة للشخص المراقب (المتهم) مما يجعل اتجاهاته نحو هذا النظام سلبية.

ب- العلاج أثناء السجن:

يودع الشخص في السجن عندما يتهم بخرق القانون أو القواعد المرعية في المجتمع. ودخول السجن يعتبر حدثاً مؤلماً بالنسبة لغالبية السجناء، إذ يفرض عليهم الإقامة في عنابر جماعية، أو زنزانات فردية مع التقيد الشديد بالتعليمات التي تصدرها إدارة السجن.

وفي السجن يقوم الاختصاصي النفسي أو الطبيب النفسي بالإشراف على معالجة السجناء داخل السجن سواء من الناحية الجسدية أو النفسية وذلك حسب طبيعة الاضطراب الذي يعاني منه السجين، إذ أن المطلوب هو إحداث تغيير إيجابي في سلوك السجناء. ولكن هذا التغيير في السلوك قد يكون صعباً لأن الظروف التي يعيش في كنفها السجين قد تحول دون هذا التحسن، وهذا يعود إلى السجين نفسه، فهو يقوم بأعباء قليلة، داخل السجن، إذ ينفذ بعض التدريبات الرياضية، كما أنه يجد متسعاً من الوقت داخل السجن لكي يقرأ ويفكر ويستفيد من زملائه السجناء. ففي بعض الولايات الأمريكية (نيويورك، وكاليفورنيا مثلاً) يوجه الاهتمام نحو التأهيل والعلاج النفسي للسجناء أكثر من مجرد اعتقالهم وحجزهم داخل السجن، ويخضع لإشراف أحد الأطباء النفسيين، أو أحد الاختصاصيين النفسيين، وعندما يلحظ تحسن في سلوك السجين فإنه يكافأ بنقله إلى مكان آخر يسمح له بحرية أكثر.

ولذلك فإن ما يجب أن تهدف إليه البرامج العلاجية داخل السجن، هو أن يصبح سلوك السجناء أفضل عما كانوا عليه قبل دخول السجن. ولهذا يجب عدم الأخذ بسياسة "الأخذ بالثأر" أو إذلال السجين. فالبحوث التي أجريت في ميدان التعليم أوضحت أن العقاب لا يؤدي إلى زيادة القدرة على السلوك المرغوب فيه... فبالرغم من استخدام العقاب، إلا أن نسبة العودة إلى الجريمة ما زالت عالية. وهذا يعني أن نظام العقاب ليس فعالاً في ردع الأشخاص عن ارتكاب الجريمة، بل لابد من استخدام أساليب أكثر فعالية ولا سيماً أسلوب التأهيل والعلاج داخل السجن.

ج- العلاج بعد الإفراج عن السجين:

يمكن أن يقدم العلاج للسجين بعد قضاء العقوبة المقررة والإفراج عنه. إذ يهتم بعض القضاة بعلاج السجناء بشكل متواصل، والاهتمام بهم أكثر من الاهتمام بالجريمة. ففي بعض الولايات الأمريكية هناك من يطالب بتقديم العلاج للسجين بمجرد القبض عليه.

ثانياً- تأهيل المجرمين:

إن بقاء المجرمين لفترة طويلة داخل المؤسسات العلاجية والإصلاحية، قد يؤدي إلى فقدان الكثير من المهارات الاجتماعية، وإلى النبذ من قبل أفراد الأسرة والأصدقاء الذين كانوا في الماضي يشكلون شبكة العلاقات الاجتماعية للمجرم، وهذا ما يؤدي إلى زيادة الاضطرابات النفسية عنده. أما تأهيل المجرمين داخل هذه المؤسسات فإنه يؤدي إلى تحقيق مستوى أدائي مناسب في كثير من الأعمال التي توكل إليهم. ولذلك لابد أن يكون في عملية التأهيل إعداد للمجرم ليتقدم نحو الاستيعاب الاجتماعي في مجتمعه، وذلك انطلاقاً من الافتراض الذي يرى أن السلوك الإجرامي يمكن أن يتغير من خلال العمل مع المجرمين.

ففي الولايات المتحدة الأمريكية تفترض البرامج القائمة على المجتمع المحلي ضرورة تعليم المساجين السابقين (الذين أنهو فترة العقوبة) وظائف جديدة ومهارات اجتماعية، وتعليم جديد حتى يتسنى لهم اختيارات مختلفة. ويعتقد الكثيرون من علماء الاجتماع وعلماء النفس حالياً ضرورة دراسة المجرمين دراسة فردية لتقييم مدى احتياجهم إلى الأمن، وبدائل الإصلاح الموجودة (دافيدوف، 1983: 735).

فالتأهيل يتضمن مجموعة من الإجراءات التي تساعد على إعادة المجرم أو المريض إلى وضع يتمكن معه من التوافق نفسياً واجتماعياً وبدنياً مع مقتضيات المواقف التي يواجهها، مما يتيح له الاستفادة من الفرص والإمكانات المتاحة في المجتمع كغيره ممن يماثلونه في العمر.

أساليب تأهيل المجرمين:

1- دور الإرشاد والتوجيه والتدريب المهني:

تقوم بعض المؤسسات ودور الرعاية الاجتماعية بإجراء مناقشات جماعية يشارك فيها السجناء الجدد، ويشجعون على المناقشة، وطرح مشكلاتهم ومناقشتها

بحضور عدد من المختصين، حيث يتضح للسجناء من خلال هذه المناقشات أنهم ليسوا الوحيدين الذين يعانون من نفس المشكلات. وهذا ما يخفف من شعورهم بالخوف والقلق مما يجعلهم (السجناء) في وضع نفسي أكثر تقبلاً لبرامج التأهيل والإصلاح.

بالإضافة إلى ذلك فإن توجيه السجناء إلى العمل الذي يناسبهم قد يساهم كثيراً في تأهيلهم وعلاجهم، إذ أن مشاركة السجين في نشاط مهني من أهم الوسائل العلاجية في الأمراض النفسية، إذ أن الغرض من العلاج بالعمل هو شغل وقت المريض، وإبعاده عن المشكلة التي يعاني منها. فالنظريات الحديثة لإصلاح المجرمين اليوم تعطي أهمية كبيرة للتدريب المهني في المؤسسات الإصلاحية وفي السجون. وهناك عدد من الأغراض تحققها برامج التدريب والعمل في السجون منها (ربيع وآخرون، 1995: 558):

- وسيلة للإصلاح والتأهيل، وذلك بتعليم السجين حرفة أو صنعة يعيش بوساطتها بعد ترك السجن، والعودة إلى الحياة الاجتماعية.

- الاستفادة من الإنتاج في سد حاجة السجين.

- الاستفادة من فائض الإنتاج للتصدير للأسواق المحلية للحصول على أرباح تساعد في سد بعض مصاريف السجن والسجناء.

2- التعليم:

إن الهدف من التعليم في تأهيل المجرمين هو تغيير سلوكهم وتعديل اتجاهاتهم وأفكارهم. فالتعليم في أساسه ليس إلا تعديل يطرأ على سلوك الكائن الحي نتيجة للتدريب والممارسة. ولهذا لابد أن يسهم التعليم في مؤسسات تأهيل المجرمين إلى تغيير سلوكهم من الأنماط العدوانية أو المنحرفة أو الإجرامية، إلى أنماط سلوكية إيجابية تتسم بالانضباط، واحترام القانون، والنظام، واحترام حقول الآخرين،

وذلك بما يتفق وقيم المجتمع وعاداته وتقاليده. ويتم ذلك من خلال الندوات والمحاورات التي تتم بين المجرمين في المؤسسات الإصلاحية وكبار المتخصصين في مجال الجريمة، والانحراف والإدمان.. كما يتم ذلك من خلال غرس القيم الأصيلة في نفوس المسجونين، وتشجيعهم على التعاون، والأخذ والعطاء والانتماء وحب الآخرين.

ثالثاً- الوقاية من الجريمة:

للعلم الجنائي أثر بالغ في لفت الانتباه إلى ضرورة معالجة أسباب الإجرام والوقاية من الانحراف عبر سياسة جنائية واعية محيطة بكل معطيات الظاهرة الإجرامية والسلوك المنحرف.

ولهذا تعد الإجراءات الوقائية من الجريمة مهمة جداً لأنها قد تساعد على خفض معدلات انتشار الجريمة. ولهذا فإن ما يتم عمله بشكل مخطط ومنظم توقعاً لحدوث مشكلة معينة، أو تحسباً لمضاعفات مشكلة قائمة بالفعل من أجل الإعاقة الكاملة أو الجزئية لظهور المشكلة أو المضاعفات أو كليهما، يمكن اعتباره إجراءات وقائية من الجريمة.

ولذلك يعتبر الكثير من الهيئات الجزائية أن الإصلاح الاجتماعي المكشف، الوسيلة الوحيدة لاجتثاث جذور الجريمة. لذا فإن علماء النفس يعملون مع ضباط الشرطة بطرائق عديدة، إذ يقوم البعض بمساعدة الهيئات المختصة من أجل اختيار ضباط شرطة مناسبين لهذا الغرض، كما يقوم البعض الآخر بتدريب المجندين من رجال الشرطة على معالجة الغضب الذي قد يقابلون به بطرائق مناسبة وباستخدام تقنيات وأساليب خالية من العنف وأكثر فعالية.

فقد عالم النفس "مورتن بارد" بتدرب (18) ضابطاً على علاج الخلافات الأسرية بطريقة علاجية، كما قاموا بحضور دراسات لمدة شهر تدربوا فيها على فض خلافات وهمية مثلها لهم المحترفون مسرحياً، وفي نهاية الشهر عاود الضباط النزول

إلى المجتمع المحلي وقدموا عملاً متواصلاً لمدة (24) ساعة بعرباتهم اللاسلكية، مقدمين خدماتهم في حي "مانهاتن" الآهل بحوالي (85000) نسمة، وأصبح هؤلاء الضباط الثمانية عشرة "تحت الطلب" أكثر قدرة على فض الاضطرابات المدنية، وكانوا يحاولون التوسط في الصراعات، وأثناء طلب الاستشارة منهم كانوا يوجهون الأسر إلى وكالات الخدمات في المجتمع المحلي، ويقومون بمتابعة هؤلاء الأفراد. وقد كان علماء النفس مرجعهم الاستشاري كل أسبوع (دافيدوف، 1983: 735).

وقد رأى المؤتمرون في مؤتمر مكافحة الجريمة في البلاد العربية الذي نظمته الأمم المتحدة في دمشق خلال شهر أيلول سبتمبر (1964) أنه من الواجب تحسين وضع السجون وبناء سجون حديثة يتوافر فيها جميع الوسائل التربوية والتهذيبية والتوجيهية، وأن لا يكون اتساع كل سجن لكثر من (300) سجين ليتمكن الموظفون المشرفون على تربية هؤلاء أن يقوموا بواجبهم، وأن يتعرفوا إلى شخص كل سجين ويعالجوا وضعه الفردي بدقة.

كما أكد المؤتمرون أيضاً على وجوب اختيار موظفي السجون من بين الأكفاء وتدريبهم تدريباً علمياً ومهنياً يؤهلهم للقيام بالواجبات الملقاة على عاتقهم، كما أكد المؤتمرون أيضاً على وجوب تشجيع المؤسسات الخاصة على تقديم خدمات للمسجونين وعائلاتهم، والتي تؤمن الرعاية لهم أثناء مدة السجن، وبعد خروجهم إلى المجتمع لأن الرعاية اللاحقة تشكل سياجاً متيناً بين الخارج من السجن ومهاوي الانحراف.

كما استنتج المؤتمرون من الأبحاث التي عرضت في المؤتمر حول أسباب الجريمة في البلاد العربية والوسائل الوقائية المتبعة، إن الضرورة تقضي- بإنشاء جهاز مركزي في كل دولة يهتم بإعداد البرامج التي تهدف إلى حماية المجتمع من الجريمة، وبدراسة أسباب الإجرام، وطرائق معالجة المجرمين، حيث ارتأى المؤتمرون أن يكون هذا الجهاز تابعاً للدولة، لأن مسألة مكافحة الجريمة تتعلق بأمن وسلامة المواطنين،

وعـلى الدولة يعـود واجب هـذه المكافحـة بالوسائل العلميـة الصحيحة، كـما أكد الأعضـاء المؤتمرون على ضرورة إنشاء إدارة مستقلة للسجون، وللتدابير العقابية، تتولى تطبيق العقوبات على المحكوم عليهم بطريقة تتلاءم مع حاجة كل منهم للإصلاح والتوجيه التربوي والاجتماعي. كما أكدوا أيضاً على ضرورة اختيار الموظفين المكلفين بإدارة السجون، وتطبيق العقوبات من بين الأشخاص الذين لهم إلمام بقضايا الدفاع الاجتماعي. وكذلك أكدوا على ضرورة إخضاع هـؤلاء لدورات تدريبية كي تصبح معلوماتهم بالمستوى المطلـوب والضروري لقيـامهم بوظائفهم خـير قيام.

ولكي يسهل على الحكومات أمر وجود الاختصاصيين، رؤى أن يعمم في المدارس وفي كليـات الحقوق والعلوم الاجتماعيـة، الـدروس المتعلقـة بالإجرام، كالـدروس الجنائيـة والعقابيـة وعلـم النفس الجنائي، حتى يـتم التقـارب بين مختلـف المشـتغلين في القضـايا الحقوقيـة والاجتماعيـة والجنائية، وتسهيل تأليف فرق من الاختصاصيين تتولى أمر مكافحة الجريمة، ومعالجة المجرمين، ويكون رائدها التفاهم التـام بـين أعضـائها والانسـجام في التفكـير العلمـي وفي تطبيـق البرامـج الوقائية والعلاجية (العودي، 1980: 478- 486).

ويذكر بيع وأخرون (1995: 524- 532) تصنيفاً للإجراءات الوقائية من الجريمة وذلك وفقـاً لمنشورات الأمم المتحدة والصحة العالمية على النحو الآتي:

1- الوقاية من الدرجة الأولى:

ويقصد به منع حدوث السلوك الإجرامي أصلاً سـواء أكان منفـرداً، أو مصحوباً بالأمراض والاضطرابات النفسية. وهذا المستوى من الوقاية يعد هدفاً صعب المنال، فبالرغم مما بـذل ويبذل في مجال الوقاية والعلاج للسلوك الإجرامي، فإنه لم يتوقف، كما أن الأمراض النفسية لم تتلاشى. ويندرج تحت هذا المستوى ثلاثة أنواع من الإجراءات هي:

أ- تحديد الجماعات الأكثر تعرضاً للسلوك الإجرامي، وذلك في ضوء المؤشرات المتوافرة عنهم مثل: وجود تاريخ سابق للأسرة في مجال الجريمة، والتفكك الأسري، وضعف أساليب التنشئة الاجتماعية أو عدم اتساقها، والظروف الاقتصادية، وضعف الوازع الديني، والانخراط في جماعة من الأقران المنحرفين، ووجود بعض الصفات الشخصية ذات الصلة بالإجرام (كالاندفاعية، واللامبالاة، والسلوك العدواني).

ب- استخدام الأساليب التربوية المختلفة في توصيل المعلومات العلمية الدقيقة، والتوعية المباشرة وغير المباشرة للفئات العمرية الأكثر تعرضاً للجريمة من غيرها، وذلك فيما يخص أنماط السلوك السيئ وأضراره على الفرد والمجتمع، والعقوبات المترتبة على ذلك.

جـ- العناية المبكرة بالحالات المهيئة لأن تصاب بالأمراض النفسية: وهذه الفئة لا تحتسب ضمن الأسوياء، ولكنها تعاني من الاضطرابات والأعراض التي لا ترقى لأن تشخص بأنها أغراض مرضية تضعهم ضمن عداد المرضى، وأن نسبة كبيرة من هذه الحالات تفصح عن نفسها فيما بعد في شكل حالات تعاني من أمراض نفسية وعصبية معينة، وذلك تحت ضغط العوامل المسببة للاضطراب.

2- الوقاية من الدرجة الثانية:

من الممكن الوقاية من السلوك الإجرامي في هذا المستوى، من خلال التدخل العلاجي المبكر. ولذلك يتضمن هذا المستوى برامج التغير المصممة لتجنيب الصغار إدراك أنفسهم بأنفسهم، أو من جانب الآخرين بأنهم منحرفون أو مضطربون. فقد أكدت الدراسات الميدانية أن نسبة كبيرة من الشباب حديثي العهد بتعاطي المخدرات يكونون على استعداد للتوقف عن هذا التعاطي بسهولة نسبية وهم في مرحلة التجريب والاستكشاف، وتبلغ هذه النسبة (75%) كما جاءت بها

الدراسات المصرية (ربيع، 1995: 526)ز وهذا ما يجعلنا نولي هذا المستوى من الوقاية أهمية، كبيرة يمكن أن تنقذ نسبة لا يستهان بها من الشباب من تعاطي المخدرات، وغير ذلك من أساليب السلوك الإجرامي.

3- الوقاية من الدرجة الثالثة:

إن الهدف من هذا المستوى من الوقاية؛ تجنب تحول الاضطراب الحالي إلى الحالة المزمنة، وذلك من خلال التدخلات العلاجية المتأخرة نسبياً، بهدف منع حدوث مضاعفات أكثر من خلال التأهيل النشط، والاستيعاب الاجتماعي فالمبادرة في تناول حالات الاضطراب أو الانحراف أو السلوك الإجرامي بالعلاج، تتضمن وقاية الفرد من مزيد من التدهور إلى مستويات متدنية من الصحة البدنية والنفسية والانحطاط الأخلاقي. كما أن فيها وقاية لموقع العمل الذي يعمل فيه الفرد، ومحافظة على علاقة الفرد بالأشخاص الذين يحتلون مواقع قريبة منه داخل شبكة العلاقات الاجتماعية. كما أن فيها وقاية من زيادة وتنوع الأفعال الإجرامية لهذا الشخص.

- الأساليب المستخدمة في الإجراءات الوقائية:

1- العقاب:

بعد العقاب معتدل الشدة إجراءً يؤدي إلى الإقلال من الجريمة، إذ أن الخوف من الألم يبقى واحداً من الدوافع الأساسية وراء انخفاض معدلات الجريمة. وحتى تكون أساليب العقاب فعالة لابد للشخص الذي سيتعرض لها أن يعرف ما هو السلوك الذي سوف يعاقب إن فعله. فتوقيت العقاب وانتظامه يؤثران في هذه المعرفة. فقد أكدت التجارب التي أجريت في الولايات المتحدة الأمريكية في مدينة نيويورك عام (1965)، أن الجرائم قد انخفضت في الطرق الفرعية عندما تزايد

وجود رجال الشرطة بها. كما انخفضت حوادث السير بنسبة (25%) تقريباً بعد الإعلان عن قوانين جديدة تتعلق بالقبض على الذين يقودون سياراتهم وهم في حالة سكر في بريطانيا. ولكن هناك ما يشير إلى أن الخوف من العقاب أيضاً لا يعد مانعاً لارتكاب المزيد من الجرائم، ودليل ذلك تزايد الاتجار وتهريب المخدرات بالرغم من ازدياد شدة العقوبة والتي قد تصل إلى حد الإعدام والغرامة المالية الضخمة. وفي إطار هذا التناقض في نتائج الدراسات المتعلقة بمدى جدوى العقاب كوسيلة وقائية، فإن الأمر يحتاج إلى مزيد من الدراسات.

2- الإرشاد والتوجيه:

من المهام الأساسية للمدرسين والاختصاصيين النفسيين والاجتماعيين، تقديم الإرشاد والتوجيه للمتعلمين وتبصيرهم بما لديهم من استعدادات، وقدرات، وميول، واتجاهات، وسمات شخصية، بالإضافة إلى مساعدتهم في التخلص من المشكلات التي يتعرضون لها داخل وخارج المدرسة.

ويستطيع المعلم أداء هذه المهمة سواء داخل قاعة الصف أم خارجها من خلال ما يتم تنفيذه من أنشطة خارجية يتضمنها المنهج الدراسي.

وبناء على ذلك يذهب كل من هاريسون وجوين (Harrison, Gowin, 1959) إلى القول: بأن كل من الرجل العادي، وكذلك المتخصص في علوم التربية، يرون أنه لا توجد وظيفة أكثر أهمية من وظيفة المعلم، ذلك لأن الإنسان لكي يحكم نفسه، لابد له من أن يكون قادراً على اتخاذ القرارات، ولكي يتخذ القرارات لابد له من أن يفهم، ولكي يفهم الإنسان الحضارة الحديثة لابد له من أن يتعلم (العيسوي، 1990: 315).

ولهذا فنحن نوكل أمر تربية أبنائنا وتنشئتهم إلى المعلم، إذ ليس هناك أهم من وظيفة التعليم في مجتمعنا، إذ من خلالها نحافظ على كيان مجتمعاتنا، ونساعد في

تطويرها وتقدمها، كما نتمكن من خلالها تكوين اتجاهات ومعايير معينة لدى أبنائنا، تتفق وثقافة المجتمع الذي نعيش فيه.

فضلاً عن ذلك فإنه عندما صممت برامج إرشادية للجانحين، حيث تم في أحد هذه البرامج دراسة الشباب في كامبردج- سومرفيل   (Cambridge - Somerville Youth Study) ، إذ تم تقسيم مجموعة من الجانحين إلى مجموعتين، الأولى تجريبية تتلقى علاجاً، والأخرى ضابطة لا تتلقى أي علاج، وتم تقديم الخدمات الإرشادية لأفراد المجموعة التجريبية، ولم يتم تقديم هذه الخدمات الإرشادية للمجموعة الضابطة. وفي عام (1975) عندما أصبح الجانحون رجالاً في منتصف العمر، تم اختبارهم وقد تذكر عدد كبير من أفراد المجموعة التجريبية مرشديهم بالخير والامتنان، ورأوا أن البرنامج الإرشادي ساعدهم على الحياة بشكل أفضل. أما المجموعة الضابطة وبقية أفراد المجموعة التجريبية الذين لم يثنوا على البرنامج الإرشادي، فقد وجد أنهم ارتكبوا جرائم خطيرة (ربيع، (1995: 530).

ومن الواضح فإن الوقاية من الجريمة تعتمد على البرامج التربوية داخل المدرسة وخارجها، وكذلك على وسائل الإعلام وما تقدمه من توعية للآباء والمجتمع بشأن تربية الأبناء وتلبية احتياجاتهم، وكيفية التعامل مع الأشخاص الذين تسول لهم أنفسهم عدم احترام القانون وعادات وتقاليد المجتمع. بالإضافة إلى ذلك فإن البرامج الإرشادية التي تقدم من قبل المرشدين قد تساهم في إصلاح الجانحين والمجرمين وتقلل من ميلهم إلى الإجرام. ولكن ذلك لا يمنع من اتخاذ العقوبات المناسبة بحث المخالفين والجانحين والمجرمين، حتى لا يجرؤ ذوو النفوس الضعيفة على ارتكاب الجرائم ظناً منهم بأنهم سوف يفلتوا من يد العدالة وأنهم سوف يعاملون بالحسنى.

كما أن حركات الإصلاح الاجتماعي، ورفع المستوى الاقتصادي والتعليمي، والثقافي، والقضاء على مظاهر الظلم الاجتماعي، والحرمان، والعزلة، والتمييز، لها أثر كبير في الوقاية مـن الجريمـة والانحراف.

فالأخلاق الحسنة كما يرى لندن ودافيد وروزنهان (London,   David Rosenhan, 1968) لا تظهر دفعة واحدة مع ميلاد الطفل، كما أنه لا يمكـن الحكـم عليهـا مـن جزئيـة واحـدة مـن جزئيات سلوك الفرد. فالأخلاق تنمو ببطء منذ الطفولة المبكرة، ولا تـتم إلا مـن خـلال عمليـة دينامية، حيث تتفاعل القوى التي يتعرض لها الإنسان فيما بينها، وتتفاعـل مـع قـواه الداخليـة لتنتج سمات شخصية. فالإنسان ليس إلا محصلة لتفاعـل العوامـل الوراثيـة والبيئيـة (العيسـوي: 1990).

3- الوقاية من الجريمة في الإسلام:

اعتبر الإسلام أن كل جريمة ممكنة الوقوع في المجتمع، مما حدا به إلى التركيـز عـلى ضرورة وقاية المجتمع من الجريمة وذلك باتباع سياسة المسـاواة بـين النـاس في جميع جوانـب الحيـاة. وعندما يشعر الإنسان في المجتمع بالمسـاواة بعيـداً عـن القهر والظلـم الاجتماعـي أو الضغط النفسي أو التمايز العرقي أو الطبقي، فإنه يجد أن الدافع إلى الجريمة قد يضعف إلى أبعـد حـد ممكن، ويكون الإسلام بعمله هذا قد أوصد أمام الناس باب الجريمة والانحراف.

فضلاً عن ذل فإن الكثير من الجرائم سببها الفقر، والجشع في جمع المـال بكـل الوسـائل ليكون أداة للتسلط على الآخرين، مما جعل بعض الناس يتبعـون في سبيل جمعـه طرائـق غـير صحيحة وغير إنسانية. ولذلك فرض الإسلام الزكاة لمعالجة مشكلة الفقـر، وليفـتح أمـام الفقـراء مجالات العمل، وليمنع تجمع المال في يد فئة قليلة من الناس. وبذلك تعمل الزكاة عـلى وقايـة المجتمع من الجريمة التي قد يكون سببها العوز المادي.

كما أن تربية الأبناء تربية إسلامية صحيحة، تمنح الفرد الحصانة ضد تيارات الانحراف التي قد يتعرض لها الطفل والشاب ضمن إطار الغزو الفكري والثقافي الذي نعيشه اليوم. ولذلك تعد التربية من الوسائل المهمة في الوقاية من الجريمة، خاصة عندما تكون التربية ملائمة للمجتمع الذي يعيش فيه الأفراد، من خلال تعليم أبناء المجتمع القيم والعادات والأعراف السائدة فيه. والتربية الإسلامية لم تركز على أحد جوانب الشخصية دون الأخرى، وإنما اهتمت بتربية جميع جوانب شخصية الإنسان جسداً، وعقلاً، وخلقاً، ونفساً. ولذلك ركز الإسلام على ضرورة الاهتمام بتربية الأبناء دون سن الثانية عشرة بشكل خاص دون أن يهمل مراحل العمر الأخرى. فقد قال الرسول الكريم (ص):

"طلب العلم فريضة على كل مسلم". فعملية نشر الوعي بين الناشئة يساعد على الوقاية من الجريمة والانحراف، كما أن التربية الدينية تهذب النفس، وتطهرها، وتوجه الإنسان نحو القيم السامية، وتشكل حصانة للإنسان من الوقوع في براثن الجريمة (مصطفى، 1986: 107).

الفصل السادس

النظريات المفسرة للسلوك الإجرامي

أولاً- النظريات البيولوجية:

- النظرية الفرينولوجية

- نظرية لومبروزو

- نظرية جورنج

- نظري دي توليو

- نظرية آرنست كرتشمر

- نظرية شلدون

- النظرة الحديثة للنشأة الوراثية للسلوك الإجرامي

ثانياً- النظريات الاجتماعية:

- نظرية الفرص الفارقة

- نظرية التفكك الاجتماعي

- نظرية الصراع الثقافي

- نظرية الوسم الاجتماعي

الفصل السادس

النظريات المفسرة للسلوك الإجرامي

أولاً- النظريات البيولوجية:

هناك تساؤلات عديدة عن ماهية العلاقة بين التكوين العضوي للإنسان وسلوكه الإجرامي، حيث أظهرت بعض النظريات في علم الإجرام، أن المجرم يتميز بخصائص بيولوجية معينة تؤثر في شخصيته، وتحدد سلوكه الإجرامي. ولكن هـل هـذه الخصائص البيولوجية هـي العامل الأساسي للإجرام، أم أن هذه الخصائص هي عوامل مساعدة تتضافر مع عوامل أخرى لتشكيل السلوك الإجرامي؟

وفيما يلي سنحاول التعرف إلى بعض النظريات التي تفسر ـ السلوك الإجرامي علـى أسـس بيولوجية:

* النظرية الفرينولوجية:

حاول بعض الأطباء منذ منتصف القرن الثامن عشر ـ أن يثبتـوا وجـود علاقـة بـين الشـكل الخارجي للجمجمة وبين سلوك الإنسان، فقد وضع جـال (Gall) قائمـة تشـتمل علـى (26) إمكانية من إمكانيات العقل، ثم زادها سبورتسهايم (Spurzheim) إلى (35) إمكانية، وذكر بأن هذه الإمكانيات تندرج تحت ثلاث فئات رئيسية يمكـن ردهـا إلى ثلاثة أجهـزة أو منـاطق في المسح، الأولى وتمثل الغرائز أو النزعات الـدنيا Lower Propensities والثانيـة تمثل المشاعر الأخلاقيـة Moral Sentiments أمـا الثالثـة فتشـتمل علـى الملكـات العقليـة (المعرفيـة) Intellectual Faculties وإلى الفئة الأولى من هذه الإمكانيات تعود الجريمة، وبصورة خاصة إلى الشهوة الجنسية، وغريزة الإنجاب، والميل للقتال، وحب التملك (رمضان، 1972).

وقد حاول جالدول (Galdwell) بعد ذلك إكمال هذه النظرية عن طريق إيضاح العلاقة بين المناطق الثلاث، حيث بين أن مشاعر الإنسان تراقب غرائزه، وأن ملكاته العقلية (مستعينة بما يتمتع به الفرد من إرادة) توجه هذه الغرائز والمشاعر وتحكمها. فحين تقوى لدى الشخص غريزة التملك مثلاً دون أن تتحكم فيها مشاعره الأخلاقية أو ملكاته العقلية، فإن نتيجة ذلك تكون الخيانة والسرقة. وبالمثل فإن معظم الجرائم الخطيرة في نظر المجتمع يمكن تفسيرها بنمو الغرائز الدنيئة وعدم مراقبتها. فغريزة التخريب والقتال تقابلها جرائم القتل والاغتيال، والغريزة الجنسية تقابلها جرائم الاغتصاب وغيرها من الجرائم الجنسية... الخ، أما إذا تحكمت مشاعر الفرد الأخلاقية وملكاته العقلية في غرائزه فلن تقع منه أي جريمة.

ولكن هذه النظرية لم تلق قبولاً من قبل علماء العصر، حيث تتعارض مع الأفكار السائدة التي تذهب إلى أن الإنسان سيد نفسه، وقادر على التحكم في تصرفاته. كما أن طبيعة هذه النظرية الافتراضية المحضة، وعجزها عن إثبات أفكارها فيما يتعلق بالتقسيم الثلاثي لأجهزة العقل وما بينها من علاقة وبين أنواع السلوك الإجرامي، جعلها موضع نقد من قبل الكثير من الباحثين والعلماء.

* نظرية لومبروزو:

يعد الطبيب الإيطالي سيزار لومبروزو (1909 -1836) Lombrozo رائد علم الإجرام، حيث أكد أهمية الأسباب البيولوجية في ارتباطها بالجريمة، وقد فسر نتائجه عن علم الإجرام على أساس من دراساته على الأفراد العسكريين وعلى السجناء في السجن العسكري الإيطالي في الفترة ما بين عام 1864- 1878، ويرى أن طبيعة المجرم وليس طبيعة الجريمة هي التي يتعين أن تؤخذ في الاعتبار، ويعتبر أن الجريمة ظاهرة طبيعية ضرورية كالولادة والحمل والموت.

وتؤكد نظرية "لومبروزو" أن النزعات الإجرامية وراثية عند الفرد، حيث أن كتابه المجرم المولود (Born Criminal) الذي نشرته ابنته "جينا لومبروزو

وفريرو" (1911) يؤكد على أن المجرم توجد لديه بعض الخصائص الجسمية والعقلية الارتدادية والتي ينقاد تحت تأثيرها إلى اقتراف الجريمة (ربيع وآخرون، 1995: 154).

ومن خلال تشريح "لومبروزو" لجثث بعض المجرمين، اتضح له أن لدى الإنسان المجرم صفات (ارتدادية* Atavism) شبيهة بما لدى القردة والطيور، أو لدى الإنسان البدائي الوحشيـ مثل طول الفك السفلي، والذقن قليلة الشعر أو الهزيلة، بالإضافة إلى تميزهم بانخفاض معدلات الإحساس بالألم، والاندفاع في التصرف والقسوة، وسهولة الاستثارة، وانعدام الخجل، وتوقف النمو، والإصابة بالمرض. وقد كان من بين المجرمين الذين قام بفحصهم قاطع الطريق (Vilella) حيث شر لومبروزو جثته بعد وفاته، فتبين له وجود تجويف في مؤخرة الجمجمة يشبه التجويف الذي يوجد في جماجم القردة وبعض الحيوانات المتوحشة. وبهذه الصفات الجسمية والعقلية والنفسية شبه لومبروزو الإنسان المجرم في أوروبا بالنمط المنغولي، أو بالأبله.

وإذا كان كتاب (المجرم المولود) أهم ما كتبه لومبروزو، فهناك مؤلف آخر أثار الاهتمام في الأوساط العلمية وهو "المرأة المجرمة" وكان كتابه الأول في هذا الصدد قد نشره عام 1893 بالتعاون مع زوج ابنته فريرو (Ferrero) بعنوان "المرأة المجرمة والبغي، والمرأة السوية". وقد ذكر (لومبروزو) وجود تغيرات أقل من الناحية التشريحية لدى المرأة بالمقارنة مع الرجل، كما وجد أن هناك حساسية للألم أقل لدى المرأة المجرمة منها لدى الرجل المجرم، ويقول استناداً إلى ذلك أنه يوجد نمط (المجرمة بالميلاد) بين البغايا بصورة تزيد على تواجد هذا النمط بين الرجال. وأشار إلى سمة التوحش بصورة أكثر بين النساء المجرمات من خلال تحليل إحصائيات من إنجلترا وفرنسا حول جرائم النساء. وهذا ما دعا لومبروزو إلى الاعتقاد بأن الشذوذ الجسمي في المجرم هو السبب في إجرامه. ولكن لومبروزو وزملاءه من أتباع المدرسة الإيطالية الوضعية في علم الإجرام أمثال فيري (Ferri)

وجارو فالو (Garo Falo) وغيرهم لم ينكروا ما للعوامل الاجتماعية من تأثير في السلوك الإجرامي للفرد عند تحليلهم للنزعة الإجرامية بعد أن كانوا يعزوها كلية للصفات الجسمية التي ترتد إلى الوراثة. ففي عام 1899 أصدر "لومبروزو" كتاب "الجرائم: أسبابها وعلاجها"، واهتم بصورة أكبر بالعوامل الاجتماعية والاقتصادية في تفسير السلوك الإجرامي.

وقد وجد "لومبروزو" في دراسته للإنسان المجرم معارضة شديدة وانتقادات لاذعة، مما دعاه إلى تغيير بعض المواقف التي بدأ منها فقد ذكر شارل غورنغ (Ch. Goring 1913) أنه نتيجة فحص المسجونين في إنجلترا لم يتضح وجود صفات مميزة للمجرم من غير المجرم سوى أن المجرم أقصر قامة وأخف وزناً من غير المجرم، ولكن ذلك لا يشكل سبباً منطقياً للإجرام.

كما أوضح هوتون (Hooton, 1939) من خلال دراسته لمجموعة مكونة من (3873) سجين أمريكي مقارنة بمجموعة مؤلفة من (3203) مواطن عادي أنه لا توجد فروق تذكر بين المجرمين وغير المجرمين.

ولكن بالرغم من هذه الانتقادات لنظرية "لومبروزو"، إلا أنها لا تخلو من الإيجابيات، فقد كان لنظرية "لومبروزو" الفضل الكبير في توجيه سلوك الباحثين إلى دراسة شخصية المجرم دراسة معمقة بغية الوصول إلى تفسيرات علمية للسلوك الإجرامي. كما أن هذه النظرية لم تغفل العوامل الاجتماعية والظروف الخارجية في التأثير على شخصية المجرم وسلوكه.

* نظرية جورنج Charles Goring:

بدأ "جورنج" منذ عام 1901 كطبيب إنجليزي بدراسات إحصائية مقارنة على ما يقرب من (3000) مجرم من المجرمين الخطرين المحكوم عليهم بالسجن لأكثر من ثلاث سنوات، وعلى مجموعة كبيرة من الأشخاص العاديين غير المجرمين من طلبة المعاهد والمرضى بالمستشفيات، والضباط العاملين في وحدات الجيش

البريطاني. وقام بفحص جماجمهم، وأوزانهم، وأطوالهم، وأشكال الأذنين لديهم، وجبهاتهم. وقد أسفرت الدراسات عن عدم وجود فروق خاصة بين جمجمة المجرمين وجمجمة غير المجرمين. كما توصل أيضاً إلى عدم وجود فروق ملموسة بين طوائف المجرمين وغير المجرمين من حيث توافر علامات ارتدادية لديهم. كل رفض (جورنج) ما توصل إليه (لومبروزو) بشأن الإنسان المجرم بالوراثة، وما لديه من صفات ارتدادية، وخلص إلى أن لدى بعض المجرمين انحطاطاً تكوينياً (ضعف جسمي أو عقلي) يميزهم من الأشخاص العاديين. كما يتميز المجرمون بوجود صراع اجتماعي يعيقهم عن التوافق الاجتماعي، مما يجعلهم أسرع في الاستثارة الانفعالية، ويدفعنه لارتكاب الجريمة أكثر من غيرهم. أما بالنسبة للطول والوزن فقد تبين أن المجرمين يتميزون بقصر القامة، وقلة الوزن، وتظهر هذه العلامات على سارقي المنازل بوساطة التسلق، وكسر النوافذ. وقد ضمن هذه المعلومات في كتابه "المجرم الإنجليزي- دراسة إحصائية"، وقد حاول تفسير ظاهرة الإجرام طبقاً لنظرية "الانتقاء الاجتماعي" فهو يقول: إن الأقوياء جسماً وعقلاً يستطيعون كسب رزقهم بسهولة، فهم لا يقدمون على السرقة، وبالتالي فهم أهدأ نفساً، فلا يستثارون بسهولة، ومن ثم لا يقدمون على جرائم العنف، كما يستطيع كل منهم الزواج وإشباع حاجاته الجنسية في صورة مشروعة، مما يبعدهم عن ارتكاب جرائم الاعتداء على العرض. أما ضعاف الجسم أو العقل فإنهم لا يستطيعون التوافق مع المجتمع، مما يولد لديهم ضعفاً من الوجهة الاجتماعية، ويعد هذا الضعف بدوره عاملاً إجرامياً (خلف، 1986: 156).

وهذه النظرية كان لها تأثير كبير على تفكير الباحثين في علم الإجرام الذين نبذوا فكرة النمط الإجرامي الذي نادى به (لومبروزو). ولكن من جهة أخرى وجهت إلى هذه النظرية الكثير من الانتقادات من حيث تعميم نتائجها على جميع المجرمين سواء أكانوا خطرين أم غير خطرين، رغم أن أبحاثه كانت فقط على المجرمين الخطرين.

* نظرية هوتون: Earnest Hooton

يعد العالم (هوتون) أستاذ الأنثروبيولوجيا في جامعة هارفارد. فقد نشر في عام (1939) خلاصة أبحاثه عن المجرم الأمريكي، فقد أثبت من خلال دراسته على مجموعة مكونة من (3873) سجين أمريكي، وقارنها بمجموعة مكونة من (3203) مواطن عادي، أنه لا توجد فروق تذكر بين المجرمين وغير المجرمين. ويرى أن السبب الرئيسي للإجرام هو نقص بيولوجي في الإنسان، حيث يعاني المجرم من نقص في النمو بالمقارنة مع الأشخاص العاديين (في الطول والوزن)، كما أن شكلهم الخارجي غير مرض. وفسر الصلة الوطيدة بين هذا النقص في النمو والسلوك الإجرامي، بالإضافة إلى أن مثل هؤلاء الذين يعانون ضعفاً في الجسم والعقل يعيشون في ظروف بيئية غير مناسبة، ويعانون من صعوبة في التوافق الاجتماعي، مما يجرهم إلى الإجرام.

وقد وجه إلى نظرية (هوتون) بعض الانتقادات منها: اختياره لعينة الدراسة من بين المجرمين المسجونين، وهؤلاء لا يمثلون سوى المجرمين الظاهرين، إذ أن هناك العديد من المجرمين لم تكشف جرائمهم، وكانوا بمعزل عن دراسات (هوتون). كما أن المجموعة الضابطة التي كانت محل أبحاثه اختيرت من بين فئات قليلة مختلفة ومن مناطق مختلفة، وهذا الاختلاف يكون أثره أكثر وضوحاً من الاختلاف في الصفات التي تميز المجرمين عن غيرهم. فضلاً عن ذلك فقد ذكر (هوتون) أن سبب الانحطاط الجسمي أو العقلي هو عامل الوراثة دون إعطاء دليل علمي واضح على صحة هذا العامل. كما أن الإحصاءات التي استخدمها كانت محل نقد كبير، حيث اتسمت بعدم الدقة والوضوح.

* نظرية دي تولوي : (Di Tullio)

يعد (دي توليو) من أبرز علماء الإجرام الإيطاليين، حيث يعلق أهمية كبيرة على التكوين البيولوجي للمجرم باعتبار أن له صلة وثيقة بارتكاب الجريمة، وقد نادى بنظرية "التكوين الإجرامي"، إذ اعتبر الشخصية المصدر الأول للسلوك الإجرامي،

ووافق (لومبروزو) بوجود "مجرم بالتكوين" ولكنه لم يعتبر ذلك دليلاً كافياً للإجرام، بل لابد من توافر عوامل مركبة (شخصية واجتماعية) معللاً ذلك بأن الإنسان القوي البنية يستطيع كبح جماح نزواته، ويكبح الجريمة، ويبتعد عن ارتكابها، وقد انتقل تدريجياً من فكرة (المجرم الحتمي بالتكوين) إلى (فكرة المجرم الاحتمالي). ويعتقد (دي توليو) بوجود ميل سابق للإجرام نتيجة تكوين خاص للشخصية واتسامها بصفات عضوية معينة وراثية أو مكتسبة. كما يرى أصحاب هذه النظرية أنه بالرغم من كون الجريمة نتيجة تفاعل بين نفسية الإنسان وبين الظروف التي يواجهها في العالم الخارجي، إلا أن التجربة تدل أن هناك أفراداً لديهم استعداد لارتكاب الجريمة لا يتوافر لدى غيرهم، إذ أن الظروف الخارجية التي تثير فيهم النزعة إلى الإجرام لا تحدث نفس الأثر بالنسبة لِلأشخاص الآخرين. وهذه الظروف تكون بمثابة ميزات كاشفة لنزعاتهم الإجرامية، تلك النزعة التي ترتبط لديهم بتكوين خاص فيهم، جسمي ونفسي- على السواء يميزهم عن الأشخاص العاديين (رمضان، 1972: 43).

فالمجرم يتميز عن غيره من الناحية الجسمية بوجود عيوب جسمية أكثر من غير المجرمين، بالإضافة إلى خلل في إفرازات بعض الغدد الصماء (كالغدة الدرقية) وخلل في الجهاز العصبي، وخلل في جهاز الدوران، وفي جهاز الإطراح (البول) بنسبة أكبر مما هي لدى الأشخاص العاديين.

أما من الناحية النفسية، فإن المجرم يتميز بشذوذ في الجانب الغريزي، والذي يؤدي إلى جرائم السرقة، والاغتصاب، والقتل، وجرائم العنف... الخ.

ولكن هذه النظرية كغيرها من النظريات في تفسير السلوك لا تخلو من النقد، فهي تفتقر إلى الأدلة العلمية الموثقة التي تؤكد صحة النتائج التي توصل إليها (دي توليو)، كما أن (دي توليو) سريع الاستنتاج مما يقلل من فاعلية النتائج التي توصل إليها. كما تقيد (دي توليو) بالمنهج المادي في تفسير السلوك باعتماده على دراسة الجانب العضوي أو التكوين الإنساني دون الاهتمام كثيراً بما للسمات النفسية

والدوافع الإنسانية للمجرم. كما أن وصف المجرم بالتكوين بالشخص المريض تعسف، وهـو مـا يتعارض مع نتائج الدراسات الإحصائية، إذ أن نسبة المرضى بين المجرمين ضئيلة.

* نظرية آرنست كرتشمر :E. Krtehmer

حاول الطبيب الألماني (كرتشمر) ما بين (1920- 1930) أن يوضح العلاقة القائمة بين أنمـاط بنية الجسم والسلوك الإجرامي. فقد قسم الناس بوجه عام وفقاً لبنية الجسـم إلى أربعـة أنمـاط رئيسية هي: الـنمط الـواهن أو النحيـل Asthenic OrLeptosmic والـنمط المكتنـز، والـنمط الرياضي Athietic والنمط المختلط أو المشـوه .Dysplastic وقـد عـزا كرتشـمر هـذه الأنمـاط وصفاتها الجسمية إلى الوراثة، واعتبرها المسئولة عن تحديد هذه الصفات. وقد بـين أن الأنمـاط السابقة لبنية الجسم ترتبط بمختلف صور الجريمة، حيث ذكر أن النمط الرياضي نمـط سـائد في جرائم العنف، وأن النمط الواهن نمـط سـائد في جـرائم السرـقة أو الغـش البسـيط، في حـين أن النمط المكتنز يميل إلى ارتكـاب جـرائم الخـداع والغـش بصـورة عامـة، وكـذلك ارتكـاب جـرائم العنف، أما النمط المشوه أو المخـتلط فيرتـبط بارتكـاب الجـرائم الأخلاقيـة أو المنافيـة لـلآداب، ويمكن له كذلك أن يقدم على ارتكاب بعض جرائم العنف.

ويرى (كرتشمر) أن هذه الأنمـاط ليسـت متمايـزة تمامـاً، إذ قـد تخـتلط ميزاتهـا في بعـض الأفراد. فقد وجد في إحدى دراساته على (260) شخصاً من المرضى بالفصام والجنون الدوري، أن معظم المرضى بالفصـام مـن الـنمط المكتنـز. كـما وجـد أن الأسـوياء مـن ذوي النزعـة الدوريـة Cyclothymes والمتقلبين في عواطفهم، ويتذبذبون في مزاجهم بين الفرح والترح، هم من الـنمط البدين. كما أن ذوي النزعة الفصـامية Schizothemes ممـن يتقلبـون بـين الحساسـية الزائـدة والبرود العاطفي، من النمطين النحيل والرياضي.

*نظرية شلدون **Sheldon:**

اهتم شلدون كسابقه (كرتشمر) بالعلاقة القائمة بين بنية الجسم وسلوك الإنسان، أي أن الجسم وبنيته يحددان السلوك السوي والسلوك الشاذ الذي يمكن أن يقوم به الفرد.

وقد افترض وجود أربعة أنماط أساسية لبناء الجسم هي:

1- النمط البطني :Endomorphy ويميل صاحب هذا النمط إلى السمنة والبدانة فهو يتصف بالترهل، واستدارة أجزاء الجسم.

2- النمط العضلي :Mesomorphy ويتميز أصحاب هذا النمط بغلبة الجهاز العضلي الهيكلي، ويميل أصحابه إلى الرياضة، وأعمال القوة، كما يتصف أصحابه بالخشونة والصلابة.

3- النمط النحيل :Ectomorphy ويتميز أصحابه بالنحافة، والنعومة، وبضعف نمو كل من الجهاز الحشوي والجهاز العضلي العظمي، ويتسم أصحابه بالطول، والنحافة، وضيق حجم الصدر.

4- النمط المتوازن :Balanced Types ويتميز أصحابه بأن تكون بنيتهم الجسمية تركيباً مختلطاً من عدة أنماط، حيث لا يخضع أصحاب هذا النمط في التصنيف إلى نمط محدد.

وحسب هذه النظرية يتصف كل نمط من هذه الأنماط الأربعة بصفات مزاجية محددة. فالنمط الأول يمتاز أصحابه بالخضوع وقلة الاهتمام بالنشاط. أما النمط الثاني فيمتاز أصحابه بالنزعة الجنسية، والنشاط، والجرأة، وحب المغامرات، وبتأكيد الذات. أما النمط الثالث فيمتاز أصحابه بالانطواء وحب العزلة، والكبت، وإخفاء المشاعر الداخلية. وينظر شلدون إلى هذه الأنماط السابقة بأنها درجات من الارتباطات، أو ميل نحو واحد من هذه الأنماط، بحيث يغلب على بناء الجسم أو على المزاج طابع مميز. فمن خلال إجراء بعض القياسات الدقيقة تمكن شلدون من

إعطاء درجة تتراوح بين (1-7) نقاط على كل نمط من أنماط الجسم. وهذه القياسات هي التي تكون نمط الجسم الخاص بشخص معين.

وأهم تطبيق (لنظرية شلدون) هو ميدان الجريمة والانحراف. ففي الدراسة التي قام بها جلوك وجلوك (1950) على (500) حدث منحرف، قورنوا بمجموعة ضابطة مكونة من (500) حدث سوي، وتم فيها مقارنة الأنماط الجسمية التي قدمها شلدون للمنحرفين والأسوياء، تبين أن 60% من مجموعة المنحرفين ينتمون إلى النمط الرياضي، في حين يوجد هذا النمط في مجموعة الأسوياء بنسبة (31%) فقط. كما بينت هذه الدراسة أن هناك سمات ترتبط بالتكوين الجسمي، كما ترتبط بالانحراف. فالمنحرفون من النمط الرياضي ترتفع درجاتهم في سمة تأكيد الذات، وتنخفض على النزعات الماسوكية (التلذذ بالألم)، وترتفع على الاستجابات الحركية غير المقيدة، وترتفع قليلاً على حب التملك، وتنخفض على التمسك بالعرف والسلوك العملي (جلال، 1984).

وقد جذبت هذه النظرية الانتباه إليها في أوروبا، حيث تحمس لها الكثير من الأوروبيين، بالرغم من أن شلدون نفسه قد حذر من أن التكوين الجسمي وحده غير كاف للتنبؤ بالانحراف، ولابد من الانتباه إلى عوامل أخرى تكون أساسية أيضاً في تكوين السلوك الإجرامي.

* النظرة الحديثة للنشأة الوراثية للسلوك الإجرامي:

يرجع العديد من علماء النفس، وعلماء الإجرام، وعلماء الاجتماع، السلوك المنحرف إلى العوامل الوراثية، مثل دراسة هاتشنجز ومدنيك (Hutchings & Mednick, 1974) ودراسة سكولسنجر (Schulsinger, 1972) حيث درسوا دراسة تتبعية عدداً من أطفال التبني الذين أصبحوا فيما بعد مجرمين، ودرسوا السجلات الإجرامية لآبائهم الحقيقيين، وكذلك لآبائهم بالتبني، ووجدوا أن نسبة عالية من الإجرام موجودة بين الأقارب الحقيقيين للمجرمين بالمقارنة مع أطفال التبني ككل. كما أيدت هذه النتائج تلك الدراسات المبكرة التي قام بها لانج وكرانز

(Lange & Kranze, 1936) على الأطفال التوائم، والتي أظهرت وجود عوامل وراثية في الجريمة. (Greer, 1964).

ومن الأدلة الحديثة على وجود عامل وراثي في السلوك الإجرامي وجو كرموزوم ذكري إضافي (An Extra Y Male Sex Chromosome) في الرجال الذين يرتكبون جرائم العنف. ودليل ذلك الدراسة التي قام بها (وتكن) وزملاؤه في الفترة ما بين (1944- 1947)، وبلغ عددهم (31346) رجلاً اختيروا من بين الذين بلغ طولهم ستة أقدام، حيث يفترض أن الرجال طوال القامة جداً تزيد لديهم فرصة امتلاك كرموزوم (Xyy) وبلغ عدد هؤلاء (4591) رجلاً. وقد استخدمت الاختبارات والمقاييس اللازمة للدم، والغشاء المخاطي للتعرف إلى مدى وجود الكرموزوم الزائد. كما جمع هؤلاء الدارسون بيانات عن السجلات المدرسية، وعن الجرائم، والمخالفات، وتقديرات هؤلاء الأفراد في الذكاء، وقد استطاعوا أن يتعرفوا إلى (12) رجلاً من أصحاب الكرموزوم (Xyy) وتبين لهم أن هناك خمسة رجال من هؤلاء الرجال الاثني عشر- سبقت إدانتهم في جريمة أو أكثر. كما وجدوا أيضاً أن النسبة المئوية الآتية من أرباب السجل الإجرامي وهي:

أرباب الـ XY 9.30%

أرباب الـ XYY 41.7%

الفرق المئوي 32.4%

ولكننا لا نستطيع الاستدلال بشكل قاطع أن هذا الكروموزوم الإضافي دليل على وجود السلوك الإجرامي، إذ أن الدراسات الأكثر عمقاً كشفت أن الذكاء المنخفض يرتبط أيضاً بالسلوك الإجرامي لدى هؤلاء الرجال (العيسوي، 1990).

الغدد والسلوك الإجرامي:

إن العلاقة بين الغدد والسلوك الإجرامي حقيقة قائمة لا يمكن تجاهلها أو نكرانها كلياً سيما وأنها تستند إلى أدلة وحجج وتجارب علمية، فقد خضعت

لدراسات وبحوث بعض علماء الإجرام أمثال "شلاب، وسمث، وسلفاتور، وبندي، وكرمبك، ورو، وهنتر، وكاسون.. وغيرهم"" فقد ذكر "سلفاتور" أحد علماء الإجرام الإنثروبيولوجي قائلاً:

"نحن الذين لا زلنا مقتنعين بأهمية دراسات علم الهيئة الخارجية للمجرمين، نلاحظ بحماس أن أدلة جديدة قد أوجدها علم الغدد تؤيد وجود التلازم بين المميزات الجسمية والنفسية معاً على أساس من علاقة سببية اعتيادية".

كما أوجد "كرمبرك" من خلال تجاربه على نزلاء السجون الأمريكية أن اضطرابات الغدد عند المجرمين تعادل ثلاث مرات مقارنة بغير المجرمين. كما أثبت "كاسون" من خلال فحوصاته التي أجراها على السجناء في سجن صقلية أن القتلة لديهم قصور في إفراز الغدة النخامية، وإفراط في الغدة الكظرية، وعند اللصوص تفريط في الغدة النخامية، ولدى مرتكبي الجرائم الجنسية إفراط في الغدة التناسلية. وفيما يتعلق بالدوافع الغددية الجنسية للسلوك الإجرامي، فقد أظهرت الدراسات أن الاختلالات والاضطرابات في هذه الغدد قد تؤدي إلى السلوك الإجرامي. ففي حالة الجموح الجنسي ـ الذي يولد عند الرجل أو المرأة حاجة ملحة ودائمة لممارسة الجنس، قد يكون هذا الجموح دافعاً إلى السلوك الإجرامي لإشباع هذه الحاجة سواء عن طريق الاغتصاب الجنسي أو الاعتداء على الأعراض بالإكراه، أو جرائم السرقة للحصول على المال للإنفاق على المومسات. وهذا ما ينطبق أيضاً على الإناث أيضاً.

أما في حالة الخمود الجنسي ـ والتي تكون فيها الحاجة إلى ممارسة الجنس ضئيلة أو معدومة، والذي قد يؤدي إلى إخفاق الحياة الزوجية عن طريق الطلاق، أو انحراف الطرف غير العاجز لإشباع حاجاته الجنسية بطرائق غير مشروعة يجرم عليها القانون.

أما اضطرابات الغدة النخامي، فإن لها انعكاسات على السلوك الإجرامي. فالأشخاص المصابون بالقزامة، أو البدانة المفرطة نتيجة نقصان إفرازات النخامية، فإن ذلك يدفع الأقزام إلى سلوك حب الظهور، والبدينين إلى الانطواء والحساسية المفرطة، مما يدفعهم إلى سلوك عدواني غروري أكثر من الآخرين. كما أن زيادة إفرازات النخامية قد تدفع الشخص إلى سلوك لا اجتماعي وقد يؤدي إلى الإفراط الجنسي الذي يصل إلى حد الغلمة عند الرجل، والشبقية عند المرأة.

أما اضطرابات الغدة الدرقية فإن لها أثاراً على السلوك الإجرامي للشخص. ففي حالة نقصان إفرازات الغدة الدرقية فإن ذلك يؤدي إلى البلاهة والتخلف العقلي، وهذا ما يدفع الشخص المصاب إلى ارتكاب جرائم غير عمدية كالسرقات البسيطة، وإشعال الحرائق، أو الأفعال المخلة بالحياء. أما زيادة إفرازات الدرقية، فإن ذلك يؤدي إلى اضطرابات نفسية وعصبية تجعل الشخص المصاب مهيئاً لارتكاب السلوك الإجرامي وخاصة جريمة الانتحار.

أما الغدد جارات الدرقية، فإن الاضطرابات النفسية الناجمة عن اختلالها قد تؤدي إلى السلوك الإجرامي. فالانقباض النفسي، والهذيان، والصراخ، والحساسية الشديدة، تفقد الشخص المصاب التوازن والضبط النفسي في حالة التعرض لأبسط المثيرات سواء كانت نقداً طفيقاً أو نظرة غير ودية لتضعه على أعتاب جرائم الاعتداء على الأشخاص.

أما الغدة الكظرية، فإن زيادة إفرازاتها تجعل الأشخاص أكثر تحفزاً للعدوان والإجرام، كما تزيد لديه الرغبة الجنسية، وما لذلك من آثار على السلوك الإجرامي، سواء كان عند الذكور أم عند الإناث.

أما اضطرابات الغدة الصنوبرية، فإنها تؤدي إلى اضطرابات عقلية قد تتسبب في المرض العقلي والوظيفي المعروف بالفصام، وازدواج الشخصية، والشخص المصاب بهذا المرض تنعدم لديه القوة الرادعة لغرائزه، مما يجعله أقرب إلى ارتكاب

السلوك الإجرامي، كالانتحار والاعتداء على الآخرين، والاعتداءات الجنسية. وفيما يتعلق باضطرابات الغدة البنكرياسية، فإن النقصان أو الزيادة في إفرازاتها من مادة الأنسولين يؤدي إلى اضطرابات نفسية وعصبية وعقلية ناتجة عن عدم توازن نسبة السكر في الدم، مما يجعل الشخص عرضة لاقتراف جرائم على الأشخاص، أو الإخلال بالنظام العام، والآداب.. وغير ذلك (الفراجي، 1995).

ثانياً- النظريات الاجتماعية:

يلعب الوسط الاجتماعي الذي يعيش فيه الشخص، وما يسوده من علاقات اجتماعية دوراً أساسياً في تحديد نماذج السلوك التي سوف يتبعها في المجتمع. فالطفل يكتسب في إطار مجتمعه عاداته، وقيمه، ومبادئ سلوكه عن طريق التعلم. كما يتلقى في سنوات نموه الأولى ضغط محيطه وتأثيره دون دفاع. ولهذا فإنه بقدر ما تكون المبادئ السلوكية والقيم التي اكتسبها الفرد من محيطه الاجتماعي سليمة، بقدر ما تكون عملية تجانسه الاجتماعي سليمة وبناءة، وانعكس ذلك على شخصيته بصورة إيجابية، أما إذا كان المحيط الاجتماعي مشبعاً بقيم سلبية هدامة ورافضة للنظام الاجتماعي، بقدر ما تتكون لدى الفرد شخصية رافضة للقيم المهمة والمعايير السائدة، وتصبح غير متوازنة اجتماعياً. فالشخصية الرافضة والمرفوضة من قبل المجتمع تصبح قاسية في علاقاتها الاجتماعية، وتحاول أن تنتقم للحرمان من المحيط الاجتماعي أو ممن ينتمون إليه. وفي إطار المحيط الاجتماعي تنشأ الشخصية العدوانية وتحاول بسلوكها التعويضي أن تؤكد انتقامها لظلمها، واضطهادها من خلال العنف والانحراف.

ويرى إميل دور كهايم (Emile Durkheim 1858- 1917)، عالم الاجتماع الفرنسي أن الجريمة توجد في جميع المجتمعات، فبعض الناس يغالون في الانحراف ويرتكبون الأفعال الإجرامية. والجريمة في جوهرها عمل هدام فيه اعتداء على حياة الناس وممتلكاتهم، وفيها إعاقة للتقدم والنمو الاقتصادي

والاجتماعي، إنها مظهر من مظاهر الحياة البربرية البدائية لما لها من ضحايا وخسائر في الأرواح والممتلكات. ما أنها تقضي على شعور الإنسان بالأمن، وتؤدي إلى انتشار شريعة الغاب، حيث يعتدي القوي على الضعيف. فالتقدم من وجهة نظر (دور كهايم) لا يتم إلا في جو من الاستقرار والأمن، وليس في جو الجريمة.

فالنظريات الاجتماعية تركز بشكل خاص على القوى الاجتماعية الخارجية في نشأة الجريمة، وتفترض أن السلوك الإجرامي لا يختلف في طبيعة تكوينه عن مجموع السلوك الاجتماعي العام للأفراد.

وأهم النظريات الاجتماعية المفسرة للسلوك الإجرامي ما يلي:

* نظرية الفرص الفارقة Differential Opportunity:

صاغ نظرية الفرص الفارقة كلوارد وأوهلن (Cloward & Ohlin, 1960) في كتابهما "الجنوح والفرص"، وقد افترض الباحثان أن الأشخاص الذين ينتمون إلى ثقافة الطبقة العاملة في المجتمع الأمريكي يريدون أن يحققوا أهدافهم بنجاح من خلال الطرائق والأساليب الشرعية المتاحة في المجتمع، ولكنهم يواجهون بعقبات شديدة، لأن المجتمع ينكر عليهم فرص تحقيق النجاح. ومن ضمن هذه العقبات التي تواجههم الفروق الثقافية، واللغوية، والمادية، وعدم وجود فرص مناسبة للحراك الاجتماعي. ولذلك فإنه عندما تواجه الأساليب الصحيحة في تحقيق الأهداف بالعقبات التي تؤدي إلى الإحباط الشديد، فإن ذلك يؤدي بالأشخاص من أبناء هذه الطبقة اللجوء إلى أساليب منحرفة لتحقيق هذه الأهداف، ويؤدي إلى وقوع الجرائم، وليست جرائم الأحداث الشباب التي تظهر من خلال العصابات إلا مظهراً من المظاهر التي تؤدي إلى تحقيق الأهداف بصورة غير شرعية (ربيع وأخرون، 1995).

لذا فإن مدى توافر الفرص أمام بعض الجماعات التي تشغل أوضاعاً معينة في البناء الاجتماعي لتحقيق أهدافها بالوسائل غير المشروعة، تماماً مثلما يحكم تحقيق

هذه الأهداف توافر الفرص لإنجازها بالوسائل المشروعة. ففي بعض المجتمعات المحلية تستند الجريمة إلى التنظيم، وتلقى الحماية والتأييد، ويصبح البالغون من المجرمين مصدر احترام من الناس، كما يسهمون في جوانب النشاط العادية كغيرهم. وفي مثل هذه الظروف تزداد الفرص أمام الأحداث الجانحين لتحقيق أهدافهم بالوسائل غير الشرعية (نفس المرجع السابق).

* نظرية التفكك الاجتماعي :**Social Disorganization**

إن مفهوم التفكك الاجتماعي مفهوم متسع يشمل ظواهر اجتماعية وثقافية عديدة. إنه يشير إلى تناقض وصراع المعايير الثقافية، وضعف أثر قواعد السلوك ومعاييره، وصراع الأدوار الاجتماعية، وانعدام الالتقاء بين الوسائل التي يجيزها المجتمع مع غايات الثقافة فيه، ومن ثم إلى انهيار الجماعات وسوء أدائها لوظائفها. وهذا يعني وجود شكلين للتفكك الاجتماعي: الأول: يمثل اضطراب البناء الاجتماعي. ويشمل ما يطرأ على الجماعات، والتنظيمات، والنظم الاجتماعية من تقويض لدعائمها، وانعدام تكاملها، ويؤدي إلى تدهورها وتوقفها عن النمو. كما يشمل الفساد أو الخلل الذي يطرأ على العلاقات الوثيقة الأساسية القائمة بين الأفراد، والجماعات، والمؤسسات، والطبقات الاجتماعية.

أما الشكل الثاني فهو قصور الأداء الوظيفي، ويشمل كل ما يعمل على إفساد الكفاية الوظيفية أو الإخفاق في القيام ببعض المتطلبات الوظيفية مثل الأغراض، والأهداف، كما يحدث للأهداف نوع من الخلط والغموض. ويشمل كذلك سوء الأداء الوظيفي أو قصوره. ويعني ذلك القيام بوظائف متعارضة الأهداف والأغراض، وما ينشأ عن ذلك من افتقار إلى وجود التلاؤم بين عناصر البناء الاجتماعي (عارف، 1990).

وقد ربطت النظريات الاجتماعية بين التفكك الاجتماعي والسلوك الإجرامي، وافترضت أن السلوك الإجرامي ينشأ في ظل وجود مظهر أو أكثر من مظاهر شكلي

التفكك، فقد افترض شو (Show) في نظريته أن أكبر تجمع للمجرمين والجانحين يكون في مناطق تتسم بالتفكك الاجتماعي. ففي الأحياء المتخلفة مثلاً والظروف السائدة فيها، يصبح المجتمع الكلي لهذه الأحياء مفككاً، وتضعف رقابته على أعضائه، وينعدم تكامل النظم الاجتماعية فيها. ولهذا فإنه من المتوقع أن تصبح الأنماط الإجرامية شائعة فيها، وتنتقل بسهولة من شخص إلى آخر. ولذلك يتعلم الصغار الذين ينشلون في مثل هذه المناطق، السلوك الإجرامي على أنه الطريقة المناسبة للتوافق مع البيئة الاجتماعية التي يعيشون فيها. فق أكد ركلس (RECKLESS, 1955) في معرض حديثه عن التفكك الاجتماعي، أنه إذا كانت الجريمة تختلف بحسب التعريفات الاجتماعية القانونية للسلوك، فإنها تختلف كذلك تبعاً لحالة التنظيم أو التفكك في أي مجتمع. فهناك مجتمعات ترتكب فيها الجرائم باستمرار، ومجتمعات أخرى لا ترتكب فيها الجرائم إلا نادراً، حيث تسود فيها القواعد القانونية والعادات والتقاليد. ولهذا لابد من معرفة الخصائص التي تميز المجتمعات التي ترتكب فيها الجرائم باستمرار، وتلك التي لا ترتكب فيها الجرائم. فالمجتمعات من النوع الأول تكون منعزلة وذات حراك اجتماعي قليل للسكان، ولا توجد بين الطبقات الاجتماعية فوارق كبيرة، ويتوافر فيها درجة عالية من الضبط والرقابة على أفراد المجتمع. أما المجتمعات من النوع الثاني فتكون على اتصال كثير بالخارج، ولديها درجة كبيرة من الحراك والتغير الاجتماعي، واختلاف في المستويات الطبقية والجماعات المتخصصة الاجتماعية، كما أنها تمارس رقابة اجتماعية محددة على سلوك الأفراد فيها.

ولهذا يمكن اعتبار زيادة معدلات التغير الاجتماعي في المجتمع، السبب المباشر لظهور السلوك الإجرامي. فالتغير السريع يؤدي إلى قلة تمسك أفراد المجتمع بالقيم والتقاليد السائدة نتيجة ظهور مواقف وظروف جديدة تتطلب التوافق معها بصورة مختلفة. وهذا ما يحدث مثلاً أثناء الاحتكاك الثقافي بين المجتمعات التقليدية والمجتمعات المتحررة، من شأنه أن يؤدي إلى ظهور مواقف جديدة تؤدي إلى تعطيل

أساليب الضبط الاجتماعي التي تسود المجتمعات التقليدية مثل السمعة الحسنة، وحقوق الحيرة، والخوف من كلام الناس، وتوقعات الأهل، والعادات السائدة، وغير ذلك (ربيع وآخرون، 1995).

* نظرية الصراع الثقافي CULTURAL CONFLICT:

يعد الصراع الثقافي من وجهة نظر علماء الاجتماع أحد أبعاد التفكك الاجتماعي ذات الصلة الوثيقة في تفسير السلوك الإجرامي، والصراع الثقافي يعني صداماً بين عناصر ثقافتين (عارف، 1990). ويقصد بالعناصر الثقافية القيم والعادات والتقاليد. ومن أشكال الصراع الثقافي، الصراع بين الطبقات الاجتماعية داخل المجتمع الواحد، والصراع بين قيم بعض الجماعات (كجماعات المهاجرين) وبين قيم المجتمع العام، والصراع بين قيم الأجيال المتعاقبة كما يحدث الصراع الثقافي أيضاً عندما يخضع الفرد لبعض القواعد التي تتعارض مع قواعد المجتمع العام (العيسوي، 1992: 73).

وتعتبر نظرية "والتر مللر" (W. MILLER) "الاهتمامات المحورية" (FOCAL CONCERNS) أنموذجاً للنظريات التي قدمت في إطار الصراع الثقافي، حيث تناول (مللر) تصوره في ثلاثة فروض: الأول وهو أن الطبقات الدنيا تتميز بقيم خاصة. والثاني أن هذه القيم تختلف اختلافاً واضحاً عن قيم الطبقة الوسطى التي توجد التشريعات. والثالث هو أن مسايرة بعض قيم الطبقة الدنيا ربما يؤدي آلياً إلى انتهاك القوانين، وارتكاب مختلف أشكال السلوك الإجرامي (ربيع وآخرون، 1995).

فالسلوك الإجرامي في نظر (مللر) هو مسايرة لنمط ثقافي سائد يتسق مع ثقافة الطبقة الدنيا عامة. وهناك طرائق عديدة لتحقيق القيم التي تحظى بها هذه الثقافة، منها ما يؤدي إلى الجريمة، ومنها ما لا يؤدي بالضرورة إلى الجريمة. والقيم التي يتجه نحوها السلوك الإجرامي مستمدة مباشرة من عملية التنشئة الاجتماعية في

إطار ثقافة الطبقة الدنيا، وهي لا تمثل بأي حال رد فعل ضد الأنماط الثقافية للطبقة الوسطى (ربيع وآخرون، 1995).

وهكذا فإن الأنشطة الإجرامية التي يقوم بها جماعة المراهقين الـذين ينتمـون إلى الطبقـة الدنيا تسعى إلى تحقيق أهدافهم، والتي تمثل قيم الثقافة التي ينتمون إليها مـن خـلال بعـض السلوكيات التي يعتبرونها أكثر مناسبة لتحقيق هذه الأهداف.

* نظرية الوسم الاجتماعي THE SOCIAL LABELING THEROY

حدد لمـرت (E. LEMERT) نظرية الوسـم الاجتماعي في صورتها الحديثـة، حيـث ذكـر فرضين أساسيين لنظريته اعترهما الأساس في الانحراف الاجتماعي هما:

1- يعتبر الانحراف ظاهرة نسبية غـير ثابتة تتحـدد في إطار الجماعـة التي تنشـأ فيهـا. فالجماعة تعتبر بعض أنواع السلوك خروجاً كبـيراً عـلى قواعـدها ومعاييرهـا، فيوسـم فاعلها بالخروج على قواعد الجماعة ومعاييرها. والانحراف لا يكون مـن خـلال نوعيـة الفعل الذي ارتكبه الفاعل، بل يظهر مـن خـلال النتائج التي أدى إليهـا، أو عـلى مـا يطلقه الآخرون من صفة على الفاعل يسمونه بوسمة الانحراف.

2- لا يتم الانحراف من خلال موقف واحد، بل نتيجة مجموعـة مـن المواقـف والظروف الاجتماعية. فالانحراف هو عملية اجتماعية تتم بين طرفين هما: ما يقوم به الشخص المجرم من فعل منحرف من جهة، واستجابة الآخرين نحو فعل المجـرم مـن جهـة أخرى. واستناداً إلى ذلك يمكن أن نلاحظ وجود نوعين من الانحراف: الأول- الانحراف الأولي أو السلوك الفعلي للمجرم. وهو الفعل الذي يقوم به المجرم مكرهـاً وهـو عـلى علم بانحرافه، ويشعر بغرابته وشذوذه في قرارة نفسه. أما النوع الثاني مـن الانحراف فهو الانحراف الثانوي أو استجابة المجتمع نحو السلوك الإجرامـي. وهـذا النـوع مـن الانحراف يقره الفرد المجرم، ويدرك ماهيته وخصائصه النفسية

والاجتماعية، ويدرك طبيعة الدور الذي يقوم به. وهذا الفعل يثبت من خلال تكراره عدة مرات، ومن خلال خبرة الفرد الذاتية، وإدراكه لردود فعل المجتمع نحوه. ولذلك يرى (لمرت) أن الأفراد المنحرفين غالباً ما يبررون انحرافهم الأول بأن ما قاموا به يعد تافهاً وأخطاء مؤقتة، وأنه جزء من دور اجتماعي مقبول حتى يسلط المجتمع أضواءه عليه، ويعتبره انحرافاً يوسم صاحبه بالانحراف. ويتحفظ أصحاب هذه النظرية على أسلوب تقديم المنحرفين إلى السجون، والإصلاحيات، والمؤسسات العلاجية، وغيرها، وذلك لاعتقادهم أن مثل هذه المؤسسات تعرقل عملية إصلاحهم، لأنها تسم هؤلاء الأفراد بالإجرام (ربيع وآخرون، 1995).

الباب الثالث

بعض أشكال الانحراف

الفصل السابع

جنوح الأحداث

- أهمية دراسة ظاهرة جنوح الأحداث

- مفهوم جنوح الأحداث

- أنماط الأحداث الجانحين

- أسباب جنوح الأحداث

1- الأسباب الاجتماعية

2- الأسباب المدرسية

3- جماعات الرفاق

4- الأسباب الاقتصادية

5- الأسباب النفسية

6- انخفاض مستوى الذكاء

7- الأسباب الجسمية

8- وسائل الإعلام

9- الوقاية والعلاج من جنوح الأحداث

الفصل السابع

جنوح الأحداث

أهمية دراسة ظاهرة جنوح الأحداث:

يعتبر الأحداث نواة المجتمع البشري، إذ أن المرحلة التي يمر بها الحدث مهمة جداً في بناء شخصيته وتحديد سلوكه المستقبلي. ولهذا فإن رعاية الأسرة لهؤلاء الأحداث أساس مهم لبناء المجتمع بشكل متوازن بعيداً عن الانحرافات والاضطرابات الاجتماعية، ويهيئ سبل الابتكار والتجديد والتمسك بالأخلاق الفاضلة. ففي المجتمعات القديمة كانت النظرة إلى الحدث الجانح على أنه مجرماً يستحق العقاب حتى لا يصاب المجتمع باختلال في توازنه. أما المجتمعات الحديثة فقد اعتبرت الأحداث الجانحين ضحية ظروف اجتماعية أدت بهم إلى الانحراف وسوء التوافق، وإلى وجود عوائق في عملية التطور الثقافي والحضاري. لذا فإن تهيئة الظروف الاجتماعية المناسبة، وتدعيمها بتنشئة اجتماعية سليمة، ضمان لتوجيه طاقاتهم نحو غايات اجتماعية صالحة.

ولهذا يشكل الأحداث الجانحون مشكلة قانونية وقضائية في المجتمع، تتمثل في ازدياد عدد جرائم الأحداث، الأمر الذي يعكس سوء التنظيم الاقتصادي والاجتماعي، وتفكك بناء الأسرة المادي والمعنوي، وانحلال في القيم الدينية والأخلاقية، بالإضافة إلى أن ذلك يحتاج إلى مزيد من الإجراءات البوليسية والقضائية لمواجهة هذه المشكلة (الشرقاوي، 1986).

وتتضح أهمية مشكلة جنوح الأحداث وخطورتها من تعدد الأبعاد والجوانب المرتبطة بها، حيث تختلف أشكال السلوك التي يقوم بها الجانح ويكون لها أثر في سوء توافقه مع نفسه ومع الآخرين، كما تنعكس آثارها على مظاهر الحياة الاجتماعية والاقتصادية والخلقية والقضائية في المجتمع الذي يعيش فيه.

كما تتمثل أهمية دراسة ظاهرة جنوح الأحداث في كـون الأحـداث الجـانحين أكـثر تقبـلاً للإصلاح من الكبار، فهم كالعود اللين الـذي يمكـن توجيهـه بـأي اتجـاه قبـل أن ينمـو ويصـلب عوده. فحسن اختيار وتطبيق البـرامج العلاجيـة المناسبة لكـل مجموعـة مـن الجـانحين كفيـل بتقويم سلوكهم الانحـرافي، وإرسـاء القـيم الفاضلة في نفوسهم وإعادتهم إلى حظيرة المجتمع كأعضاء نافعين وكطاقة بشرية لا غنى عنها (الخيرو، 1978،- 1979: 195).

فضلاً عن ذلك فإن الأهميـة الكبـيرة لدراسـة ظاهـرة جنوح الأحداث تكمـن في أن هـذه الظاهرة تشكل المعين الذي يرفد ظاهرة الجريمة بمزيد من المجرمين، وعلى الأخص العتاة مـنهم. وتؤكد العديد من الدراسات والبيانات الإحصائية على أن معظم المجرمين كانوا قد بدأوا حياتهم الإجرامية في مرحلة الحداثة. وفي هذا السياق أشارت إحدى الإحصائيات الجنائية إلى أن (84%) من نزلاء إصلاحية الرجال في مصر، ارتكبوا أولى جرائمهم قبل سن العشرين، علماً بأن نزلاء هـذه المؤسسة قبل إلغائها في عام 1956 من معتادي الإجرام الميئوس منهم (مرجع سابق: 66).

مفهوم جنوح الأحداث:

ينظر علماء النفس إلى جنوح الأحداث على أنه سلوك يعتبر عرضاً يدل على عـدم التوافق، وأنه سلوك وظيفي يقوم على إشباع حاجات الجانح.

أما علماء الاجتماع فيرون أن الانحراف ينشأ عن البيئة دون أي تدخل للعمليـات النفسـية المعقدة التي تلعب دورها على مسرح اللاشعور. وهـم يصفون الأحداث الجـانحين عـلى أنهـم ضحايا ظـروف خاصـة اتسـمت بعـدم الاطمئنـان والاضـطراب الاجتماعـي لأسباب متعلقـة بالانخفاض الكبير لمستوى المعيشة (حسن، 1970).

فجنوح الأحداث "موقف اجتماعي يخضع فيه صغير السـن لعامـل أو أكـثر مـن العوامـل ذات القوة السببية، مما يؤدي به إلى السلوك غير المتوافق أو يحتمل أن يؤدي

إليه" (العصرة، 1972). وهذا يعني أن السلوك المنحرف تتدخل في تكوينه عدة عوامل، وليس نتيجة عامل واحد.

أما تابان (Tappann, 1959) فيعرف الانحراف من الناحية القانونية بأنه "أي فعل أو سلوك أو موقف يمكن أن يعرض على المحكمة، ويصدر فيه حكم قضائي استناداً إلى تشريع معين". كما يرى بورت (Burt, 1955) أن تعبير الجنوح ينطلق من الأفعال التي يرتكبها الأحداث في حدود سن معينة والتي تعتبر جرائم إذا ما ارتكبت بوساطة البالغين.

أما الحدث الجانح "فهو الذي تظهر لديه ميول ورغبات مضادة للمجتمع بشكل خطيرة بحيث يصبح عرضة للملاحقة والإجراءات الرسمية". فالأحداث الجانحون فئة من المواطنين ضلت الطريق بسبب ما تعانيه من اختلالات سلوكية وبيئية. لذا فإن الواجب يحتم دراسة حالتها وتقديم كل ما من شأنه المساعدة على معالجة تلك الاختلالات بما يؤدي إلى إعادة تكيفها الاجتماعي وممارسة دورها الصحيح في المجتمع (الخيرو، 1990).

أما في الولايات المتحدة الأمريكية فيأخذ جنوح الأحداث معنى أوسع، ففي ولاية (نيويورك) مثلاً يعرف الحدث الجانح بأنه من بلغ سن السابعة ولم يبلغ سن السادسة عشرة من عمره، والذي يخالف قانون الولايات المتحدة أو قانون ولاية نيويورك. وقد رفعت بعض الولايات سن المسؤولية الجنائية إلى السابعة عشرة (فلوريدا) ميتشغن، ماساشوستش). كما حددت أغلب الولايات المتحدة الأمريكية سن الرشد الجنائي ببلوغ الثامنة عشرة، ويصل في بعض الولايات إلى التاسعة عشرة وإلى الحادية والعشرين.

ولقد أثير الخلاف حول تحديد سن المسؤولية الجنائية وسن التمييز، وتعددت وجهات النظر في ذلك. ولكن معظم التشريعات العربية حددت سن التمييز ببلوغ الحدث سن السابعة من عمره، ويكون الحدث قبل هذا السن غير مسئول لأنه غير قادر على فهم العمل الجنائي وإدراك عواقبه. أما الحد الأقصى لسن الحداثة أو سن

المسؤولية الجنائية فقد أوصت حلقات الدراسة الاجتماعية الأوروبية (باريس، 1949) بالنسبة للبلدان أوروبا، وحلقات دراسات (القاهرة 1953) بالنسبة لبلدان الشرق الأوسط، أن يكون هذا السن (الثامنة عشرة) باعتبار أن هذا السن يمكن الفرد من التفكير الصحيح في تبعات أعماله. وتتفق معظم تشريعات دول العالم (ألمانيا الاتحادية- بلجيكا- هولندا- الدانمارك...) مع وجهة النظر هذه، إذ تعتبر أن سن المسؤولية الجنائية الكاملة يبدأ ببلوغ الحدث الثامنة عشر، بحيث يصبح عرضة للعقوبات التي توقع على البالغ (وجعفر، 1990: 1211).

ولكن هناك آراء ترى ضرورة توسيع نطاق مضمون جنوح الأحداث ليشمل الأحداث الذين يرتكبون جرائم يعاقب عليها قانون العقوبات والأحداث المعرضين للانحراف والذين يحتاجون إلى اتخاذ تدابير لحمايتهم من الانحراف، ومساعدتهم اجتماعياً. وهذا ما ظهر في حلقة دراسات الشرق الأوسط لمنع الجريمة، ومعاملة المنبوذين المنعقدة في القاهرة (1953)، حيث رأت الحلقة: أنه يعتبر حدثاً جانحاً ليس فقط من يرتكب جريمة، ولكن كذلك الحدث المحروم من الرعاية الكافية، أو الذي يحتاج إلى الحماية والتقويم، ومن ثم يجب عدم التفريق بين الأحداث الجانحين والأحداث المشردين والأحداث الذين تستدعي ظروفهم أو سلوكهم تطبيق الوسائل الوقائية والإصلاحية عليهم (جعفر، 1990).

كما أيد هذا الاتجاه توصيات المؤتمر الأول للأمم المتحدة لمنع الجريمة ومعاملة المذنبين، المنعقد في جنيف (1955)، حيث نص على ضرورة تطبيق أساليب الوقاية من الجناح على الأحداث الذين يرتكبون أفعالاً تعتبر جرائم، طبقاً لقانون دولتهم، وكذلك الأحداث الذين يتعرضون بسبب ظروفهم الاجتماعية، أو بسبب خلقهم إلى ارتكاب هذه الأفعال، والأحداث الذين يكونون في حاجة إلى رعاية وحماية (عويس، 1969).

ولكن المفهوم الواسع لجنوح الأحداث لم تأخذ به المؤتمرات الدولية اللاحقة، إذ توصي الحلقة الدراسية للدول العربية لمنع الجريمة ومعاملة المنبوذين المنعقدة في

(كوبنهاجن، 1955) بأن إجرام الأحداث يجب أن يفهم بمعنى ارتكابهم لأفعال تعتبر جرائم وفقاً لقانون العقوبات.

وعلى هذا الأساس يعرف الجنزوري (1977) جناح الأحداث على أنه "كل فعل يرتكبه صغير السن ويقع تحت طائلة قانون العقوبات. فيخرج من ذلك أفعال التشرد وغيرها من الأفعال التي تكشف عن تعرض الصغير للانحراف، وحاجته الماسة إلى نوع من التدابير الاجتماعية التي تحميه من الانحراف.

أما ربيع وآخرون (1955) فيعرفون الحدث الجانح بأنه "الصغير الذي أتم السن التي حددها القانون للتمييز، ولم يتجاوز السن التي حددها لبلوغ الرشد، ويقدم على ارتكاب فعل يعتبره القانون جريمة كالسرقة، أو القتل أو الإيذاء، أو الاغتصاب، أو أي فعل يعاقب عليه القانون لمساسه بسلامة المجتمع، مما يعتبر انحرافاً، أو بعبارة أدق انحرافاً جنائياً".

وبناء على ما سبق يعرف المؤلف جنوح الأحداث بأنه "ذلك الفعل الذي يرتكبه شخص صغير السن ما بين سن التمييز وسن الرشد، ويعاقب على فعله قانون العقوبات نتيجة ما يؤدي إليه من أضرار تمس سلامة الفرد أو المجتمع، بحيث يمكن اعتباره انحرافاً اجتماعياً".

فالحدث الجانح كونه لم يصل إلى سن يؤهله التمييز الدقيق بين الأفعال وما يترتب على ارتكابها من عقوبات فقد خفف قانون العقوبات الجنائية العقوبة على الحدث الجانح نتيجة صغر سنه، وأمر بإصلاحه حتى لا تتفاقم أعماله المخلة بالقانون ويصبح بعد ذلك مجرماً يلحق الضرر بنفسه وبالمجتمع من حوله.

أنماط الأحداث الجانحين:

يقسم العلماء الأحداث الجانحين إلى عدة أنماط يتمايز كل منها عن الآخر بعدة خصائص. فقد ذكر جنكنز وهيوايت (Jenkins & Hewith, 1946) نمطين أساسيين للأحداث الجانحين هما:

1- جانح العصابة:

يسمى هذا النوع من الأحداث "بالجانح المطبع اجتماعياً" ومثل هذا النوع من الأحداث يفضل القيام بنشاطه المنحرف ضمن جماعة من الجانحين مثله، إذ أنه لا يحتمل الوحدة، وهو على استعداد للقيام بأي عمل من أجل الجماعة التي ينتمي إليها، إذ أن معايير جماعته أهم عنده من أي معايير أخرى. ولذلك يعتبر هذا النوع من الجنوح أصعب حالات الجنوح لحاجة الجانح الدائمة إلى الجماعة المنحرفة التي يصعب عزله منها. وهناك عدة معايير لتحديد هذا النوع من الأحداث أهمها:

- يكونون صداقات مع أمثالهم من الجانحين ممن لهم احتكاك برجال الأمن.

- يقومون بنشاطهم المنحرف مع جماعة من أمثالهم.

- يكون لهم صلات بعصابات الجانحين.

- يقومون بدور إيجابي نشط في الجماعة المنحرفة.

- ينفذون جرائمهم مع الجماعة المنحرفة وخاصة جرائم السرقة.

- يتشبهون بأعضاء جماعة المنحرفين التي ينتمون إليها، سواء في الملبس أو في طريقة الحديث.

- يترددون على أماكن اللهو.

وللعلم فإن معظم هذه المعايير مستمدة من الثقافة الغربية، وقد ينطبق بعضها على ثقافتنا العربية.

2- الجانح العدواني اللااجتماعي:

يشبه هذا النمط السابق (جانح العصابة)، كونه يتسم بالعدوان نتيجة مشاعر الكراهية التي يحملها. وأهم المعايير التي تتخذ لتحديد هذا النمط ما يلي:

- العزلة عن الأصدقاء

- القيام بنشاطه منفرداً

- صعوبة الانتماء لأي جماعة

- العجز عن تكوين أصدقاء حميمين

- يتصف بالخجل والانسحاب

- غير محبوب من قبل أصدقائه

- لا يتصف بصفات القيادة بين زملائه

- يتسم بعدم النشاط

وقد أضاف واتنبرج (1961) إلى هذين النمطين ثلاثة أنماط أخرى هي:

3- الجانح العرضي:

وهذا النوع من الجانحين يسلك سلوكاً منحرفاً، مما يؤدي إلى القبض عليه لارتكابه أعمالاً يخالف عليها القانون بسبب عدم تقديره للموقف، أو نتيجة لمشاكل اعترضت طريق نموه السوي. فالجانح من هذا النوع يكون عادة سوياً في تكوينه النفسي، ولكنه لا يستطيع تقدير خطورة ما يقوم به من سلوك منحرف، فهو يقوم بسلوكه إما بدافع التقليد، أو لاعتقاده أن ما يقوم به يدل على الرجولة ويلقى قبولاً لدى الآخرين. فالسلوك الذي يقوم به الجانح العرضي يكون خطيراً من حيث نتائجه وليس من حيث مقصده. ومثال ذلك ما قام به أحد الصبية عندما كانوا يلعبون بالثلج المتساقط، حيث كانوا يكورونها ويضربون بها بعض السيارات المارة، فانزعج أحد السائقين وفقد سيطرته على سيارته مما تسبب في اصطدام أربع سيارات، ونقل على أثر ذلك الحادث العديد من الركاب إلى المستشفى، وقد قبض على الصبيان وأخبر الآباء بذلك. فهؤلاء الصبيان لم يتوقعوا حدوث مثل هذا الحادث، فقد كان قصدهم اللعب وليس الجريمة، بالرغم من أن هؤلاء الصبية لن يكرروا ذلك ثانية.

4- الجانح العصابي:

يعد الجنوح من هذا النوع نتيجة صراع يعبر عنه الجانح بسلوك منحرف، والجانحون من هذا النوع ينتمي معظمهم إلى الطبقات المتميزة اجتماعياً، وهذا يعني أن انحرافهم لا يعزى إلى بعض الأسباب الاجتماعية كالفقر، أو الصحبة السيئة... الخ. فالجنوح من هذا النوع يعود غالباً إلى أسباب نفسية لا شعورية. ومثال ذلك أن الولد الذي يكون حسن السمعة والسلوك ويقوم بسرقة، ويقبض عليه، ويعترف بما قام به، فإن ذلك يؤدي إلى دهشة الوالدين لهذا العمل. وتفسير ذلك أن هذا الولد قد قام بالسرقة مهيئاً الظروف للقبض عليه، وكأن العقوبة ترفع عن كاهله عبئاً ليعود إلى السلوك السوي الذي اشتهر به.

5- النمط المختلط:

تتداخل في تكوين السلوك الجانح عدة عوامل، وتتفاعل فيما بينها، بشكل يصعب معه عزل تلك العوامل عن بعضها البعض. فالواقع يظهر لنا أن غالبية الأفراد تنطبق عليهم صفات أكثر من نمط من أنماط الجنوح. فقد يوجد بين الأحداث من جانحي العصابة من يتصف سلوكه بالعدوان، وقد يكون من بين هذا النوع من يتصف بالانسحاب الاجتماعي. ولهذا فإن تقسم الأفراد الجانحين إلى أنماط ليس إلا تقسيماً مصطنعاً لا يقصد منه سوى سهولة الدراسة، واستناداً إلى الصفات الغالبة فيه.

أسباب جنوح الأحداث:

اختلفت وجهات النظر التي تفسر السلوك الجانح، ولكن العلماء يتفقون على أن بعض العوامل تتصل بشكل مباشر أو غير مباشر بأسباب جنوح الأحداث، سواء اعتبرنا هذا الجنوح ظاهرة متأتية من المجتمع، أو متأتية عن طريق شخصياتهم الفردية. ولهذا يمكن تلخيص أهم هذه الأسباب بما يلي:

1- الأسباب الاجتماعية:

إن هذا الاتجاه في تفسير السلوك الجانح يرى أن هذا السلوك يعود إلى ظروف اجتماعية محيطة بالجانح. فالجنوح يعود بشكل مباشر أو غير مباشر إلى البيئة الاجتماعية التي تهيئ المناخ المناسب للجريمة، فالفرد لا يعيش منعزلاً عن تأثيرات البيئة المحيطة به، إذ أن هذه البيئة بتأثيراتها وضغوطها المختلفة التي تمارسه على الحدث تؤدي إلى الجنوح. وأهم الأسباب الاجتماعية الكامنة وراء جنوح الأحداث ما يلي:

آ- التصدع الأسري:

إن العلاقات المتداعية بين الوالدين، أو بين الوالدين والأبناء من شأنها أن تؤدي إلى الكراهية بين أعضاء الأسرة، وكذلك إلى عدم اكتراث كل عضو من أعضاء الأسرة بالآخر، كما تؤدي إلى البلادة العاطفية. كما تتميز علاقة الوالد بأبنائه بالقسوة، أو الإهمال، أو التذبذب في المعاملة، والميل إلى السخرية من أبنائه وتحقيرهم، ولا يتسم بالدفء العاطفي كما يكثر غيابه عن المنزل. ولهذا تصبح علاقة المراهق بأبيه ضعيفة، ويعتبره المراهق نموذجاً غير صالح للاقتداء به. كما أن أمهات الجانحين يتسمن بأنهن مهملات ويتصفن بالعدائية لأبنائهن، وعدم اكتراثهن، ولا يتحملن المسؤولية. كما أن حالات الطلاق والهجران بين الوالدين من شأنها أن تؤدي إلى تداعي العلاقات داخل الأسرة، ويعجزون عن تزويد أبنائهم بقواعد اجتماعية مناسبة، مما يدفعهم تدريجياً نحو الجنوح، لأن الرقابة الأسرية على الأبناء تكون ضعيفة. فقد دلت دراسات هيلي وبرونر (Healy & Bronner. 1936) أن المراهق الجانح لم ينل القسط الكافي من الإشباع في علاقاته الأسرية بالمقارنة مع المراهقين غير الجانحين والذين يعيشون حياة أسرية مشبعة بالحب والتواد.. فقد تبين من إحصاء قام به أحد الباحثين في ألمانيا الاتحادية على (144) من المجرمين الأحداث أنهم جميعاً ينتمون إلى أسر مفككة. كما أجرى بحث آخر على (2000)

من الأحداث المجرمين، تبين من خلاله أن 26% ينتمون إلى أسر انفصل فيها الأبوان (. Reckless. 1955). كما يذكر هوبر (Heuer) من خلال دراسته التي أجراها في مدينة باريس عام (1942) أن 88% من الأحداث المنحرفين كانت أسرهم مفككة. وفي مصر تبين من خلال دراسة (800) أسرة مصرية بها أحداث جانحون بالمقارنة مع (800) أسرة أخرى ليس بها أحداث جانحون، أن (67,4%) من الأحداث الجانحين ينتمون إلى أسر متصدعة، في حين أن (33,5%) من غير الجانحين أصاب التصدع أسرهم (والساعاتي، 1951).

وفي دراسة أخرى على (300) حدث من المشردين والمجرمين، اتضح أن نسبة الإجرام والتشرد التي تعود إلى تفكك الأسرة بلغت (75%) (القوصي، 1975).

كما بينت نتائج دراسة أجريت حول "انحراف الأحداث في الوطن العربي أن (49%) من الأحداث المنحرفين الذين مارسوا فعلاً منحرفاً، وقدموا لمحاكم الأحداث وأصدرت بحقهم أحكاماً، كانوا يعيشون في أسر متصدعة. وقد اتضح أن (27%) من هؤلاء تصدعت أسرهم لأسباب وظروف قهرية خارجة عن نطاق الأبوين، وتمثلت بوفاة أحد الوالدين أو كليهما، و (25.6%) كانوا ينتمون لأسر تصدعت بسبب الطلاق، و (23.6%) ينحدرون من أسر غاب فيها أحد الوالدين، و (23.6%) أيضاً تصدعت أسرهم لأسباب أخرى متعددة ومتنوعة (حسون، 1993).

كما أسفرت نتائج الدراسة التي قام بها مرسي (1995: 149)، إلى أن الانفصال الجزئي، والانفصال التام بسبب السفر والطلاق أو الوفاة أو غيرها، لا يشكلان أهمية في تقرير احتراف السلوك الجانح، فمعظم الجانحين (90.24%) يقيمون مع أسرهم الصغيرة (النووية) بشكل مستمر، وتمثل حالات الوفاة بين الآباء (17.8%) والأمهات (6.1%)، وتبدو آثار الشقاق الاجتماعي، والتي تظهر على شكل خلافات في الرأي وكثرة المشاحنات واستمرارها، أشد قوة وأكبر أثراً،

بل يمتد ذلك الأثر لكي يصبح سبباً في الانفصال بين الأبوين، وهنا تكمن الخطورة على حد قول الباحث.

كما تبين أن نشوب المعارك اللفظية ذات اللهجة الحادة المكشوفة، والعبارات الفجة، والتشابك بالأيدي، والاعتداء البدني، من مظاهر الشقاق الأكثر انتشاراً بين أسر الجانحين. فهي تنتشر بنسبة (40.24%) (ن= 33)، ويتكرر التشابك بالأيدي بنسبة (42%)، يتلوه السباب بنسبة (30%)، ثم تبادل الاتهامات بنسبة (28%). وهذا يعني أن ما يقرب من ربع عدد الحالات (33.18%) تعرضت لأشكال التصدع بمعناه المادي، ولكن التحليل الكيفي أظهر أن ذلك التصدع لم يؤثر على وظائف الأسر حيال الأبناء كثيراً، ولا يعتبر عاملاً ذا شأن في احتراف الأبناء للسلوك الجانح، بالمقارنة مع الأثر المعنوي لمختلف صور الشقاق الاجتماعي.

إن هذا النسب عن انحراف الأحداث توضح بجلاء أن انهيار الروابط والعلاقات الأسرية قد خلقت أوضاعاً سيئة عانى منها الأطفال والمراهقين كثيراً، فقد فقدوا الأمن والاستقرار والاطمئنان والتوازن العاطفي والنفسي، إلى جانب حرمانهم إما من أب قدوة يهيئ لهم الموارد الضرورية لتنشئتهم وتعليمهم، ويغذي شخصياتهم بالقيم والمعايير والقوانين التي تعينهم على العيش في المجتمع، أو من أم ترضعهم أسس المحبة والعطف والحنان، وبكل الأحوال يحرم الأطفال من تربية متزنة، وتنشئة اجتماعية سليمة تعدهم لأن يمارسوا حياتهم بشكل طبيعي (حسون، 1993: 65.66).

ولكن يجب أن نؤكد له ليس بالضرورة أن يكون كل أطفال الأسر المتصدعة منحرفين، فأثناء تتبع عدد من البارزين في العالم عبر التاريخ تبين أنهم إما يتامى أو شبه يتامى، وعاشوا في كنف أحد الوالدين. وقد يعود هذا التفوق إما إلى التعويض، أو إلى الشعور بالحرمان (مصطفى، 1986).

وعلى هذا فإن الأسرة تعتبر مسئولة، من خلال كونها قدوة ونموذجاً يحتذى بـه في إكسـاب الطفل أنماط السلوك الاجتماعي، كما أنها مسئولة عن كثير من مظاهر التوافق أو سوء التوافـق لديه. إذ من خلال الاحتكاك المستمر بالوالدين يتعلم الطفل معايير الجماعة وقيمها وقوانينها، كما يتعلم التعاون والأخذ والعطاء مع الآخرين، ومواجهة المواقف والأحداث المتنوعة. كما أن عدم ملائمة البيئة الاجتماعية، يلقي عبئاً ثقيلاً على المجتمع الكبير، والتفسخ في المجتمع يعني أن هناك حالة نفسخ داخل الأسرة.

فضلاً عن ذلك لا يهتم آباء الأولاد الجانحين بدراسة أبنائهم ومستقبلهم، كما أنهم يعانون من سوء التوافق الشخصي والاجتماعي، ويعتبرون نماذج سيئة لأبنائهم.

ب- طريقة معاملة الوالدين للأبناء:

تتغذى شخصية الأبناء من مرجعية سلطة الآباء، ومن السلطة العاطفة للأمهات. ولذلك فإن سوء المرجعية، وسوء التغذية العاطفية يؤديان إلى وهن في شخصية الطفل، ويكون بالتالي معرضاً ومهيأ للانحراف. فلقد أوضحت الدراسات في علم النفس وعلم الاجتماع، وعلم الجريمة، أهمية الطريقة التي يتعامل بها الوالدان مع أبنائهم، ودور هذه الطريقة في بناء شخصية الأبناء، ورسم ملامح صحتهم النفسية والعقلية والاجتماعية، فقد تبين أن الإسفاف العاطفي في التعامل مع الأبناء سلباً أو إيجاباً يؤدي إلى إخفاق عملية تكيفهم مع الواقع المعاشي. إذ أن الحرمان العاطفي والانفعالي يؤدي إلى تعطيل عملية التوافق عند الأبناء، لأنه يحبطهم ويتركهم عرضة لمشاعر الغبن والخوف والتظلم، ويتركهم في مجتمع يحقدون عليه ويرون فيه سبباً لتعاستهم. كما أن العطف الزائد والتدليل المفرط يؤدي أيضاً إلى تعطيل التوافق عند الأبناء، إذ يربكهم ويمنعهم من الفطام

والانفصال عن الأهل، وتكوين الشخصية السليمة القادرة على تحمل إرجاء الحاجة لحين إشباعها.

فضلاً عن ذلك فإن استعمال القسوة والعنف مع الأبناء يشعرهم بأنهم منبوذون وغير مرغوب فيهم، ويخلق لديهم شعوراً بالحرمان، ويفقدهم الإحساس بقيمتهم الشخصية، ويضعف ثقتهم بأنفسهم. وهذا ما يدفعهم إلى حالات التطرف والعصيان واللامبالاة والكذب والسرقة وإيذاء الآخرين، وقد تتفاقم هذه الأخطاء مع تقدم السن فتدفع بهم إلى التطرف في العدوان والإجرام، أو قد تخلق لديهم شخصيات منطوية تلوك أحزانها وتتناهشها مشاعر الظلم والتعاسة والخوف (حسون، 1993).

كما أن المعاملة التي تتسم بالإفراط في التسامح مع الأبناء تجاه سلوكيات يقومون بها، لا تقل خطورة عن المعاملة التي تتسم بالإهمال والقسوة. إذ تؤدي مثل هذه المعاملة إلى تكوين مواقف اجتماعية خاطئة عند الأبناء، وتفرز مع الزمن أفراداً تتسم شخصياتهم بالأنانية المفرطة والمتعطشة لإرواء نزواتهم وملذاتهم أياً كانت الوسيلة. وهذا يعني أن الأهل قد ساهموا في أن يصبح سلوك أبنائهم محابياً للممارسات الانحرافية لاحقاً، إذا ما توافرت لهم الظروف المناسبة. فالانحراف عند الأحداث هو بشكل أو بآخر من صنع البالغين.

فضلاً عن ذلك فإن التذبذب في المعاملة بين استخدام القسوة واللين في التعامل مع الأبناء، حينما يستخدم أحد الوالدين أو كلاهما أكثر من أسلوب في الموقف الواحد أو التناقض في المعاملة بين أسلوب الوالد والوالدة عندما يلجأ أحدهم إلى استخدام أسلوب اللين، بينما يستخدم الآخر أسلوب القسوة. كل ذلك يحول دون خلق القوى الضابطة الداخلية عند الأبناء، الأمر الذي يؤدي إلى جهلهم بنتيجة ما يتوقعونه من الأهل أو من الآخرين حين يمارسون فعلاً منحرفاً (الرفاعي، 1992: 139). ويفقدهم فرصة اتباع نموذج محدد يسيرون على منواله.

جـ- التقليد:

قد ينشأ بعض الجانحين في أوساط اجتماعية تبجل السلوك الإجرامي وتعتبره أسلوباً سوياً ومناسباً للحياة. فالسلوك الجانح يتعلمه الحدث من الآخرين الذين يعيش معهم، والذين يدعمون كافة أشكال السلوك المضاد للمجتمع.

فالحدث يتأثر بجو الأسرة وبتقاليدها وعاداتها وسلوكها، ويتأثر بمن هم أكبر منه سناً (الآباء والأخوة)، فالأسرة الفاسدة تعتبر تربة صالحة لنمو الميل إلى الجنوح عند الأحداث. فالأبناء يقلدون والديهم عندما يكون هذان الوالدان ممن يشجعون الإجرام.

كما أن الآباء المنحرفين يهيئون للأبناء مناخاً مليئاً بالشقاق والعصبية ويعوزه الأمن والإشباع العاطفي. فالحدث يكون في مرحلة الطفولة المبكرة شديد التأثر بأسرته بشكل خاص، وهو لذلك يكون سهل الاستثارة، شديد الحساسية، وشديد القابلية للاستهواء، عنيف الانفعال، قليل الخبرة ضعيف الإرادة. فقد ذكر جلوك وجلوك (Glueck & Glueck, 1970)، أن (44%) من المراهقين الجانحين ينتمون إلى آباء مضطربين، كما يذكر (Schaefer, 1965) أن آباء الجانحين أكثر ميلاً إلى إعطاء أبنائهم قدراً أكبر من الاستقلال الشخصي وإحاطتهم بنظام تسيبي تمثل الليونة، والإهمال أبرز ملامحه، كما أنهم أقل إيجابية نحو أبنائهم.

وهناك ثمة ما يشير إلى وجود علاقة بين النماذج السلوكية لدى الآباء وتوافر فرص الجناح بين الأبناء وبخاصة في مرحلة المراهقة حيث تتشكل القيم والمعايير الاجتماعية. وهذا يدل على استمرار السجل الجنائي للأب أو الأم أو كليهما لما بعد ميلاد الابن، وتأثر الابن بالسلوك الإجرامي لأبويه.

وفي دراسة أجراها مرسي (1995: 156)، بحث فيها انتشار السلوك الإجرامي داخل أسر الجانحين (بين الأبوين والأخوة)، تبين أن نسبة الاتهامات الموجهة للآباء بلغت (7.32%) ومعظم الاتهامات ضد الأب (83.33%)

وصدرت بشأنها جميعاً أحكام بالإدانة من نوع الحبس (80%)، كما تعرض عدد من أخوة الحدث الذكور لاتهامات في جنح وجنايات بلغت نسبتهم (9.76%)، وصدرت ضد (50%) منهم أحكام بالإدانة، وعقوبات بالغرامة المالية على (37.5%)، ولا توجد انحرافات بين الأخوات.

2- الأسباب المدرسية:

تعد المدرسة البيئة الثانية للطفل، حيث يقضي فيها جزءاً كبيراً من سني حياته. ولا يقتصرـ دور المدرسة في الوقت الحاضر على الجانب التعليمي فحسب، بل يتعدى ذلك إلى الجانب التهذيبي، وتعليم التلاميذ القيم الأخلاقية والإنسانية، وكيفية التوافق مع الآخرين، كما تعمل على تهيئة المناخ المناسب لهم حسب قدراتهم العقلية وميولهم ورغباتهم، فإن أخفقت في تحقيق هذه الغايات أدى ذلك بالتلاميذ إلى ارتكاب السلوك الجانح.

فالتلميذ قد يواجه الإخفاق الدراسي في المدرسة نتيجة قصور عقلي أو جسمي، أو نتيجة توبيخ المعلم، أو سخرية الزملاء، مما يكون له أثر بالغ في سلوكه، وقد يدفعه ذلك إلى الهروب من المدرسة أو إلى الخداع أو السرقة، أو القيام بسلوك مضاد للمجتمع نتيجة الشعور بالنقص والقصور عن بقية الزملاء، ومحاولة الانتحار بعض الأحيان (Burt, 1955).

ويذكر عويس (1969: 38) أن (62%) من الشباب الجانح سبق له الرسوب أكثر من مرة في المدرسة، وبتحقيق معهد (Vaucresson) في فرنسا، أفادت الدراسة التي أجريت على النزلاء في السجن أن (22،6%) كانوا غير منتظمين في الدراسة، وأن (42.2%) كانت نتائجهم الدراسية الإخفاق (جعفر، 1990: 73).

كما وجد هيلي وبرونر (Healy & Bronner, 1975) من خلال أبحاثهم أن من بين كل عشرة أحداث منحرفين موضوع الدراسة هناك أربعة منهم أظهروا كرهاً للمدرسة. والإخفاق في الدراسة ينعكس على حالة الحدث النفسية، حيث

يعيش في حالة من القلق والتوتر، ويدفعه إلى القيام بالعدوان على الآخرين، بقصد التعويض عما فاته في حياته المدرسية.

كما أن الإخفاق في الدراسة قد يؤدي بالحدث إلى ترك المدرسة في مرحلة مبكرة لم تتشكل لديه بعد القدرة على مواجهة الحياة ومشاكلها، وهذا ما يعرضه للجنوح بسبب عدم اكتمال نضجه العاطفي والاجتماعي.

وقد أظهرت نتائج دراسة مرسي (1995: 163، 164) على الأحداث الجانحين في مصر ـ (مدينة الاسكندرية) أن معظم الجانحين (موضوع الدراسة) قد مارسوا أكثر من نشاط جانح بالمدرسة بل وتحول بعضهم إلى جانحين محترفين في مرحلة التعليم الابتدائي. كما أظهرت الدراسة أيضاً انخفاضاً في مستوى تعليم الأبناء الجانحين بالمقارنة بمستوى تعليم آبائهم، وهذا يعود حسب رأي الباحث إلى التسرب الدراسي واللامبالاة من جانب الوالدين بالعملية التعليمية، وعلى الضغوط الاقتصادية والاجتماعية التي دفعت الآباء لإلحاق أبنائهم بالورش الصغيرة والحرف والأعمال سريعة العائد، وهذا ما عجل بظهور ميولهم الانحرافية، حيث تجاوزت ساعات العمل ثمان ساعات (49 و 34%) من الحالات، مما شكل عليهم ضغوطاً تتعدى قدراتهم البدنية والعقلية والنفسية، فضلاً عن قساوة أرباب الحرف واستخدامهم معهم أساليب غير ملائمة.

كما يلجأ الأحداث في بعض الأحيان إلى تكوين عصابات داخل المدرسة، مما يشجعهم على مخالفة القانون، ويكون ذلك على شكل هروب من المدرسة، أو غياب متكرر عنها، أو مخالفة لنظامها.. الخ.

من جانب آخر فإن النظام الصارم داخل المدرسة قد يكون وراء جنوح الأحداث فمن المعروف أنه لكي تستطيع المدرسة القيام بدورها التربوي، لابد من فرض حد أدنى من النظام الذي يهيئ لها النجاح في المدرسة، ولكن إذا ما تجاوزت الحدود في أسلوب فرض النظام، أدى ذلك إلى نفور التلاميذ من الدراسة والهروب

من المدرسة، أو تركها نهائياً، ويلجأ إلى ممارسة بعض الأعمال غير الاجتماعية لإثبات ذاته، والتعويض عن قصوره (جعفر، 1990).

وتذكر صوفيا روبسون (Robison, 1960) أنه في داخل المدرسة يجب إيجاد التوازن بين الحرية المعطاة وبين النظام الذي يمنع الجريمة والانحراف. فالأساس في البيئة المدرسية هو إيجاد أساس يرتكز على سياسة غير مبنية على أسس ضاغطة، وإنما على أساس من التوجيه والإرشاد النفسي، ومراعاة لمصالح التلاميذ، وفهم لدوافعهم المختلفة، والعمل على إشباعها.

3- جماعات الرفاق   :Peer Groups

إن أكثر الأوساط الاجتماعية تأثيراً في سلوك الفرد هي جماعات الرفاق، حيث تتباين هذه الجماعات في تكوينها وخصائصها ووظائفها داخل المجتمع. وقد دلت البحوث أن طول مدى اختلاط الفرد بالرفاق يعني قصرـ أمد التفاعل الاجتماعي داخل جماعة الأسرة. كما أن دور الرفاق من الجانحين القدامى يتفوق في تأثره على القادمين على كل العوامل المجتمعية الأخرى، إذ أن انتقال الصبية إلى مرحلة الاحتراف، والانتظام ضمن التشكيلات الإجرامية، مروراً بمرحلة التلمذة والتدريب، والاتصال بكبار المجرمين، إنما جاء عن طريق الرفاق. بل إن تلك الجماعة دخلت في منافسة قوية مع الأسرة، خاصة بعد أن نجحت في تحقيق الانتماء لها من جانب الأحداث الصغار.

وقد أظهرت نتائج الدراسة التي قام بها مرسي (1995، 159) على الأحداث الجانحين، أن معظم المحترفين للجناح، ارتكبوا الأفعال تحت تأثير رفاقهم من الجانحين القدامى (86،56%). وهذا يدل على مدى جاذبية الجانحين والمجرمين الكبار وشدة تأثيرهم على الصغار، بحكم الخبرة والقدرة على تلقين الفنون الإجرامية، كما أنهم يشكلون وسط مرور لتسهيل المناشط الإجرامية لدى القادمين

الجدد، إنهم وسط اتصال وتأثير قوي في سلوك الصغار والجانحين منهم خاصة ويفوق تأثيرهم تأثير الأسرة.

4- الأسباب الاقتصادية:

يكثر الجنوح عند الأفراد بسبب انتمائهم إلى بيئات فقيرة. فالأسرة الفقيرة تضطر إلى العيش في مناطق متطرفة من المدن، حيث تكون الرقابة على السلوك قليلة نسبياً، وتكون الفرص متاحة لتعلم سلوكيات مضادة للمجتمع. فأبناء الطبقات الفقيرة الذين يسكنون في الأحياء الخاصة بالأقليات في المدن ينضمون إلى عصابات الجانحين، وقد أصبحت مثل هذه العصابات شديدة الخطورة في السنوات الأخيرة في الولايات المتحدة الأمريكية. ففي إحدى الدراسات التي أجريت على (734) جانحاً في الولايات المتحدة الأمريكية، تبين أن (63%) منهم كانت الأحوال المادية لديهم سيئة. كما تبين أيضاً من خلال أحد الأبحاث التي أجريت في الولايات المتحدة الأمريكية على (4600) حدثاً جانحاً، أن (70%) منهم ينتمون إلى عائلات فقيرة جداً، و (23%) ينتمون إلى عائلات فقيرة (الدجاني، 1949).

وفي دراسة أخرى في هذا الصدد تبين وجود علاقة بين انحراف الأحداث وحجم الأسرة وكثافتها، خاصة في الأحياء الفقيرة، حيث تكون المنازل صغيرة وتكون مرافقها متداعية، وتفتقر إلى الشروط الضرورية للحياة. وباستخدام أسلوب التقرير الذاتي (Self Reports) لعينة مؤلفة من (400) حدث جانح من الذكور، توصل الباحث إلى أنه كلما ازداد حجم الأسرة، كلما تضاعفت احتمالات الجنوح لدى الأبناء. وهذا يعود إلى ضعف ارتباط الصغار في الأسرة كبيرة العدد، وقلة إشراف الوالدين، وعدم فعالية وسائل الضبط التي يستخدمونها مع الأبناء، واحتمال نمو إطار ثقافي فرعي مضاد يسبب تكرار المخالفات غير المرغوب فيها .) Tygert, (1991

أما دراسة مرسي (1995: 155) في المجتمع المصري (في الاسكندرية)، فقد أظهرت أن المتوسط الحسابي لعدد أفراد الأسرة (7.75%) فرداً، ومتوسط عدد الأبناء الأحياء (5.88) فرداً، وهو ما يزيد عن متوسط عدد أفراد الأسرة في المدينة ككل. وهذا الحجم على علاقة بالسلوك الجانح في ضوء ضيق المساكن وتهالكها لدى معظم الأسر (عينة الدراسة) ووجود عدد من الأكواخ التي تسكنها بعض الأسر، بحيث يفقد المنزل وظيفته الاجتماعية، ويبقى شرطاً طارداً لأبنائه. وينتج عن ذلك قلة فرص إشباع الحاجات الأساسية، وضعف التماسك الاجتماعي، وتداعي الضوابط الأسرية، وكثرة حراك الصغار خارج المنزل، وتعرضهم لرفاق السوء في فترة العمر ما بين 12- 14 سنة.

كما أن الحاجة المادية قد تؤدي إلى الانفصال أو الطلاق أو الهجرة بين الزوجين مما ينجم عن ذلك آثاراً سيئة على تربية الأبناء، فقد يضطر الأولاد نتيجة هذا الوضع إلى ترك المدرسة والبحث عن عمل لكسب العيش، وهذا ما يؤثر في نفسياتهم إما بسبب عدم الحصول على العمل، أو الحصول على عمل غير مناسب. وقد يلجأ البعض إلى السرقة بسبب الفقر، ففي الولايات المتحدة الأمريكية، أجريت دراسة على (800) حدث تركوا المدرسة سعياً وراء العمل، تبين أن (262) منهم ترك المدرسة بسبب الحاجة إلى المال، و (154) منهم ترك المدرسة لأنهم آثروا العمل على الدراسة و (296) منهم تركوا المدرسة بسبب عدم رغبتهم وعدم رضاهم عن الحياة المدرسية (راجح، 1942). ولكن هذا لا يعني أن كل الأحداث الذين يسكنون في الأحياء السكنية الفقيرة في المدن يتحولون إلى جانحين، فهناك عدد كبير من أبناء الأسر المتوسطة والعالية يتحولون إلى جانحين. فقد ذكر برت (Burt, 1955) أنه حتى في الحالات التي يكون فيها الفقر الدافع الرئيسي لانحراف الأحداث، فإنه يجب الأخذ بعين الاعتبار أنه يعني الفقر بالمعنى النسبي، أي الفقر الناجم عن عدم إشباع الحاجات الملحة وعدم كفاية الدخل. فالفقر لا يرتبط بالجناح وإلا لجنح كل الفقراء، فالجناح يرتبط بالفقر عندما يصاحب الفقر مطامح

واسعة لا تجد أمامها فرصاً لتحقيقها بالوسائل المشروعة. وهذا ما يؤكد وجود عوامل أخرى غير المستوى الاقتصادي تسبب الجنوح.

5- الأسباب النفسية:

تؤكد نظرية التحليل النفسي على أهمية خبرات الطفولة المبكرة في التأثير على شخصية الفرد وسلوكه في المستقبل. فالسلوك الجانح عند الأحداث الذين يعانون من اضطرابات انفعالية ليس إلا تعبيراً بسيطاً عن مشاعر العداوة تجاه المجتمع، أو استجابة لخبرة الهذاء أو الهلوسة التي يعانون منها، أو أنها مجرد استجداء للرعاية والاهتمام من قبل الآخرين.

كما أن الإحباطات المتكررة التي تؤدي إلى الشعور بالعجز، والصراعات النفسية، والحرمان العاطفي، وانعدام الأمن، والشعور بالتعاسة تؤدي إلى تكوين مفهوم ذات سالب لدى الحدث، مما يجعله يميل إلى كره نفسه وكره الآخرين من حوله. وهذه النظرة عن الذات تجعله يسلك سلوكاً يتسم بالتمرد، وكثرة الشك، والكراهية، والميل إلى التخريب.

فالجانح في هذه الحالة يكشف عن توترات وصراعات داخلية تجعله غير قادر على الاستقرار، كما تجعله مضطر للقيام بعمل يصرف من خلاله الشحنات الانفعالية التي تؤلمه، وتسبب شعوره بالتعاسة.

ومن أهم السمات الشخصية المميزة للجانحين المحترفين هي "اللامبالاة" بمواقف تثير في نفوس الجانحين الخوف والخجل، وهذه الصفة تبدأ في مرحلة المراهقة المبكرة، وتقترن بمظاهر الإحباط والحرمان في الأسرة، ثم تحقق نموها ضمن مواقف الاقتران المتكرر للفعل وسط جماعة الرفاق الذين يشاركون الحدث الحياة والهدف، ويترتب على سيادة اللامبالاة، اختراق مختلف الأوساط، ومجابهة الكثير من المخاطر. ولذلك فإن الجانح المحترف جسور وتعني الجسارة قوة التحكم، وتحويل الاحتمالات إلى أفعال مؤثرة ضد شخص رصدت تحركاته سلفاً.

والصفة الأخرى التي يتمتع بها الجانح المحترف "الخشونة" ويظهر ذلك في حركات اليد ومهارة الأصابع، وسرعة حركات الجسم، واستخدام الأدوات والآلات الحادة المرهفة، وتبقى وسائل إثارة الرعب والاعتداء البدني مرهونة بالظروف التي تقتضيها. والحدث الجانح يفضل استخدام عقله بدلاً من اللجوء إلى عضلات جسمه لأسباب تتعلق بالسلامة والأمن. وتتجلى الخشونة عند الحدث الجانح فيما يدور من معارك بين زمر الجانحين، أو العقاب البدني الشديد، أو الاعتداء الجنسي الصارخ.

كما لاحظ (مرسي، 1995: 169) من خلال دراسته أن الشغب سمة سلوكية متعددة الأبعاد بين الجانحين (عينة البحث)، يظهر ذلك على شكل اختراق الحواجز والأسوار وتدمير الأشياء، والاعتداء غير المبرر على الأشخاص، وغير ذلك، مما يشكل منظومة مركبة من ردود الأفعال العكسية والسلبية ضد الشعور بالإحباط والصد، وتحقيقاً للمكانة والاعتبار، وتعبيراً عن واقع الحياة والشروط الصعبة.

6- انخفاض مستوى الذكاء:

يتصف الأحداث الجانحون بكثرة معاناتهم لمشاكل عقلية وانفعالية وتربوية. فالحدث المتأخر عقلياً قد يخرج على القانون من غير قصد، مما يجعله ضحية لانخفاض ذكائه وضعف قدرته على الحكم وتقدير الموقف. ففي دراسة قام بها بيرس (Pearce, 1944) على عينة قوامها (173) مراهقاً جانحاً متوسط عمرهم الزمني (14) سنة، تبين أن أكثرية هؤلاء الجانحين (62%) قد صنفوا على أنهم أسوياء أو ما دون ذلك بقليل، و (4%) صنفوا على أنهم أذكياء، و (2%) متقدي الذكاء، و (11%) يقعون ضمن الحد الفاصل بين الذكاء والغباء، و (21%) اعتبروا متخلفين عقلياً. فقد بلغ عدد المراهقين الجانحين الأقل ذكاء (23) مراهقاً (11%) بين الذكاء والغباء، و (21%) متخلفين عقلياً، وقد كان عامل الذكاء المنخفض سبباً في جنوحهم. وهناك محاولات عديدة لبيان العلاقة بين مستوى الذكاء وأنواع

الجرائم المرتكبة من قبل الأحداث. ففي دراسة ميرل (Merrill, 1947) لعينة مكونة من (500) جريمة حاولت تصنيفها تبعاً لمستوى ذكاء مرتكبيها، فقد توصلت إلى عدم وجود علاقة جوهرية بين نوع الجريمة ومستوى الذكاء (جلال، 1984). وفي الدراسات الأخرى أيضاً حول هذا الموضوع كثير من وجهات النظر، وأن ما تم التوصل إليه لم يكن حاسماً.

7- الأسباب الجسمية:

قد تكون الأسباب الجسمية وراء جنوح الأحداث. فالعاهات الجسمية المستديمة تجعل صاحبها يعيش حالة من القلق والتوتر. فقد أوضحت الدراسات أن التلاميذ المصابين بعاهات جسمية قد يتعرضون لمشكلات الضبط، لأنهم لا يستطيعون تركيز انتباههم مثل غيرهم من الأصحاء بسبب ما يعانون من قلق يتعلق بحالتهم الجسمية. ولهذا تزداد حالات الجنوح أثناء السنوات الأولى من مرحلة المراهقة، حيث يعاني الأفراد في هذه المرحلة من الإجهاد غير الطبيعي وغير المألوف، حيث يلجأ الحدث إلى الإجرام ليعوض عن نقصه.

فقد وجد العالم روسلو (Roslwo) وسبرنجر (Springer) أن الاتجاهات العصبية لدى الأحداث الصم تزيد على الاتجاهات العصبية لدى الأطفال الأسوياء، وهذا يمكن أن يؤدي بطريقة مباشرة أو غير مباشرة إلى الإجرام، لأن الجريمة قد تكون وسيلة للتعبير عن الحالة السيئة التي يعيشها الحدث (جعفر، 1990).

ويرى آدلر أن الأمراض والعاهات تولد لدى الأحداث الشعور بالنقص، وما مظاهر العنف وحالات الشذوذ الخلقي وسوء السلوك وارتكاب الجرائم، سوى انعكاس لهذا الشعور. فالعاهة بالإضافة إلى كونها عالقاً عضوياً، فهي أيضاً بمثابة عائق نفسي بين الفرد المصاب وبيئته، بحيث تنشأ عادة فقدان الثقة بالنفس، والعجز عن التوافق مع المجتمع.

8- وسائل الإعلام:

تلعب وسائل الإعلام دوراً رائداً في التقدم الـذي شـهدته المجتمعـات الإنسـانية في الوقت الحاضر، فهي أداة للبناء والتقدم والقضاء على الجريمة. ولكن هذه الوسائل الإعلامية متعددة ومتشعبة، وهي إذا ما أهملت ولم يحسن توجيهها، وأسيء استخدامها، فإنها تصبح سلاحاً هداماً يساعد على الانحلال والانحراف والجريمة.

فالصحافة مثلاً قد تثير الرأي العام من خلال عرضها للجريمة. فقد أجـرت لجنة الأحداث الدانمركية تحقيقاً سنة (1946) عـن الصـحافة والأحداث، وتبين أن الأحداث يفضلون أخبـار الجريمة والحوادث وغيرها من المواد.

فالصحافة تـؤثر عـلى ظـاهرة الإجـرام عند الأحداث بتصويرها الشيق لوقائع الجريمة، وتصويرها الجريمة وكأنها أمر طبيعي من خلال تكرار ذكرهـا للجرائم، والحـديث عـن الجرائم بأنها تعود على صاحبها بالربح الوفير (كالسرقة مـثلاً)، كـما أنها تـروج شـهرة للمجرم الصغير، بحيث يستحق إعجاب عصابته من جهة، ولا يناله العقاب من جهة أخرى..

كما تنقل الصحف للمجرمين معلومات مهمة فيما يتعلق بخطط البـوليس لمداهمـة المجرمين، إذ يقوم المجرم باتخاذ الاحتياطات اللازمة.

أما من حيث تأثير أفلام السينما والتلفزيون، فقد ذكرت كل من ماري فيلد (M. Field) في إنجلترا، وكذلك ماجوريس دوي (M. Bouy) في الولايات المتحدة الأمريكية من خلال ما توصلنا إليه من أبحاثهما، أن أغلب الأحداث يعيشون وقائع الفيلم أثنـاء العرض، ويسهل استجابتهم لتلك المؤثرات، ويزداد ذلك مع صغر السن.

فالإنسان يتعلم جميع الفضائل والرذائل ولا يرثها من والديه لقولـه عليـه الصلاة والسلام: "كل مولود يولد على الفطرة فأبواه يهودانه أو يمجسانه أو ينصرانه". والطفل يقضي ساعات طويلة من يومه أمام التلفاز وقد تزايدت هذه

الساعات في الوقت الحاضر من خلال ما تعرضه القنوات الفضائية العربية والأجنبية حتى بلغ الوقت الذي يقضيه الطفل خلال سنوات دراسته الابتدائية والثانوية الاثنتي عشرة حوالي 6- 12 ألف ساعة، وهذا المجموع يقترب من مجموع الساعات التي يقضيها الأطفال لنفس الفترة في المدرسة مع اعتبار العطل المدرسية (الكتاني، 1987: 69).

وإذا اعتبرنا أن حوالي (90%) من الأفلام التي تنتج في أوروبا والولايات المتحدة الأمريكية تعتمد على عنصري العنف والجنس، فإننا نجد أن مشاهد العنف في التلفزيون تنزع إلى تقوية النزعات العدوانية عند الأطفال، وتحرضهم على إخراجها إلى حيز الفعل. ولذلك نجد أن الأطفال ذوي المزاج العدواني سيكونون موضع إغراء أكثر من غيرهم لاستعمال المحتوى العدواني لبعض البرامج التلفزيونية، خاصة وأن التلفاز في أيامنا الحالية يحافظ على روح الاعتداء ويقويها لدى الأطفال بدلاً من أن يخفف من حدتها، فضلاً عن كونه يوحي باستعمال الأيدي والسكاكين والأسلحة النارية لارتكاب بعض الأفعال العدوانية، لأن هؤلاء الأطفال لم يتوصلوا إلى التمييز بوضوح بين العالم الخيالي للتلفزيون والعالم الواقعي، وينزعون إلى استعمال الطرائق التي تعلموها من مشاهدة التلفزيون حباً في الظهور أمام زملائهم.

وقد أشار لوجان (Logan) في دراسة له بعنوان "ما يراه أطفالنا" إلى أن من بين (314) مختصاً في طب الأطفال، وعلم الاجتماع، والأمراض العقلية، وعلم النفس، الذين وجهت إليهم سلسلة من الأسئلة تختص بآثار التلفزيون على الأطفال، صرح (90%) منهم أنهم يعتقدون أن البرامج من النوع البوليسي لها عواقب وخيمة على الأطفال، وعبر حوالي (81%) منهم بأن العروض البوليسية تساهم في انحراف الأطفال وفي سلوكهم سلوكاً مخالفاً للمجتمع (الكتاني، 1987: 72، 73). وقد أظهرت نتائج الدراسة التي قام بها بريستن (P. Reston) على (200) طفل عادي، أن أفلام الفزع والبوليس تؤدي إلى ظهور أعراض عصبية، وقلق، واضطرابات في النوم، وفي الشهية للطعام، وعادة قضم الأظافر، والتوهم،

والاهتمامات الجنسية. فأنواع الأفلام التي يظهر أنها تساهم غالباً في توجيه الفتيان نحو الإجرام الاجتماعي هي تلك الأفلام التي تقدم سلوك مجرمين، بإثارة الشهوة، والطموح إلى الغني والقوى، وتظهر كيفية إرضاء هذه الرغبة بوسائل غير قانونية، كما أنها تمجد العنف، وتؤجج الشهوة الجنسية، وتعمل على مناصرة المهن الإجرامية. وقد تثير هذه الأفلام التلفازية عند الناشئة دوافع وأفكار خاصة بالسلوك الإجرامي قد لا يظهر أثرها في السلوك مباشرة، وإنما تستقر وتتراكم لفترة معينة، وقد تظهر بعد ذلك في صور مختلفة في سلوك الفرد. ومن أجل ذلك أعلنت رئيسة جمعية مكافحة الرذيلة في بريطانيا أنها غير راضية عما يعرض من خلال شبكات التلفاز البريطانية، لأن تأثيرها كبير على الأطفال والناشئة عموماً، وهي تسعى إلى منع صور الخلاعة كافة والمجون والشراب على شاشات التلفاز البريطانية.

كما جاء في الدراسة التي أعدتها الرقابة الجنائية بمصلحة الأمن العام بوزارة الداخلية المصرية أن معدل الجرائم الأسرية قد ارتفع عام 1985 إلى (121) جريمة. وقد أجمع الباحثون في علم النفس وعلم الاجتماع على أن المسؤولية في ذلك تعود إلى البرامج التلفازية، التي أصبحت تقدم للناشئة دون ضابط أفلام عنف، وتخريب، ومع الزمن تؤدي بهم إلى ارتكاب الجريمة.

ولهذا فإنه من الواجب تطهير برامج التلفزيون العربي من هذه الأفلام المدمرة للأخلاق العامة، وللقيم الإسلامية، وذلك بإصدار قوانين صارمة كما فعلت على الأقل رئيسة جمعية مكافحة الرذيلة البريطانية، وذلك حفاظاً على أبنائنا ومجتمعنا مما يتهدده من أخطار.

الوقاية والعلاج من جنوح الأحداث

أولاً- التدابير الوقائية:

يعتقد لوبيز راي (Lopez Ray) أن الجريمة أبدية وأننا مهما بذلنا من جهود لن نقضي-عليها، ولكن يمكن التخفيف من حدتها. ولهذا يجب أن تتجه الجهود

وبشكل أكبر إلى الوقاية منها بالنسبة للعلاج، ويرى أن برامج الوقاية يجب أن تتجه إلى تعديل الاتجاهات النفسية الفردية والجماعية. فالاتجاهات تكتسب بالخبرة، وتتكون تدريجياً خلال حياة الفرد. ولكن الضرورة تحتم أيضاً بالإضافة إلى تغيير اتجاهات الفرد من خلال العلاج، لابد من تغيير البيئة التي يعيش فيها الفرد، وذلك من خلال التخفيف من حدة العوامل التي تعتبر سبباً في اضطرابه وانحرافه (جلال، 1984).

ولهذا لابد من اتخاذ عدة تدابير وقائية يمكن من خلالها الحد ما أمكن من جنوح الأحداث، وأهم هذه التدابير ما يلي:

آ- إشباع الحاجات الأساسية:

يعد الغذاء، والكساء، والمسكن في مقدمة الحاجات الأساسية للإنسان، إذ أن أي عوز لهذه الحاجات يجعل الفرد يسعى إلى توفيرها بوسائل غير مشروعة (كالسرقة، والاحتيال، والغش... الخ)، وقد تصبح هذه الحاجات موضع استغلال من قبل المنحرفين فيجرونه إلى هاوية الرذيلة.

والأسرة هي المسئول الأول عن تأمين احتياجات الحدث، وذلك حسب إمكانياتها، وفي حدود دخلها. ولكن الأسرة الفقيرة لا تستطيع تأمين احتياجات الحدث أو بعضها، مما يجعله معرضاً للجنوح بدافع الحاجة. ولهذا لابد من تحسين الظروف المعيشية للأسرة، من خلال تأمين الحد الأدنى الضروري لتأمين حياة كريمة لأعضائها. كما يمكن للدولة أو لبعض المؤسسات الاجتماعية تأمين معونة مالية شهرية كافية للأسر التي لا يوجد فيها من يعولها. بالإضافة إلى ذلك لابد للدولة من أن تسعى إلى إنشاء دور الرعاية المناسبة والمتكاملة للأحداث المتشردين الذين لا يجود من يعولهم. ولهذا يمكن اعتبار الجنوح عند الأحداث هو نتاج للحياة في الجماعة التي يعيش فيها الحدث.

ب- الرعاية الصحية:

ينشأ السلوك الجانح في بعض الأحيان نتيجة الإصابة ببعض الأمراض الجسمية سواء قبل الولادة أو بعدها، مما يستدعي وجود حاجة ماسة إلى الرعاية الصحية. ولهذا لابد من الفحص الدوري للمولود للتأكد من سلامة الجنين وعدم إصابته بأي مرض ربما يؤدي إلى إنجاب أولاد مضطرين، بالإضافة إلى الرعاية الصحية للأم الحامل حرصاً على عدم تعرضها لمؤثرات تضر- بصحتها وصحة جنينها. كما يجب رعاية المولود صحياً بعد ولادته، وذلك لضمان سلامة المولود وعدم إصابته بالأمراض التي قد تكون سبباً في جنوحه.

ومن الضروري أن يتولى الإشراف على الرعاية الصحية للأطفال مؤسسات رعاية خاصة (مستشفيات- مستوصفات..) حتى بلوغهم نهاية سن الحداثة، وذلك لضمان سلامة الحدث جسمياً وعقلياً واجتماعياً وانفعالياً. فسلامة الجسم شرط أساسي للتفكير السليم ومعالجة المشاكل بشكل صحيح. كما أن هذه الرعاية الصحية لها أهميتها ليس للحدث فحسب، ولكن للمجتمع ككل.

كما تلعب وسائل الإعلام دوراً أساسياً في تقديم الرعاية الصحية للأحداث وأسرهم، وذلك من خلال تقديم برامج توعية صحية عن طريق الإذاعة والتلفاز، مما يساهم في زيادة التوعية الصحية، ويقلل من الأمراض التي تكون سبباً في حدوث الجنوح.

جـ- الرعاية الأسرية للأبناء:

إن أسلوب التعامل السليم من قبل الآباء مع الأبناء، يمكن الآباء من القيام بدورهم الوقائي تجاه أبنائهم، ويبعدهم عن طريق الانحراف والجريمة. وهذا الأسلوب يتمثل في أن يتسلم فيه الأب زمام السلطة الفاعلة بدون قسوة أو لين. وتكون فيه الأم صاحبة السلطة العاطفية من غير إسهاب، وتتحول فيه سلطة الأب إلى مرجع ومنارة للسلوك عند الأبناء، وعند ذلك فقط تتحول الأسرة من خلال

الأم والأب إلى وعاء وصمام أمان يساعد الأبناء على امتصاص نقمتهم على الواقع اليومي الصعب والمعقد. فبدلاً من أن يوجه الابن المحبط نقمته على المجتمع بوساطة سلوكه الانحرافي، فإنه يركن إلى حضن الأم، وربما بكى بين يديها واستعاد عافيته، ويفزع إلى مرجعية أبيه طالباً منه العون والمشورة والنصح وشد الأزر (مكي، 1990).

د- الرعاية التربوية- التعليمية:

يمتد سن الأحداث في معظم بلاد العالم خلال مراحل الدراسة الابتدائية والإعدادية والثانوية. ولهذا لابد من توجيه الاهتمام الكافي إلى التلاميذ في هذه المراحل، وذلك من خلال إتباع الإجراءات الآتية:

- جعل التعليم الابتدائي والإعدادي مجانياً وإلزامياً، وذلك لضمان مواصلة التلاميذ الدراسة في هذه المدارس، وعدم تسربهم منها، والانغماس في سلوكيات غير صحيحة تضر بهم وبمجتمعهم.
- توفير العدد الكافي من المدارس الابتدائية والإعدادية والثانوية العامة والمهنية، وذلك لتتناسب مع استعدادات وإمكانيات وميول التلاميذ في الدراسة.
- توفير العدد الكافي من المدرسين المؤهلين تربوياً ومهنياً للتدريس في هذه المدارس.
- توفير الرعاية الصحية (الجسمية والنفسية) للتلاميذ في هذه المدارس،
- توفير الرعاية الصحية (الجسمية والنفسية) للتلاميذ في هذه المدارس، وذلك من خلال تزويدها بالاختصاصيين في الأمراض الجسدية والنفسية، والفحص الدوري لهم للكشف المبكر عن الأمراض التي تصيبهم، وتنظيم

الحياة الاجتماعية لضمان الفاعل الاجتماعي السليم داخل المدرسة وخارجها.

‏- توطيد العلاقة بين البيت والمدرسة والمؤسسات الاجتماعية ذات العلاقة لتحقيق التواصل البناء بين هذه المؤسسات، والتعرف إلى ما يعانيه التلميذ بشكل مبكر، والعمل على معالجته بالأساليب العلمية الصحيحة.

هـ الرعاية المهنية:

لا يستطيع جميع الأحداث الاستمرار في الدراسة، سواء بسبب عدم توفر الاستعدادات العقلية لديهم أو بسبب ظروفهم الاجتماعية، مما يضطرهم لترك المدرسة بشكل مبكر في نهاية المرحلة الابتدائية أو الإعدادية، والاتجاه إلى العمل لسد العوز المادي الذي يعانون منه. ولهذا لابد من تحديد الحد الأدنى لعمر الحدث الذي يسمح له بالعمل (وهو سن الخامسة عشرة كما أقرته تشريعات أغلب الدول)، وتقديم إعانات مالية للأحداث المنقطعين عن الدراسة، ويمنعون من مزاولة العمل بسبب صغر سنهم، بالإضافة إلى تقديم الرعاية الخاصة للأحداث الذين يعملون، وتحديد مدة عملهم اليومي، ونوع عملهم (بما يتناسب مع استعداداتهم الجسمية والعقلية)، والإجازات التي يجب أن تعطى لهم خلال مدة عملهم، وإجراء الفحوص الطبية الكافية قبل وأثناء عملهم للتأكد من خلوهم من الأمراض المعدية، وعدم إصابتهم بأية أمراض نتيجة مزاولتهم لأعمالهم.

ولهذا فإن التدريب المهني يعد من أهم أوجه الرعاية المهنية للحدث الجانح في المؤسسات الإصلاحية. ويذكر جلال (1984: 314) أن التدريب المهني الناجح يعني:

أ- نوعاً من العمل يسمح للحدث بتعلم حرفة من الحرف.

ب-   تعلم العادات الحسنة كالمثابرة على العمل واكتساب المهارات التي تساعد على النجاح في المجتمع الخارجي.

جـ- تعلم معنى العمل وتقدير قيمته.

د- اكتساب المهارات، واكتشاف القدرات الخاصة التي تؤهل للنجاح في عمل من الأعمال.

فضلاً عن ذلك يساعد البرنامج المهني الناجح على سهولة إدارة المؤسسة، ويقلل من الكسل، ويرفع من الروح المعنوية للأحداث والمشرفين عليهم، ويقلل من مشاكل التهذيب والإدارة، ويبعث على المشاركة في نواحي النشاط الأخرى في برنامج العلاج، ويقلل من نفقات المؤسسة.

والاتجاه الحالي في المؤسسات هو تشغيل الأحداث في المؤسسات الصناعية الموجودة في البيئة، ويدفع لهم أجرى على عمل يذهب جزء منه للمؤسسة للإقامة، ويحفظ الباقي للحدث في دفتر للتوفير يعطي له عند تخرجه.

و- الترفيه والترويح:

لابد من إيجاد الفرص المناسبة للترويح عن الحدث، وذلك من خلال المشاركة في نشاطات اجتماعية هادفة (جمعيات، نواد، فرق...)، وكذلك القيام برحلات ترفيهية إلى أماكن مختلفة بإشراف تربوي صحيح، يتيح له التعبير الحر عن معاناته وصراعاته التي يعيشها والتي يكون مصدرها المنزل أو المدرسة. كما أنه من الضروري تقديم أفلام تربوية وترفيهية مناسبة داخل المدرسة في مناسبات معينة، وفرض رقابة على ما تقدمه وسائل الإعلام من أفلام أو تمثيليات يمكن أن يكون فيها ضرراً للحدث، وكذلك منع تداول الكتب والقصص والمجلات وأشرطة الفيديو المخلة بالآداب ومنع تداولها.

ثانياً- التدابير العلاجية:

قد لا تتمكن التدابير الوقائية من وقف جرائم الأحداث، مما يستدعي القيام بإجراءات علاجية تربوية بعيداً عن العقوبة من الناحية الموضوعية، أو من الناحية الإجرائية، سواء كان في مرحلة المحاكمة أم في مرحلة التنفيذ، لأن الحدث الجانح هو ضحية نوازع داخلية أو خارجية أدت به إلى الجنوح. فالتدابير العلاجية للحدث الجانح تنطلق من أساس أن الحدث الجانح ليس مجرماً يستحق العقاب، بل إنه مريض يستحق العلاج، ولا سبيل إلى معاقبته بدنياً أو سجنه حتى يبلغ سن المسؤولية الجنائية (سن الثامنة عشرة)، إذ أنه من الثابت علمياً أن وسائل العنف والقسوة لن تفيدهم، بل ستزيد من نقمتهم وحدة انحرافاتهم السلوكية (الفاضل، 1995: 39).

ولهذا وضع المشرع عدداً من التدابير العلاجية للجانحين من الأحداث، يستخدم كلاً منها حسب طبيعة الحالة، ووفقاً لشدة الجنوح. وأهم هذه التدابير العلاجية ما يلي:

1- التوبيخ:

يتضمن التوبيخ توجيه المحكمة اللوم إلى الحدث على فعل ارتكبه بقصد توجيهه وتحذيره، والكشف عما ينطوي عليه عمله من خطورة، وذلك حتى لا يعود إلى هذا السلوك مرة أخرى، وهذا التوبيخ وطريقة توجيهه متروك أمره للقاضي، شريطة أن لا يكون له انعكاسات سلبية على نفسيته. وهذه العقوبة يوجهها القاضي في مجال المخالفات البسيطة، وذلك في جلسة المحكمة وحضور المتهم. ويعد التوبيخ علاجاً مناسباً لبعض حالات الجنوح خاصة إذا اتخذت بحق أشخاص يتأثرون بمثل هذه العقوبة. والتوبيخ إجراء متداول في معظم التشريعات، حيث ورد في القانون البلجيكي الصادر في 1912/5/5 بالنسبة للأحداث دون سن السادسة

عشرة، كما ورد في قانون العقوبات السويسري (المادة 87)، وفي قانون العقوبات اليوغسلافي (المادة 71) وفي قانون العقوبات الروماني (المادة 102).

2- التسليم:

يذكر جوخدار (1977: 92) أن المشرع السوري يقرر تدبير التسليم لمن يرتكب جناية أو جنحة أو مخالفة في مرحلة الحداثة بين سن السابعة والخامسة عشرة، وكذلك بالنسبة للأحداث الذين أتموا الخامسة عشرة ولم يكملوا الثامنة عشرة في الجنح والمخالفات فقط. وتسليم الحدث يكون إما إلى أبويه، أو إلى أحدهما، أو إلى وليه الشرعي، ويشترط لتسليم الحدث إلى هؤلاء أن تتوافر فيهم الضمانات الأخلاقية، وأن يكون بإمكانهم تربيته حسب إرشادات المحكمة أو مراقب السلوك. أما التشريع الفرنسي الصادر في 2 شباط (فبراير) سنة 1945، فقد أجاز تسليم الحدث إلى والديه أو وليه أو فرد يقبل أن يتولى رعايته أو شخص مؤتمن حتى ولو جاوز الحدث سن الثالثة عشرة من عمره. ويطبق هذا التشريع على الأحداث المنحرفين أو المعرضين للانحراف (Sterani, 1972).

وهذا الإجراء يعتبر أشد من التوبيخ، حيث يناسب حالات الجنوح الأكثر خطورة.

ولهذا حرص المشرع على معاينة الشخص الذي تسلم الحدث إذا أهمل أداء واجبه، وترتب على ذلك ارتكاب الحدث جريمة،أو تعرض لأي شكل من أشكال الانحراف.

والمشرع لم ينص على مدة معينة لهذا التدبير، وهو أمر طبيعي بالنسبة لتسليم الحدث لأي من أفراد أسرته ممن حددتهم المادة. أما إذا كان تسليم الحدث لشخص من غير الملتزمين بالإنفاق عليه، أي لشخص من غير أسرته، فيكون الحد الأقصى ـ لهذا التدبير هو ثلاث سنوات (ربيع وآخرون، 1995: 225).

3- الإلحاق بالتدريب المهني:

تلحق المحكمة الحدث الجانح بأحد المراكز المتخصصة أو أحد المصانع، أو المتاجر التي تقبل تدريبه في حدود مدة لا تتجاوز ثلاث سنوات. وهذا الإجراء لا يخرج عن كونه تأهيل للحدث لتعلم حرفة معينة تعينه على ممارستها والكسب الحلال من ورائها. إذ أن تدريب الحدث الجانح على حرفة معينة تؤمن له مستقبله، ويعتبر علاجاً لحالته. فهذا الإجراء يعتبر علاجاً للسبب الأساسي الذي أدى بالحدث إلى الجنوح.

4- إلزام الحدث بتنفيذ واجبات معينة:

يمكن أن يحظر على الحدث مرافقة أشخاص معينين، أو ارتياد أماكن معينة (كالملاهي والمقاهي الليلية ذات السمعة السيئة)، وذلك منعاً من استفحال السلوك الجانح. فضلاً عن ذلك يطلب منه المواظبة على حضور اجتماعات معينة يتم فيها التوجيه والإرشاد والعلاج. وهذا الإجراء يمكن أن يستمر مع الحدث الجانح لمدة لا تقل عن ستة أشهر، ولا تزيد عن ثلاث سنوات.

5- الاختبار القضائي:

يرى روبسن (Robison, 1960) أن الاختبار القضائي يعتبر تدبيراً علاجياً يستهدف إعادة التأهيل والتوافق الاجتماعي للمذنب في مجتمعه وبيئته الطبيعية، بحيث يتمتع بحرية كبيرة تحت رعاية وإشراف موظف تابع للمحكمة يعرف بموظف الاختبار. وقد كان من ضمن توصيات المجلس الاقتصادي والاجتماعي التابع للأمم المتحدة عام (1951) أنه اعتبر الاختبار القضائي طريقة إنسانية وفعالة في علاج المذنبين. فالاختبار القضائي يكون بوضع الحدث الجانح في بيئته الطبيعية تحت التوجيه والإشراف، مع مراعاة الواجبات التي تحددها المحكمة، بحيث لا يجوز أن تزيد مدة الاختبار القضائي عن ثلاث سنوات. ويقصد بالاختبار القضائي

بالبيئة الطبيعية، البيئة التي أسهمت بمزيد من الجنوح. فمعالجة الحدث وفقاً لهذا الأسلوب يكون بعيداً عن أسوار السجون لأن دخوله السجن يؤدي إلى اختلاطه بالمجرمين والمنحرفين مما يشجع عنده الإجرام بعد الإفراج عنه. ولهذا فإن موظف أو مراقب الاختبار القضائي يجب أن يكون على درجة عالية من الخبرة في الشؤون النفسية والاجتماعية والتربوية. بالإضافة إلى ما يتطلبه هذا التدبير من رجاحة عقل، وصبر لا ينفذ في مصادقة الحدث وتوجيهه. كما أن هذا التدبير أقل كلفة مادية بالنسبة للحجز في السجون، وبإمكان الحدث أن يعمل ويساهم في الإنتاج.

6- الإيداع في مؤسسات الرعاية الاجتماعية:

يكون إيداع الحدث في إحدى مؤسسات الرعاية الاجتماعية التابعة لوزارة الشؤون الاجتماعية والعمل، وإذا كان الحدث ذا عاهة جسمية أو عقلية يكون إيداعه في معهد مناسب لتأهيله وعلاجه. وقد حددت المادة (13) من قانون الأحداث المصري مدة الإيداع بحيث لا تزيد عن عشر سنوات في الجنايات، وخمس سنوات في الجنح، وثلاث سنوات في حالات التعرض للانحراف، على أن ينتهي التدبير حتماً ببلوغ المحكوم عليه سن الحادية والعشرين. وعلى المحكمة أن تقدم تقريراً عن حالته وسلوكه كل ستة أشهر على الأكثر لتقرر ما تراه في شأنه (عبد الستار، 1987: 120).

أما المادة (11) من قانون الأحداث السوري فترى أن مدة الإيداع يجب ألا تقل عن ستة أشهر، ولا تتجاوز إتمام الحادية والعشرين من عمره. ويعد هذا التدبير أشد أشكال التدابير وأهمها على الإطلاق. وهو بالتالي يعتبر العلاج المناسب لحالات الجنوح التي لا تتوافر فيها الخطورة، حيث يلتزم الحدث بالإقامة في مكان معين ويخضع لبرنامج يومي محدد لتقويمه وتهذيبه وإصلاحه، بعيداً عن المؤثرات الاجتماعية الضارة، فضلاً عن تدريبه على تعلم حرفة معينة، وتعليمه العلوم المدرسية بهدف تأهيله لحياة اجتماعية شريفة. ومن الملاحظ أن تدبير الإيداع في

إحدى مؤسسات الرعاية الاجتماعية لا يلجأ إليه القاضي إلا إذا لم تكن التدابير الأخرى كافية لإصلاح حال الحدث.

7- الإيداع في إحدى المستشفيات المتخصصة:

إذا كان الحدث ذا عاهة جسمية أو عقلية يكون من الأنسب إيداعه في مستشفى لعلاجه، بحيث يكون العاملون في هذه المستشفى من ذوي الخبرة الطبية الكافية. وقد نصت المادة (16) الفقرات (أ و ب) من قانون الأحداث الجانحين السوري على أنه "كل حدث فرض عليه تدبير إصلاحي وكان في حالة عقلية أو نفسية أو جسدية تستوجب عناية طبية، عولج المعالجة التي تدعو إليها حالته. وإذا تبين أن جنوح الحدث ناجم عن مرض عقلي، وضع في مصح ملائم لحالته حتى يتم شفاؤه".

أما المادة (13) من قانون الأحداث المصري فقد نصت الفقرة الأولى منها أنه "إذا كان الحدث ذا عاهة يكون الإيداع في معهد مناسب لتأهيله؟، ولا تحدد المحكمة في حكمها مدة الإيداع" (حسني، 1977).

أما المادة (14) من قانون الأحداث المصري فتنص على أنه "يلحق المحكوم بإيداعه في أحد المستشفيات المتخصصة بالجهة التي يلقى فيها العناية التي تدعو إليها حالته، وتتولى المحكمة الرقابة على بقائه تحت العلاج في فترات دورية لا يجوز أن تزيد أية فترة منها على سنة، يعرض عليها خلالها تقارير الأطباء، وتقرر إخلاء سبيله، إذا تبين له أن حالته تسمح بذلك. وإذا بلغ الحدث سن الحادية والعشرين وكانت حالته تستدعي استمرار علاجه، نقل إلى أحد المستشفيات المختصة لعلاج الكبار (ربيع وآخرون، 1995: 228).

وهذا التدبير يتميز بالطابع العلاجي المحض، على عكس التدابير السابقة التي تتسم في مجملها بالعلاج التأهيلي، بحسب ما تقتضيه طبيعة الجنوح.

الفصل الثامن

إدمان الخمور والمخدرات

- طبيعة ومفهوم الإدمان
- أهمية دراسة ظاهرة إدمان الخمور والمخدرات
- أشكال وأنواع المخدرات

1- الحشيش أو الماريجوانا

2- الأفيون

3- الكوكايين

4- الأمفيتامينات

5- المهبط النفسية

6- الباربيتيورات

7- المهدئات

8- الميثاكوالون

9- المهلوسات

10- المواد الطيارة

11- المنبهات النفسية القانونية

- الآثار الناجمة عن تعاطي الخمور والمخدرات

1- الآثار الجسمية

2- الآثار النفسية

3- الآثار على عملية التعمل

4- الآثار الجنسية

5- الآثار الصحية

6- الآثار الاقتصادية

7- الآثار على السلوك الإجرامي

- الأسباب المفسرة لظاهرة تعاطي الخمور والمخدرات

أولاً- الأسباب الاجتماعية

ثانياً- الأسباب النفسية

ثالثاً- الأسباب الفسيولوجية

رابعاً- الحروب والأزمات

خامساً- الأسباب الدينية

- الوقاية والعلاج من تعاطي الخمور والمخدرات

الفصل الثامن

إدمان الخمور والمخدرات

- طبيعة ومفهوم الإدمان:

يعد إدمان الخمور والمخدرات من المشاكل الأساسية التي كثر انتشارها في المجتمعات الحديثة، فإدمان الخمور يحتل المركز الرابع بين المشكلات الصحية في الولايات المتحدة الأمريكية، إذ لا يسبقه إلا مرض القلب، والسرطان، والصور الأخرى من صور المرض العقلي. كما وجد أيضاً أن حوالي (60%) من بين أبناء المجتمع الأمريكي الذين يبلغون من العمر (15) عاماً وأكثر يتعاطون الخمور (سوين، 1988).

كما أوضح (Jellienk) أن حوالي (350.000) شخصاً يتعاطون الخمور في إنجلترا وويلز، منهم (86.000) شخصاً مدمنون عليه، مع وجود اختلاطات عقلية وفيزيولوجية (الخوري، 1994). فالإدمان على الخمر هو مرض ينجم عن تناول الخمر لفترة طويلة من الزمن، وبكميات كبيرة جداً. فالمدمن يشعر بحاجة فيزيولوجية ملحة لتعاطيه. وتتضمن التعاريف الطبية والطب نفسية للإدمان ثلاثة مظاهر هي: التحمل، ويعني ازدياد قلة الأثر النفسيـ للجرعة التي يتعاطاها المدمن. والاعتياد، ويقصد به الحاجة الانفعالية والنفسية التي يشبعها المخدر. أما التواكل الجسماني، فيقصد به حاجة الجسم للمخدر، فإذا لم يتم الإشباع ظهرت خصائص معينة تعرف بمجموعة أعراض الحرمان (جلال، 1984).

وقد عرف الإدمان تعريفات عديدة، بعضها كان على شكل تعريف لإدمان الخمور، والبعض الآخر كان لتعريف إدمان العقاقير، والبعض الثالث لتعريف إدمان المخدرات، ونورد فيما يلي بعضاً منها:

فقد ذهب كيلر (Keller, 1960) إلى أن إدمان الخمر "مرض مزمن يظهر على شكل شرب متكرر للخمر إلى حد يلحق الأذى بصحة الشارب العقلية أو الجسمية، أو بأدائه لوظائفه الاجتماعية أو الاقتصادية". ويذكر جيللينك (Jellenk, 1960) وجود أنماط مختلفة من إدمان الخمور*.

الأول: يتضمن اعتياد الاعتماد على الكحول لأسباب وعوامل نفسية بحتة للتخفيف من الألم النفسي أو الجسمي، مع عدم فقدان القدرة على ضبط الشرب، وعدم وجود علامات تدل على تفاقم الحالة وتقدمها نحو عادات للشرب أكثر حدة وشدة.

الثاني: كثرة التعاطي في المناسبات الاجتماعية، مما يؤدي إلى مضاعفات جسمية من قبيل التهاب الجهاز الهضمي، مع عدم وجود علامات تدل على اعتماد المتعاطي نفسياً أو جسمياً على الخمر.

الثالث: الاعتماد النفسي أو الجسمي على الكحول، اعتماداً يتضح في فقدان القدرة على ضبط الشرب، واكتساب أنسجة الجسم القدرة على تحمل الخمر، والتحرق شوقاً إليه أو مطالبة الجسم به من نوع الجوع إلى الطعام، وأخيراً أعراض الانسحاب إذا حرم الجسم منه.

الرابع: وفيه يحدث الاعتماد النفسي والجسمي اعتماداً يتضح من عدم القدرة على الاستغناء عن الشرب.

الخامس: وتكون نوبات الشرب دورية، وتدوم عدة أيام أو أسابيع من الامتناع التام عنه فيما بين هذه الفترات.

أما منظمة الصحة العالمية (1952) (Who) فقد عرفت مدمني الخمر بأنهم "هم الذين يكثرون من تعاطيها حتى يصل اعتمادهم عليها درجة يتضح معها وجود اختلال عقلي ظاهر ملحوظ لديهم، أو تعطيل في صحتهم الجسمية والعقلية وفي علاقاتهم بالآخرين، وفي سهولة أدائهم لوظائفهم الاجتماعية والاقتصادية. أو

أولئك الذين تظهر لديهم الأعراض الأولية التمهيدية لأمثال هذه الأمور. ولذلك فإنهم يكونون بحاجة إلى العلاج" (سوين، 1988: 454).

ولهذا يمكن اعتبار الإدمان على الخمور مشكلة مستخفية يعاني منها الفرد ولا يستطيع السيطرة عليها نظراً لتعدد العوامل التي تسببها. كما أن الإدمان على الخمور مشكلة ذات أبعاد نفسية وصحية واجتماعية، إذا أنها تؤثر على تقدير المرء لذاته، كما أنها خطر شديد يتهدد الصحة، حيث تسبب آلاماً في الجهاز الهضمي مثل التهاب المعدة والأمعاء كما تزداد نبضات القلب، ويتضخم الكبد، وتؤدي إلى فقر الدم بسبب قلة الغذاء، وافتقار الجسم إلى الفيتامينات الضرورية (فيتامين آ، ب، ج)، كما تزداد عند مدمن الخمر فرصة الإصابة بمرض السل، ومرض التهاب الرئة. كما يخلق إدمان الخمر مشكلة اجتماعية كبيرة، إذ يكثر غيابه عن المنزل، ويزداد إهماله لأسرته، وتقل قدرته على إعالتها مادياً، مما يؤدي إلى تصدع الحياة الأسرية، وتزداد المشكلات لديها.

أما فيما يتعلق بإدمان العقاقير فقد عرفته منظمة الصحة العالمية (1950) "بأنه حالة مؤقتة أو مزمنة من السكر الضارة بالفرد وبالمجتمع، تترتب على التعاطي المتكرر لعقار (طبيعي أو مركب)، وتتضمن الخصائص التالية:

1- حاجة ملحة إلى الاستمرار في تعاطي العقار وإلى الحصول عليه بأي وسيلة.

2- ميل إلى زيادة كمية الجرعة بسبب ازدياد قدرة الجسم على تحمل العقار.

3- الاعتماد النفسي وفي بعض الأحيان الاعتماد الجسمي على العقار.

في حين يرى العيسوي (1992: 139) أن إدمان العقاقير يعني الاعتماد على تأثير عقار مخدر، بحيث يصبح المريض في حاجة متزايدة لجرعات أقوى وأكبر للشعور بتأثيره، كما يشعر المريض بعدم الراحة النفسية والفيزيقية في حالة غياب العقار أو سحبه.

وبناء على ذلك يعد الإدمان عادة نفسية أو فسيولوجية قوية تستبد بالفرد وتسيطر عليه بحيث يعجز عن التخلص منها. فالإدمان فرار وهمي من الواقع المتمثل أمام أنظارنا، وذلك لعدم قدرة الشخص على تحمل الواقع الذي يود الإنسان أن يزيله عن طريق الإدمان. فالمواد المخدرة تقوم بملء الثغرات النفسية التي لا يمكن لسلوك الشخص أن يملاها. فالإدمان هو اغتصاب للذات والوجود معاً (النابلسي، 1991).

فإدمان المخدرات ناجم عن مواجهة، غالباً ما تكون عرضية، بين مخ الإنسان ومخدر إدماني، وذلك في سياق اجتماعي مناسب (نافع، 1991، 30).

أهمية دراسة ظاهرة إدمان الخمور والمخدرات:

أصبحت الخمور والمخدرات تؤثر بصورة مباشرة، أو غير مباشرة على كل فئات المجتمع: فقراء وأغنياء، شباناً وشيوخاً، وانتشرت أكثر بين صفوف المراهقين من أبناء المجتمع، وأثرت على حياتهم الاجتماعية والدراسية وأدت إلى تسربهم من المدارس الثانوية، فقد بلغت نسبة التسرب في المرحلة الثانوية في الولايات المتحدة الأمريكية على النطاق القومي (25%). وقد لقيت المخدرات قبولاً واسع النطاق بين الكبار الراشدين أيضاً رغم آثارها الضارة. فبعد أن كانت الخمور والمخدرات ترتبط في الولايات المتحدة بالأحياء الفقيرة وموسيقا الجاز، انتقل تعاطيها إلى الطبقة الوسطى من البيض وأصبح طلبة المدارس الثانوية ومن في عمرهم يربطون بين استخدام المخدرات مثل: الماريجوانا وعقار الهلوسة (إل. إس. دي (L. S. D وبين الإيديولوجيات السياسية، والثورة على المادية، والحركات الدينية الزائفة، وروج لعقار الماريجوانا دعاية أنه لا ضرر منه وأنه أكثر أماناً من الكحوليات. وفي عام 1965 كان العنصر الكيميائي المغير لحالة العقل في الماريجوانا يمثل (0،1- 0،2) وكان الشباب يتعاطونه كبديل عن المشروبات الكحولية. وفي السبعينات ومجيء حرب فيتنام أصبح الشباب الأمريكيون يرددون القول: بأنهم إذا كانوا قد

بلغوا من العمر ما يسمح باشتراكهم في الحرب، فلماذا لا يسمح لهم بتعاطي المشروبات الكحولية. ولم تعد الماريجوانا تستعمل بديلاً عن الخمور، بل أصبح العقاران يستخدمان معاً. وفي عام 1970 تشكلت "المنظمة الوطنية لتعديل قوانين الماريجوانا"، وجعلت غرضها الأساسي إباحة تدخين الماريجوانا، وانعكس ذلك على تحصيل التلاميذ في المدارس، وأصبحت ظاهرة عدم الانضباط في المدرسة ظاهرة شائعة، وأصبح الاختصاصيون يقولون للآباء الذين يحيرهم مسلك أبنائهم في هذا السن أن هذا السلوك طبيعي ولا ضرر من تدخين الماريجوانا. وبحلول عام 1978 أصبح (0.1) من تلاميذ الصفوف النهائية في المدارس الثانوية الأمريكية يدخنون الماريجوانا يومياً، وسادت فلسفة جديدة وأصبح الشعار الجديد "إذا كنت تجد متعة في شيء ما فافعله" وكان ذلك يتم من خلال وسائل الإعلام وخاصة التلفاز. وقد ثبت بشكل قاطع أن جميع العقاقير المغيرة لحالة العقل القانونية وغير القانونية، يمكن أن ينشأ عنها نوع من الإدمان (نافع، 1991).

وبحلول الثمانينات تمكن منتجو الماريجوانا من الحصول على نوع منها أقوى أثراً تزيد قوته من 50 إلى 100 ضعف عما كانت عليه في الستينات. ويبين التقرير السنوي لإدارة مكافحة المخدرات الأمريكية أن تعاطي الكوكايين زاد بنسبة (11%) وزاد تعاطي الفنسيكليدين والأمفيتامينات غير القانونية بنسبة (15%) في سنة 1984. ويبين المسح العام للمدارس الثانوية الأمريكية في عام 1974 أن واحداً من كل سنة من طلبتها كان يتعاطى الكوكايين.

وفي التسعينات من هذا القرن زاد انتشار واستخدام الماريجوانا والكحول، وأن التعاطي يصل ذروته عند من يبلغون سن العشرين من العمر. واستناداً إلى ذلك بعد إدمان الخمور والمخدرات جريمة بحد ذاته، إذ أن له علاقة بمخالفة بعض القوانين الخاصة، كتلك التي تعاقب على تعاطي الخمور أو تعاطي المخدرات، أو قيادة السيارات في حالة السكر، أو تلك التي تعاقب على القتل والاغتصاب أو التشرد أو هجرة الأسرة (مرجع سابق).

فضلاً عن ذلك فإن تعاطي الخمور والمخدرات مـن العوامـل المسببة للسـلوك الإجرامي. فالشخص يرتكب الجريمة وهو تحت تأثير الخمر أو المخدر مـا كـان لـه أن يرتكبها لـو كـان في حالته الطبيعية. ومن ضمن المشكلات التي يرتكبها مدمنو الخمر والمخدرات، السرقة، والتشرد.

والعلاقة بين الإدمان على الخمور والمخدرات وبين السيكوباتية واضحة أيضاً، حيث يعتبر علماء النفس الإدمان في هذه الحالة وسيلة شاذة للهروب من الحقيقة، وتكسب مـن يتعاطاهـا روح العنف والمغامرة واللامبالاة. من جهة أخرى يـؤدي تعـاطي الخمـر والمخدرات إلى ازديـاد الضغط الاقتصادي على المدمنين، حيث يذكر "أكسـنر" أن المـدمن علـى الخمـر يصـب دخلـه في كأسه ولا يبقى له منه إلا الشيء القليل جداً. فالمدمن على الخمر والمخدرات ينقطع عن العمـل أو أنه لا ينتظم فيه، مما يجعله عاطلاً عـن العمـل، وهـذا يـنعكس مباشرة علـى نفسـه وعـلى أسرته، ومن ثم يلجأ إلى ارتكاب الجرائم بالاعتداء على أموال الآخرين (كالسرقة) بدافع الحصول على المال لتأمين شرب الخمر أو المخدرات، أو بدافع إعالة الأسرة، التي أصبحت بلا مورد.

كما تـؤدي البطالـة إلى التشرد، ويـؤدي التشرد إلى الإدمـان، فقـد ذكـر "جـارو" أن نسبة المدمنين بين المتشردين في فرنسا تبلغ (78%) كما يرتكب المدمن تحت تأثير المخدر أو الخمـر الجرائم الجنسية، وجرائم العنف والقتل والضرب.. الخ، إذ تبين في فرنسا أن نسبة جرائم القتـل في حالة السكر تصل إلى (75%)، وجرائم الاعتداء (75%)، وجرائم الجنس (65%)، وجـرائم الحريق (45%) وجرائم الإهمال وخاصة حوادث المرور (60%). كما أن الإدمان عـلى الخمـور والمخدرات يؤدي إلى انحدار المدمن إلى أدنى المستويات الاجتماعية، والاندماج مـع الأفراد ذوي الأخلاق السيئة، مما يجعله يكتسب عادات سيئة ومنحرفة من أجـل الحصـول عـلى الخمـور أو المخدرات (خلف، 1986).

ولهذا تستدعي الضرورة في مكافحة تعاطي الخمور والمخدرات أن نعلم أبناءنا من جديد القيم والقواعد والسلوك الصحيح، وأن ندخل الوعي الصحي ضمن البرامج الإعلامية والتي من شأنها بيان أضرار الإدمان على هذه الآفات الاجتماعية. فقد شرعت السلطة العسكرية الأمريكية، والإدارة الحكومية الخاصة في بذل جهود واسعة للقضاء على عادة شرب الخمور وتعاطي المخدرات في مقر العمل مثلا. كما ضم الآباء جهودهم في الآونة الأخيرة لإنشاء جيش لمحاربة المخدرات، وتدعو إلى معالجة المدمنين الصغار، وأخذت بعض الولايات الأمريكية ترفع سن السماح بتعاطي الخمور، وتطبيق قوانين صارمة بحق المخالفين، وبدأت وسائل الإعلام تنشر إعلانات في التلفاز والإذاعة والصحف والمجلات لمقاومة تعاطي المخدرات منذ أبريل 1987. وبدأت وزارة التعليم مبادرات واسعة لمساعدة المدارس كي تصبح خالية من المخدرات. كما جعل الكونجرس الأمريكي مشكلة المخدرات قضية لها الأولوية بإصدار مرسوم مكافحة استخدام المخدرات في عام 1988. وتبذل الحكومة الأمريكية جهوداً مكثفة لمواجهة هذه المشكلة. كما أن حملة مكافحة شرب الخمور والمخدرات منتشرة في معظم دول العالم ولا سيما الإسلامية منها، ووضعت عقوبات رادعة لمتعاطيها أو لمروجيها أو للمتاجرين بها.

أشكال وأنواع المخدرات:

إن المخدرات التي يحاربها العالم، وتسبب حالات الإدمان أشكال وأنواع منها:

1- الحشيش أو الماريجوانا:

يستخرج الحشيش من القنب الهندي، حيث يمكن تدخين زهرته الجافة المأخوذة من أعلى النبات، وتنتج رائحة حلوة تشبه رائحة زهرة البرسيم. وهذا النوع من المخدرات أكثرها شيوعاً لسهولة الحصول عليه، ولرخص ثمنه بالمقارنة مع المواد الأخرى.

يتميز الحشيش بأن له خصائص مهدئة يشترك فيها مع المواد الباعثة على الهبوط النفسي، كما أن له خصائص منبهة نظراً لأن تعاطيه يكون مصحوباً بزيادة الحساسية للضوء والصوت، وتسبب الجرعات المفرطة منه إلى ظهور حالات الهلوسة، كما تؤثر على المزاج والتفكير، وتؤدي إلى اضطراب إدراك الشخص للزمان والمكان ولذاته. والمكون المغيب الأساسي في الماريجوانا أو الحشيش هو دلتا- 9- تتراهيدر وكانا بينول. وتحتوي الماريجوانا بالإضافة إلى المادة المغيبة على (421) مادة من المواد الكيميائية المحددة مثل الإستر، والقلوانيات، والتربين، والأنثراسين وهي مادة مسببة للسرطان. وتختزن المادة المغيبة نواتجها الثانوية في الجسم لعدة أسابيع، حتى بعد تعاطي جرعة واحدة، ويحدث هذا التخزين في المخ بعد 42 ساعة من تدخين سيجارة ماريجوانا واحدة. وبالرغم أن التخزين يحدث خلال دقيقة واحدة، إلا أنه يتسبب في ظهور أعراض تتمثل في ضعف إمكانية القيام بالمهام الحركية النفسية التي تتطلب تنسيقاً وانتباهاً. وقد ذكر ابن تيمية آثار الحشيش فقال :"وهي أخبث من الخمر، من جهة أنها تفسد العقل والمزاج..".

2- الأفيون:

يستخرج من البذور غير الناضجة لنبتة الخشخاش وتعتبر أقدم المخدرات التي استعملها الإنسان، ومن أكبر دول العالم إنتاجاً له الهند، ويستخرج من الأفيون الخام ما لا يقل عن 25 مركباً من القلويات منها: المورفين، والتيبائين والكودثين، والبابافيرين، والنارسين والناركوتين وغيرها. وأهم المشتقات الصناعية للمورفين الهروين (الصباغ، 1995). وقد كان الأفيون المذاب في محلول كحولي يسمى "الترياق الشافي"، وكان هو المخدر الوحيد المتاح لقرون عديدة من أجل تخفيف الآلام لغالبية الأمراض، ويتم تدخين هذا المخدر للمتعة بصورة غالبة في الشرق الأوسط. ومنذ مات السنين استخرج كيميائي ألماني المورفين من الأفيون، حيث يتم

عن طريق حقنه في مجرى الدم إلى إحداث المتعة أو النوم، ومزيلاً للألم في حوالي دقيقة واحدة بعد حقنه.

وبعد بضع سنوات قام كيميائي آخر بتعديل المورفين لإنتاج الهروين، والذي يعد بمثابة مورفين سريع المفعول يتجه إلى المخ بشكل أسرع من مركبه الأصلي، إلا أن مفعوله يستمر لفترة قصيرة. وفي الشرق الأوسط يتم حرق هذا المخدر، ويستنشق دخانه وهي ممارسة تعرف باسم "مطاردة التنين". وفي الغرب يقوم المدمن بحقن نفسه في الوريد. ولتلاقي أعراض الامتناع التي تتسم بآلام مبرحة، يقوم المدمن بتعاطي المخدر بنفسه أربع مرات يومياً، مما يعرضه لخطر احتمال تلويث مجرى الدم بفيروس أو جرثومة من الإبر الملوثة، أو الموت بسبب الجرعة المفرطة.

ويعتبر مدمنو الهيروين من حاملي الالتهاب الكبدي الفيروسي، ولدى الكثير منهم فيروسات أخرى مثل الهريس، والفيروسات المسببة للورم الخلوي، ومرض نقص المناعة المكتسبة (الإيدز)، كما أنهم غالباً ما يصابون بالجراثيم التي تحتمل أن تجلب العدوى لصمامات القلب أو الأغشية المبطنة له، وجهاز المناعة لديهم قاصر. أما النساء المدمنات فيضعن أطفالاً أقل وزناً من المعدل الطبيعي، وتكون نسبة الوفيات بينهن مرتفعة (نافع، 1991: 30، 31).

3- الكوكايين:

وهو أكثر عقاقير الإدمان خطراً، يستخرج من ورقة شجرة الكوكا، التي تزرع في أمريكا الجنوبية (بيرو، وبوليفيا، وكولومبيا). والكوكايين كيميائياً متوافر في شكلين: الأول الكوكايين القاعدي، وهو قابل للذوبان في الدهون، ويتم تحويله إلى أبخرة في درجة حرارة السيجارة، ويتم امتصاصه عن طريق الرئة. وتدخن عجينة الكوكايين في أمريكا الجنوبية، ويحتوي المسحوق المنقى (الكراك) الذي يستنشق في أمريكا الشمالية على كوكايين قاعدي. أما الشكل الثاني للكوكايين فهو عبارة عن أملاح هيدروكلوريد الكوكايين، وهو أكثر استقراراً من الكوكايين القاعدي، وقابل للذوبان في الماء، إلا أنه يتلف بالحرارة.

... ويستخدم هيدروكلوريد الكوكايين، على شكل محلول في الطب كمخدر موضعي للأغشية المخاطية للأنف والتي تبيض بفعل المخدر. وفي الوقت الحاضر تستخدم المستحضرات الاصطناعية ذات القدرة الضعيفة على إحداث الإدمان من قبيل نوفوكايين، وزيلوكايين في التخدير الموضعي بالاقتران مع الأدرينالين (نافع، 1991: 32).

ويعد الكوكايين من أشد المخدرات خطورة، حيث أن امتصاصه في مجرى الدم بكميات تصل إلى بضعة ملليجرامات، يؤدي إلى تنبيه شديد، يتلاشى خلال فترة 30- 60 دقيقة ليؤدي إلى حالة هبوط بدني ونفسي، وحالة اكتئاب وكدر وقلق شديد. كما أن الجرعات المفرطة منه تؤدي إلى الموت. وبرغم كل هذه الأخطار يقبل المدمنون بسعادة على تعاطيه بشراء الجرام الواحد بمائة دولار أمريكي.

وفي النتيجة فإن تعاطي الكوكايين في مجتمع ما دلالة على سوء حالة المجتمع، وتدني أحواله، كما أنه يعد باباً مفتوحاً للتدمير الذاتي.

4- الأمفيتامينات:

وهي منبهات اصطناعية يتم إنتاجها في المعامل، لها آثار مماثلة للكوكايين. تحدث آثار هذه المنبهات ببطء، إلا أن فعاليتها تستمر لفترة طويلة، حيث تسبب الشعور بالغبطة مع شعور بتزايد القوة والصفاء العقلي. ولذلك يقبل الرياضيون على تعاطيها رغبة في التفوق على منافسيهم.

5- المهبطات النفسية:

يعد الكحول في مقدمة المهبطات النفسية، وهو من أوسع العقاقير المسببة للإدمان في العالم الغربي. والكحول يتحول بتفاعلات الجسم إلى غذاء، وتحتوي جميع المشروبات المتخمرة على الكحول: النبيذ (11%)، والبيرة (4%)، والمشروبات الروحية المقطرة (40- 50%). والآثار الضارة لتعاطي الكحول في أشكاله الحادة والمزمنة شديدة لدرجة أن بعض الطوائف الدينية في الغرب ترفض تعاطيه إطلاقاً.

كما حرم الإسلام تعاطي المشروبات الكحولية واعتبر تعاطيه خطيئة كبيرة لقوله عليه الصلاة والسلام :"كل مسكر خمر، وكل خمر حرام" (رواه مسلم).

6- الباربيتيورات:

تعد "السترة الصفراء"، و "المهبطات"، و "الشياطين الحمر" من العقاقير المهدئة والباعثة على الإدمان بشدة وهي تسبب التوهان، والهدوء غير الطبيعي. وهذه الآثار تشبه الآثار الناشئة عن الكحول. وتتزايد القدرة على تحمل آثارها، مما يؤدي إلى تزايد التعاطي.

كما تؤدي الجرعة المفرطة إلى الإصابة بالغيبوبة والموت. وتستخدم الباربيتيورات بصورة شائعة بعد خلطها بالكحول في الانتحار، كما يصحب الإقلاع عنها فجأة تشنجات قد تكون أيضاً مميتة.

7- المهدئات:

يعتبر الديازيبام أو الفاليوم، المهدئ الأكثر شيوعاً، حيث يخفف من حالة القلق كما أنه يتسبب في التوهان والنعاس واللامبالاة. وهذه المهدئات أقل سمية من الباربيتيورات ولا تسبب الوفاة بسبب الجرعة المفرطة.

وقد يتسبب الإقلاع السريع عن تعاطيها في حدوث تشنجات عديدة وقد تكون مميتة.

8- الميثاكوالون:

يعتبر الكوالود أو "اللود" من أشد المسكنات خطراً وتسبباً في الإدمان، كما يعتبر هذا المخدر المعروف باسم "عقار الحب" شائعاً جداً بين المراهقين، وتتطور القدرة على تحمله سريعاً، وقد تحدث أعراض إقلاع شديدة، وقد يفضي التعاطي المتكرر لهذا العقار ولا سيماً عند خلطه بالكحول، إلى الوفاة المفاجئة، كما تؤدي الجرعة المفرطة إلى الانتحار وارتكاب جرائم القتل.

9- المهلوسات:

يؤدي تناول جرعة كبيرة من المهلوسات إلى التشويه الحسي- البصري مع تشويه مدخلات الحواس الأخرى، كما أنها تؤثر على المزاج والتفكير، وتؤدي أيضاً إلى اضطراب إدراك الشخص للزمان والمكان ولذاته.

والنموذج النمطي لهذه الفئة من العقاقير هو عقار (إل. إس. دي) حيث أن تعاطيه بمقادير متناهية الصغر يؤدي إلى اضطراب وظيفة الحواس بدرجة شديدة لعدة ساعات، لأنه يحول دون معالجة الإشارات التي تصل إلى المخ من العالم الخارجي، وتتسارع الهلوسات الواضحة، وانفعالات الغبطة والاكتئاب على التوالي في مجرى الإدراك.

بالإضافة إلى هذا العقار فهناك مهلوس آخر من صنع الإنسان ويسمى الفنسيكليدين، ويطلق عليه اسم غبار الملائكة، والعشب القاتل، ومهدئ الفيل، وهو أشد المخدرات المعروفة تدميراً للإنسان، ويدخن هذا المخدر السهل التصنيع والرخيص في سيجارة ماريجوانا. وقد ارتكب تحت تأثير عقار الفنسيكليدين العديد من حوادث الانتحار، والتشويه الذاتي، والقتل المروع، ومن الممكن بإدمانه حدوث اختلال عقلي دائم. وبالرغم من ذلك بقي هذا العقار مستعملاً من قبل الملايين من الشباب الأمريكي، وكان في عام 1985 السبب الرئيسي- في كثير من حالات الطوارئ في مستشفى واشنطن العاصمة.

وهناك مهلوسات طبيعية قديمة مثل: المسكالين المستخرج من نبات صبار البيوت المكسيكي، والسيلوسيبين المشتق من فطر عيس الغراب بأمريكا الجنوبية.

10- المواد الطيارة:

تستعمل المواد الطيارة للاستنشاق مثل الأثير وأوكسيد النيتروز (غاز الضحك ونترات الأميل، وهي تحدث حالة متغايرة من الإحساس بالغبطة. أما الإضافات

الأحدث لهذه الفئة من الهيدروكربونات العطرية فهي البنزين والتنر والصمغ، وهذه المواد على درجة عالية من السمية، وقد تحدث أضراراً بالرئة والقلب والمخ.

11- المنبهات النفسية القانونية:

وتتصف هذه الفئة من العقاقير المسببة للإدمان بحقيقة أنها لا تحدث وهناً مؤقتاً بوظائف المخ مثلما تفعل كل العقاقير الأخرى. وأهم هذه المنبهات:

آ- النكوتين:

يعد النيكوتين من أشد العقاقير إحداثاً للإدمان في هذه الفئة، وهو مرتبط بأضرار بدنية طويلة الأجل تصيب القلب والرئة. وتدخين النيكوتين عن طريق التبغ شائع جداً بين الرجال والنساء، حيث تشير الدراسات الاستقصائية الأمريكية إلى أن (53%) من الرجال، و (33%) من النساء يدخنون علبة سجائر (لفافات) أو أكثر في اليوم، وهذه الكمية كافية لتدمير الصحة. وقد أخذت النسبة تزداد في السنوات العشرين الأخيرة وأصبحت نسبة المدخنين عند النساء مساوية لها عند الرجال في المجموعة العمرية بين 15 و 25 سنة.

ب- مادة الكافيين:

وتوجد في القهوة والشاي والكوكا كولا، ولم يرتبط تعاطيها بأي مرض سوى زيادة خطورة الإصابة بالنوبات القلبية للرجال الذين يتعاطون خمسة فناجين أو أكثر من القهوة يومياً.

جـ- القات:

وهو شجرة تنمو في الجزيرة العربية، وفي أفريقيا الشرقية، واليمن، ويلجأ الأهالي إلى مضغ أوراقها مثلما يحدث مع ورقة الكوكا، إلا أنها أقل سمية ويذكر الهواري (بلا تاريخ : 81- 84) أن لها أضراراً عديدة منها:

- اضطرابات هضمية: شلل الأمعاء الغليظ، فقدان الشهية، إمساك شديد، التهاب المعدة، سيلان اللعاب، هيجان البواسير.

- اضطرابات قلبية وارتفاع ضغط الدم.

- اضطرابات نفسية: نوم عميق، عجز كامل، وهن كامل، أرق، ارتخاء فكري، حدة المزاج، كثرة الحزن.

- اضطرابات جنسية.

- اضطرابات اقتصادية هائلة.

12- مخدرات مصنعة:

وهي تحدث نفس النشوة التي تحدثها المخدرات المسببة للإدمان، ومنها عقار (Mptp) وهو مادة مخربة للأعصاب وقائلة. وقد أحدثت حالات تشبه الشلل الرعاشي لدى أكثر من (400) شخص من متعاطي العقار وغالبيتهم في كاليفورنيا. وهناك منبه أخر يشبه الكوكايين يسمى (Mdma) أو النشوة، وهو يحدث آثاراً مثل التي تحدثها الأمفيتامينات والمهلوسات، وهو مسبب للإدمان بدرجة كبيرة.

الآثار الناجمة عن تعاطي الخمور والمخدرات:

إن لتعاطي الخمور والمخدرات تأثيرات عديدة على جوانب الحياة المختلفة ويمكننا إيجاز أهم هذه التأثيرات كالآتي:

1- الآثار الجسمية:

تؤثر المخدرات بشكل كبير على الحواس، كما أنها أكثر خطراً وأكثر إحداثاً للتعود من ذي قبل. فالمخدرات تتداخل مع الذاكرة والإحساس والإدراك وتشوه الخبرات، وتؤدي إلى فقد سيطرة الشخص على نفسه، مما يعرضه لخطر إيذاء نفسه والآخرين. كما أن تعاطي المخدرات المديد يؤدي إلى اضطرابات عقلية شديدة،

وتوجد حالات ذهانية خاصة، وذلك حسب الجرعات المتناولة، وطـول مـدة التعـاطي، وقابليـة الشخص المتعاطي للتأثر. فضلاً عن ذلك فإن تعاطي الكحول والمخدرات من شأنه أن يـؤدي إلى ظهور هلاوس سمعية، حيث يسمع المتعاطي أصوات أشخاص تهـدده أو تحقـره فتثير عنـده الخوف. كما تظهـر عند المتعـاطي أيضاً هـلاوس بصرية وشمسية متعـددة، وبعـد أن تـدوم الهلاوس ويتقبلها المريض بوصفها حقائق واقعية، قد تتكون الهذاءات المتمشية مع مضمون الهلاوس، فيبدأ المريض يؤمن بأن الأعداء يتعقبونه، وبأن التهديدات يتم تنفيـذها، وأن حمايـة الشرطة أمر لازم.

بالإضافة إلى ذلك نلاحظ أن الشخص المـدمن عـلى الخمـور والمخـدرات غـير متناسـق في مشيته، بل يترنح يميناً ويساراً، وقد يؤدي إلى الغيبوبة في بعض الأحيان.

كما تضطرب عند المـدمن الذاكـرة، وخاصـة تـذكر الحـوادث القريبـة، إذ يخفـق في تـذكر الوجوه والصور والأماكن كما هو في (ذهـان كورسـا كـوف)، حيـث يحـدث تـدهور وانحـلال في القشرة المخية والأعصاب المحيطية.

كما نلاحظ عند مـدمني الخمـر والمخـدرات رجفـان وارتعـاش في الأطـراف أثنـاء الحـديث والكتابـة، وتتسـع حـدقتا العينـين، وتهتـز الشـفتين، كـما تضطرب عنـده الاتجاهـات الزمانيـة والمكانية، حيث لا يعرف المريض أين هو، ولا يستطيع التعـرف إلى النـاس، ويشعر بإحساسـات جلدية غريبة، إذ يعتقد أن هناك حشرات تزحف فوقه. كما تشاهد نوبات صرعية لـدى حـوالي (10%) من المصابين بالهذيان الارتعاشي. بالإضافة إلى ذلك يـؤدي الكوكايين إلى تسـمم القلب، وقد يتسبب في أزمات قلبية قد تكون مميتة.

2- الآثار النفسية:

تتمثل الآثار النفسية لتعاطي الخمور والمخدرات بالقلق الشديد، والاضطراب، والهلوسـة (لا سـيماً التنمـل، والبارانويـا)، حيـث يتطلب بعـض هـذه الاضطرابات إلى دخول مستشـفى الأمراض النفسية.

3- الآثار على عملية التعلم:

أظهرت نتائج البحوث التي أجريت على متعـاطي المخدرات، أن تعـاطي هـذه المخدرات يسبب انخفاضاً في الأداء الدراسي والأكاديمي. وقد ثبتت صحة ذلك بالنسبة للطلاب الذين كانوا متفوقين في دراستهم قبل تعاطي المخدرات، وكذلك بالنسـبة لأولئك الـذين كـانوا يعـانون مـن مشكلات أكاديمية أو سلوكية قبل التعاطي. ووفقاً لما جاء بإحدى الدراسات، كان احتمال حصول الطلاب الذين يتعاطون الماريجوانا على درجات متدنيـة في المتوسط أكبر منـه بـين الطلاب الآخرين بمقدار الضعف. وكثيراً ما ينعكس اتجاه الانخفاض في الدرجات عندما يتم التوقف عـن تعاطي المخدرات. ويصل احتمال تغيب طلاب الصفوف العليا بالمدارس الثانوية الذين يفرطون في تعاطي المخدرات عن مدارسهم إلى ما يزيد عن ثلاثة أمثاله بين غير المتعاطين. إذ ينقطع نحو خمس المفرطين في التعاطي عـن مدارسـهم ثلاثـة أيـام أو أكثر كـل شـهر. وفي بحـث أجـري في فيلادلفيا في الولايات المتحدة الأمريكية، تبين أن أربعة من بين كـل خمسـة مـن المنقطعـين عـن الدراسة، كانوا ممن يتعاطون المخدرات بانتظام. ولذلك ومن أجل تـأمين هـذه المخدرات يلجـأ طلاب الصفوف الثانوية العليا إلى سرقة ممتلكات المدرسة بشكل يزيد على ثلاثة أمثاله عند غير المتعاطين، كما يميل المراهقون الذين يتعاطون المخدرات (64% منهم) إلى السرقة من أسرهم أو أصدقائهم لشراء المخدرات.

كما أن احتمال اشتراك المتعاطين للخمور في مخاصمات داخل المدرسة أو أثناء العمل يزيـد على غيرهم بمقدار الضعف، كما يخلق الطلاب المدمنون على المخدرات مناخاً من التبلـد وعـدم الاحترام للآخرين (نافع، 1991: 53، 54).

4- الآثار الجنسية:

قد يكون للكثير من المخدرات في بداية التعاطي تأثير على زيادة التهيجات الجنسية. ففي حالة تعاطي الأمفيتامينات مثلاً، يثير هذا التعاطي في البداية النشاط

الجنسي، ثم لا يلبث أن يصاب المتعاطي بالضعف الجنسي ـ بعد طول الاستعمال (الـدمرداش، 1982).

كما ساعد هذا النشاط بعض المتعاطين على الاعتقاد خطأ بقـدرة العقـاقير علـى إحـداث المتعة الجنسية بما تحمله من إطالة لفترة الجماع، وعلاج بعض المشاكل الجنسية الخاصة بسرعة القذف، أو ضعف الرغبة الجنسية، أو إزالة التوتر والقلق عند عملية الممارسة.

ففي إحدى الدراسات التي أجريت في المجتمـع المصري في عام 1983 علـى عينـة قوامها (213) فرداً من المتعاطين للمخدرات، وجد أن (36.62%) من العينة الكليـة يعتقـدون في قـدرة المخدر على تنشيط الجنس بدرجة كبيرة، في حين يعتقد (25.35%) مـنهم أن التنشيط الجنسي ـ يتم بدرجة بسيطة، كما يرى (15.49%) أنه لا يحدث أي نشاط، إلى جانب أن (22.54%) فقط يرون أن المخدر يؤدي إلى الضعف الجنسي (العفيفي، 1984).

ولكن النظر إلى الموضوع من الجانب العلمي بعيداً عن النظـرة الذاتيـة للمتعاطين، تؤكـد أن أغلب الباحثين في مجال الاعتماد على العقاقير والمخدرات يتفقون علـى انعـدام تأثيرهـا علـى الأعضاء والوظائف الجنسية (مسيحية، 1974: 77).

أما ما يحدث للمتعاطي من تهيج جنسي في بدايـة التعـاطي، فـلا يسـتمر طويلاً، فسـوف تصاب الخلايا الجنسية بالضمور والضعف بعد فترة الاستخدام، ويصبح الإحسـاس بعـد ذلـك مجرد عرض سيكولوجي أكثر من كونه تأثيراً فارماكولوجياً على الأعضاء التناسلية ذاتها.

وقد أكدت نتائج بعض المؤتمرات التي عقدت في "هونج كونج" و "بانجكوك" عام (1964) على أن التخدير الجزئي الناجم عن تعاطي المخدر يجعل الرجـل غـير واع تمامـاً لعمليـة الجماع الجنسي، حيث يكون تفكيره منقطعاً وغير مركز،

الأمر الذي يطيل زمن الجماع، وهو ما يطلبه الرجل حتى يـرضي شريكتـه جنسياً، ويشعر هو الآخر باحترام رجولته.

كما أن الحالة النفسية التي يعيشها المتعاطي تجعله يفقد السيطرة عـلى تقدير الـزمن، الأمر الذي يجعله يعتقد أن عملية الجماع الجنسي قد استمرت ساعات طويلة، في حين أنها في الواقع قد استمرت لدقائق معدودة.

وترى مدرسة التحليل النفسي أن المدمن هو شخص معتل جنسياً، فهـو يتعـاطى العقاقير إما لتجنب الممارسات الجنسية الشاذة عن طريق ما يحدثه المخدر من كبت لهذه المشاعر، أو لكي يزيل الموانع الاجتماعية والأخلاقية (عن طرق نفس العملية) والتـي تقـف في طريـق هـذه الرغبات لكي يتحقق له ممارسة هذا الشذوذ بالفعل.

وترى نيس واندر (Nyswander)، أن الإدمان يعوق أو يقلل مـن الرغبـة الجنسـية، حيـث تحدث المشاكل والصعوبات الجنسية لدى الزوجين حينما يصبح أحـدهما مـن المـدمنين بسبب العقار أو المخدر، والذي يصبح هو في حد ذاته عاملاً مهماً في نقص الاهتمام بالعملية الجنسية.

وقد دلت جميع الإحصاءات العالمية على أن معظم الشواذ جنسياً مـدمنو مخدرات، لأن المخدرات صورت لهم خيالاً جنسياً مختلفاً. وأصبح لـديهم انحـراف واضح في إدراكهـم للجنس الذي انعكس بصورة الشذوذ في مشاعرهم وفي ممارساتهم.

كما وجد جـيمس جينفر (James Jennifer, 1976) علاقـة بـين الإدمـان والـدعارة في بحث عن مائة امرأة من السود والبيض في أفريقيا، حيـث تشـير نتـائج البحـث إلى تفاعـل بـين بداية الـدخول في الإدمان والـدخول في الـدعارة، فالـدعارة تسـاوي الإدمان، والإدمان يسـاوي الدعارة. فالدعارة وسيلة للحصول على المال من أجل شراء المخدر نتيجة مـا تعانيـه مـن ضغط انفعالي للحصول عليه، وبسبب آلام الانسحاب الشديدة اللازمة عند الانقطاع عـن المخـدر. كـما تلجأ العاهرة إلى

الإدمان بعد الدعارة لدعم عادتها في الممارسـة الجنسـية لتجنب الشـعور بالملـل مـن التكـرار والروتين، ولبعث القدرة على الحيوية والنشاط وملاطفة الزبائن.

5- الآثار الصحية:

قد يؤدي تعاطي المخدرات إلى إصابة الإنسان بأضرار صحية عديدة قد تؤدي بحياته، ومن هذه الأضرار:

أ- أضرار تصيب الجهاز الهضمي:

يؤدي تعاطي الخمور والمخدرات إلى حدوث التهاب مزمن للغشاء المخاطي المبطن للفـم والبلعوم، وإضعاف حاسة التذوق، والتهاب الحلق، والإحساس بالغثيان، والميل للقيء، وفقدان الشهية للطعام، واضطراب في إفرازات العصارة المعدية، وحدوث تقرحـات في الغشـاء المخاطي، وبعض أنواع سرطانات المعـدة، وإنهاك الخلايا الكبديـة وإصابتها بقصور وظيفـي ينتج عنه اضطراب في الهضم، واحتقانات وآلام وتشوهات وتليفات كبدية.

ب- أضرار تصيب الجهاز العصبي:

إن تعاطي المخدرات يؤدي إلى تخريب عضوي في المخ والتهاب الأعصاب.

جـ- أضرار تصيب الجهاز التنفسي:

كما أن تعاطي المخدرات يؤدي عند المتعاطي إلى إصابته بالتهابات رئوية مختلفة، كما إنه يعطل الأوعية الدموية الرئوية، ويضعف مرونة الحنجرة، ويهيج شعب التنفس، ويحـدث بحـة في الصوت، ويؤدي إلى السعال.

د- أضرار حسية:

بالإضافة إلى ما سبق من أضرار فإن تعاطي الخمور والمخدرات يؤدي إلى ضعف الإحسـاس بشكل عام، والشعور بآلام حادة بسبب الالتهابات العصبية، وحـدوث اضطرابات حركيـة قـد تؤدي إلى الشلل.

هـ- أضرار تصيب الجهاز الدوري:

وتؤدي المخدرات إلى الإصابة باضطراب في ضربات القلب، وضغط الدم.

و- أضرار نفسية:

وهـي الشعـور باليـأس والقنـوط دون سـبب مـبرر، والشعـور بـالقلق، وعـدم الاسـتقرار، والخوف، وتخيل رؤية أشباح مخيفة، وقد يؤدي بالمدمن إلى الانتحار.

ز- الإصابة بمرض الإيدز:

لقد دلت الإحصائيات في الولايات المتحدة الأمريكية أن حـوالي (70%) مـن مـرضى الإيـدز من الشواذ جنسياً، وأن 20% منهم من متعاطي المخدرات بالحقن الوريدي. فمدمنو المخدرات يعدي كل منهم الآخر بالتشارك في نفس الحقنة، كـما أن المـدمنات مـن النسـاء اللاتي يمارسـن الدعارة ويحملن فيروس الإيدز، قد يعدين شركاءهن في الاتصال الجنسي.

وقد أصبح مدمن المخدرات بالحقن الوريدي في الوقت الحاضر، مهدداً بـالموت مـرتين إمـا عن طريق الجرعة المفرطة، أو عن طريق الإصابة بمرض الإيدز، كما أنه معـرض لخطر الإصابة بعدوى أخرى مهلكة (نافع، 1991: 39، 40).

6- الآثار الاقتصادية:

يحدث الاعتماد على الخمور والمخدرات آثاراً اقتصادية عديدة لكـل مـن الفـرد والمجتمع، حيث تستهلك العقاقير المختلفة جزءاً كبيراً من دخل المتعاطي، كما تكلف اقتصاد الدولة مبالغ كبيرة في عملية المكافحة والوقاية والعلاج.

فضلاً عن ذلك يميل أغلب المتعـاطين إلى زيـادة الجرعـة بسـبب حـدوث التعـود، وهذه الزيادة تكلف المتعاطي مبالغ إضافية كبيرة. ففي إحدى الدراسات التي

أجريت في الجمهورية اليمنية من قبل برونستين (Bronstien) تبين أن القات يستقطع (13%) من ميزانية الأسرة، حيث يأتي في المرتبة الثانية بعد الحبوب الغذائية من حيث الإنفاق. وفي دراسة أخرى عن القات في اليمن أيضاً وجد أن متوسط ما ينفقه الفرد المتعاطي على القات يصل إلى حوالي (44) ريالاً يومياً، كما أن متوسط الوقت الذي يستغرقه متعاطي القات يبلغ حوالي أربع ساعات يومياً، بحيث يكون الفاقد السنوي نتيجة لهذه العملية حوالي (1460) ساعة (مصيقر، 1985: 112).

أما في جمهورية مصر العربية فإن مكافحة المخدرات يكلف الدولة أكثر من (200) مليون جنيه سنوياً، بالإضافة إلى ما تنفقه الدولة في علاج المدمنين وتقديم الخدمات للمتعاطين المودعين في السجن.

وفي السودان تقدر الخسارة التي يسببها شاربو الخمر في الخرطوم فقط حوالي (3195) مليون جنيه سوداني سنوياً.

وفي الدول غير العربية، أظهرت الدراسات في كل من كندا وفنلندا وفرنسا وأمريكا أنا ما بين (10- 15%) من مرضى المستشفيات يصابون بالأمراض الناتجة عن تعاطي الكحول وأن تكاليف علاج هؤلاء المرضى يستقطع حوالي (40%) من الإنفاق الكلي للخدمات الصحية.

فضلاً عن ذلك أثبتت بعض الدراسات التي أجريت في بريطانيا وأمريكا أن الإدمان يشكل صعوبات في تحقيق التوافق المهني للأفراد، حيث يكون المدمن بمثابة العاطل عن العمل، أو العامل غير المنتظم، فهو يتغيب عن العمل بسبب التأثيرات المهبطة للمخدرات، كما أن يصبح غير مكترث، ويجعله أكثر عرضة للحوادث وإصابات العمل.

ولهذا يمكن القول أن تعاطي الخمور والمخدرات يؤدي إلى آثار سلبية كبيرة على اقتصاد الفرد والأسرة والمجتمع، نظراً لما ينفقه المتعاطي في شراء هذه المواد، ولما تخصصه الدولة من أجل الوقاية والعلاج من استفحال شرور المواد المخدرة.

7- الآثار على السلوك الإجرامي:

في السؤال عن العلاقة بين الإدمان على الخمور والمخدرات والسلوك الإجرامي، نتبين أن الدراسات الجنائية أكدت على أن الإدمان يعد سبباً لبعض الجرائم، وخاصة سرقة الأموال لشراء ما يحتاجه المتعاطي من مخدرات. فإذا عرفنا أن المدمن على المخدرات يتعاطى ما بين ثلاث إلى خمس جرعات يومياً في صورة حقن، وأن الجرعة الواحدة تكلف ما بين خمسة إلى خمسة وعشرين دولاراً أمريكياً، عرفنا مدى حاجة المدمن إلى السرقة للاستمرار في تعاطي المخدرات، خاصة وأن المتعاطي يميل باستمرار إلى زيادة الجرعات مع الزمن. وهذا ما يؤكد لنا العلاقة القوية بين إدمان المخدرات والجريمة.

فضلاً عن ذلك فإن ارتفاع أسعار المخدرات في السوق قد أدى إلى ربط الإدمان بالجريمة، مع العلم أن تعاطي المخدرات بحد ذاته لا يدفع إلى ارتكاب الجرائم، لأن معظم العقاقير الإدمانية هي من النوع المسكن، ويفضل متعاطيها الاسترخاء والهدوء. ولكن شدة إلحاح الحاجة إلى تعاطي المخدر عند المدمن تدفعه إلى اللجوء إلى السرقة، أو إلى الدعارة عند النساء لإشباع حاجته في تعاطي المخدر، حيث يشعر المدمن برغبة لا تقاوم لاستمرار تعاطي المخدرات والحصول عليها بأية وسيلة.

من جهة أخرى فإن الجريمة نفسها قد تؤدي إلى الإدمان، وشرب الخمور، وتعاطي المخدرات لأن الشخص المجرم يبحث عن وسيلة يحاول بها نسيان ما ارتكبه، وليخفف عن نفسه المعاناة. فالمتعاطي غالباً ما يعيش في جو تسوده قيم الانحراف، حيث يدخل المتعاطي للعقاقير وسط جو اجتماعي مليء بقيم السلوك الإجرامي والتي تحتل عنده مركزاً أساسياً، ومن ثم يرتبط بقيم الإجرام قبل أن يتعاطى العقاقير عن طريق امتداد نسقه القيمي الأصلي لكي يشمل هذه القيم الإجرامية ولكن المتعاطي في هذه الحالة كالغريق الذي يتعلق بقشة، وكالمستجير

بالرمضاء من النار، فالجمهور والمخدرات بدلاً من أن تسعفه وتنسيه مأساته الإجرامية، تضيف إليه مأساة أخرى ومشكلات جديدة.

ولهذا يمكن اعتبار العلاقة بين تعاطي الخمور والمخدرات والجريمة علاقة سببية دائرية، إذ يؤدي كل منهما إلى الآخر. فالجريمة تؤدي إلى الإدمان، كما أن الإدمان يؤدي إلى الجريمة (العيسوي، 1990).

ولكن يجب في نفس الوقت التمييز بين مخدر وآخر في علاقتهما بأنواع خاصة من السلوك الإجرامي. فقد وجد كل من ماساكي (Massaki, 1956) وناجهام (Naghamm, 1968) في اليابان، وكذلك إنجي (Inghe, 1969) في السويد زيادة كبيرة في ارتكاب الجرائم بين مستعملي الأمفيتامينات. كما وجد إلين وود (Eliin Wood 1976) في مقارنته لعينتين من المتعاطين للأمفيتامين وغيرهم من المتعاطين للعقاقير الأخرى، أن المتعاطين الذين يتناولون 30 مليجراما فأكثر من عقار الأمفيتامين يتصفون بمعدلات زائدة للسلوك الانحرافي أكثر من غيرهم. (Austin, 1979)

كما أثبتت الدراسات البريطانية كدراسة سكوت ولكوكوس (Scott & Willcox, 1965)، وكوكيت وماكس (Cockett & Maka, 1969) ولانكستر وروكلي (Lancaster & Rockley, 1970) أثراً للعلاقة بين الأمفيتامينات والسلوك الإجرامي، من خلال تحليلهم عينة من البول للأفراد المتعاطين للأمفيتامين والميتا أمفيتامين على حد سواء.

كما وجد توبين وآخرون (Typin, Et. Al. 1971) أن طبيعة الجرائم التي يرتكبها المتعاطون لعقار الأمفيتامين هي من نوع جرائم العنف، وذلك نتيجة إحساسهم بالنشاط الزائد الذي ينتجه هذا العقار. ولكن إلين وود، وكرامر وآخرون (Kramer, Et. Al, 1976) يرون أن جرائم العنف الخاصة بتعاطي الأمفيتامين لا ترتكب إلا إذا كانت في محيط الجماعة، فهي التي تشعر الفرد بتأثير

العقار وتحفزه على الفعل. بمعنى أن آثار العقار يحرف الواقع للمتعاطي، ويعطي له تصوراً واهماً بالشجاعة والجرأة والإقدام. كما أن تعاطي المخدرات أو حيازتها أو الاتجار فيها جريمة بحد ذاتها، حيث يحاسب عليها القانون في معظم دول العالم.

الأسباب المفسرة لظاهرة تعاطي الخمور والمخدرات:

تتعدد الأسباب المفسرة لظاهرة تعاطي الخمور والمخدرات، حيث أن البعض يعيدها إلى أسباب اجتماعية، والبعض الآخر يعزيها إلى عوامل نفسية، كما أن وجهات نظر تفسر هذه الظاهرة استناداً إلى أسباب فيزيولوجية، في حين أن آخرين يفسرونها استناداً إلى اهتزاز القيم الدينية عند المتعاطين. وسوف نبين فيما يلي أهم هذه الأسباب مدعمة بنتائج الدراسات العلمية والأدلة الكافية من خلال آراء العلماء في مجالات متعددة.

أولاً: الأسباب الاجتماعية:

تستند الأسباب الاجتماعية إلى بعض المتغيرات الاجتماعية ذات العلاقة بظاهرة تعاطي الخمور والمخدرات، حيث دلل علماء الاجتماع بشكل واضح على هذه الظاهرة واعتبروها ظاهرة غير صحية تتعلق ببناء المجتمع ونظمه. وأهم هذه المتغيرات الاجتماعية التي يمكن من خلالها تفسير ظاهرة الإدمان على الخمور والمخدرات ما يلي:

آ- الانحراف الاجتماعي:

يميل بعض علماء الاجتماع إلى اعتبار الاعتماد على الخمور والمخدرات شكلاً من أشكال الانحراف الاجتماعي، حيث يرى كل من سيمون دنيتز (Simon Dinitz) وروسل دينيز (Russell Dynes) والفرد كلارك (Alfred Clark) "أن كل جماعة إنسانية.. يمكن أن تستجيب بعض الشيء لمشكلات الانحراف

باعتبار أن المشكلات تهديد حقيقي لأساس ولب القيم الخاصة بالمجتمع.."، فالمنظور الاجتماعي في تفسير الانحراف يعتبر أن السلوك الانحرافي خروجاً على المعايير التي تعتبر اجتماعية في وظيفتها، والتي هي بدورها توقعات مشتركة بين الأفراد والجماعات وضعت أساساً من أجل تنظيم السلوك الاجتماعي، كما أنها ليست معايير فردية، بل إنها ذات طابع عام يشكل الخروج عليها استهجاناً من أفراد المجتمع في صورة مجموعة من الجزاءات الاجتماعية، والتي تعتبر بمثابة ضبط اجتماعي غير رسمي.

كما أن للسلوك الانحرافي أهدافاً وغايات إلا أن تحقيق هذه الأهداف أو الغايات يتم بطرائق غير مشروعة، طالما أخفق الأفراد في تحقيقها بالوسائل المشروعة المعترف بها اجتماعياً. وبعد تعاطي المخدرات والعقاقير بكل أنواعها أنموذجاً لهذا السلوك والذي يعد معنى من معاني التوافق أو الدفاع أو الهجوم للمشكلات التي يخلقها البناء الاجتماعي.

ب- المعايير والقيم:

يرى بعض علماء الاجتماع أن الإدمان على الخمور والمخدرات يعد شكلاً من أشكال الانحراف الاجتماعي، كما أن مشكلات الانحراف من هذه الزاوية تعد تهديداً حقيقياً لجوهر القيم الخاصة بالمجتمع ككل. فالمتعاطون للخمور والمخدرات يعد سلوكهم غير متوافق مع المعايير النظامية لأن سلوكهم في هذه الحالة ليس إلا استجابة انسحابية لعدم القدرة على التوافق مع الإطار القيمي للمجتمع الأكبر ليكون الصراع بين القيم المتطابقة ثقافياً من ناحية، وعدم القدرة على التمسك بها من ناحية أخرى، أحد العوامل المسببة للانحراف.

كما يمكن أن يكون التعاطي راجعاً إلى التحولات والتغيرات السريعة للمجتمع (من المجتمعات الشعبية إلى المجتمعات الحديثة، أو من المجتمعات الريفية إلى المجتمعات الحضرية)، مما يؤدي إلى اهتزاز القيم وانحرافها لعدم القدرة

على مسايرة هذه التحولات.... فضلاً عن ذلك فإن تعاطي المخدرات يمكن أن ينشأ بسبب الكبار في نقل قيمهم للصغار (أطفال ومراهقين)، مما يجعلهم تحت التأثير الأقوى لجماعة القرناء في بعض المواقف.

جـ- قرناء السوء:

يعد التفاعل الاجتماعي عملية تأثر وتأثير بين الأفراد والجماعات في أعمالهم وأفعالهم وآرائهم في جميع مواقفهم وأنماطهم السلوكية. فالإنسان ابن بيئته التي يعيش فيها.

ونظراً لكون جماعة الرفاق لا سيماً الشباب منهم يدورون في فلك بعضهم بعضاً، ويرتاحون لجلساتهم، وينظمون لها مواعيد مسبقة، ويتبادلون من خلالها الأفكار التي تنسجم وثقافتهم، فإنهم يتأثرون بسلوك بعضهم البعض سلباً أو إيجاباً، بسبب القدرة والتقليد لأنماط السلوك السائدة بينهم، كما أنهم يسايرون بعضهم في عاداتهم وتقاليدهم وسلوكياتهم. ويقول الشاعر العربي أبو تمام الطائي في هذا الصدد.

إذا جاريت في خلق دنيئاً فأنت ومن تجاريه سواء

وتتابعت الاهتمامات العلمية في دراسة أثر سلوك جماعة الرفاق على الفرد، حيث يرى العالم إدوين سذرلاند (Edwin Sutheriand) في نظريته نظرية الاقتران الفارقة أن إدمان الكحوليات والمخدرات تكون عادة نتيجة الاتصال بجماعات مختلفة هي التي يتحد معها، فإذا اتحد مع جماعات لها نفس الخبرة والممارسة في الإدمان، فإن ممارسته من المحتمل أن تتوافق مع معيار الجماعة في هذا الخصوص. ويضيف الفريد ليند سميث .(Alfred Lind Smith) أن هذا الاقتران يسبب الإدمان خاصة عندما يرتبط التعاطي في البداية بالتجريب، ثم تبدأ دورة الإدمان حينما يختبر الفرد تجربة الانسحاب من المخدر وما يصحبها من قلق ليكون الاقتران مع الجماعة مرة أخرى هو السبيل للتخلص من هذا القلق.

وهذا يعني أن جماعة الأقران لا يقتصر دورها على تشجيع الفرد على التعاطي، بل يمتد أثرها لكي تغرس فيه هذه العادة، لدرجة أنه لم يعد في قدرته أن يتخلى عن المخدر وجو الإنعاش الذي تتيحه هذه الجماعات. فرفاق السوء يشكلون أحد المتغيرات المترابطة بانتشار ظاهرة تعاطي الخمور والمخدرات، وأن هناك علاقة ارتباطية إيجابية مباشرة بين تعاطي المخدرات ورفاق السوء بصرف النظر عن نسبية هذه العلاقة ودرجة تأثيرها من حالة لأخرى (السعد، 1993: 155).

وبناء على ذلك فقد توصل العديد من الدراسات التي أجريت في بلدان عديدة إلى أن رفاق السوء يشكلون المرتبة الأولى في دفع الأفراد إلى تعاطي المخدرات، مما يؤكد أن رفاق السوء وصحبتهم تعتبر من العوامل الرئيسية في زيادة أعداد المتعاطين للمخدرات، وزيادة انتشارها. ففي دراسة أجراها صالح السعد (1993) في المملكة الأردنية الهاشمية عن تعاطي المخدرات والمؤثرات العقلية، على عينة قوامها (135) نزيلاً متعاطياً من نزلاء مراكز الإصلاح والتأهيل في المملكة و (135) نزيلاً متعاطياً من الوافدين من الجنسيات العربية المختلفة، تبين أن (26.3%) من إجمالي أفراد العينة، أفادوا أن سبب تعاطي المواد المخدرة مجاراة الأصدقاء وجعلوا هذا السبب في المرتبة الأولى. أما نسبة من أفادوا أن السبب الثاني في تعاطي المخدرات هو مجاراة الأصدقاء فهي (5.2%)، ومن وضع هذا السبب في المرتبة الرابعة يشكلون نسبة (3.7%) منهم. أي أن إجمالي دور الأصدقاء ومجاراتهم في دفع أفراد العينة لتعاطي المخدر تبلغ (35.2%) وهي نسبة مرتفعة إذا ما قيست بنسب الأسباب الأخرى الكثيرة.

ومن الدراسات الأخرى التي أيدت نتائج الدراسة السابقة دراسة عدلي السمري (1990) على عينتين بلغ مجموعهما (400) فرد، الأولى تجريبية (200) فرد من نزلاء قسم علاج المدمنين في مستشفى الصحة النفسية بالمعمورة بالإسكندرية، والعينة الثانية ضابطة من غير المتعاطين وبلغ مجموعها (200) فرد، وقد توصلت هذه الدراسة إلى أن من يعتبرون أن صحبة الأصدقاء تشكل الدافع

الأساسي لتعاطي المخدرات بلغت نسبتهم (54.5%)، وأن (88.5%) منهم قد حصلوا على المخدر لتجربتها لأول مرة من أحد الأصدقاء. (شكري وآخرون، 1993).

كما توصلت إلى مثل هذه النتائج، الدراسة الميدانية التـي أجراهـا ودود (Wadud, 1981) في الباكستان على عينة قوامها (360) فرداً، حيث أظهرت أن نصف أصدقاء أفراد العينة هم من متعاطي المخدرات.

كما اتضح أيضاً من نتائج الدراسة التي أجريت في بورما على عينة مكونة مـن (317) فـرداً من مدمني الأفيون، و (1144) فـرداً مـن مـدمني الهـروين، أن (35%) مـن مـدمني الأفيـون و (69%) من مدمني الهيروين اكتسبوا ثقافة المخدر وتعاطيه عن طريق الأصدقاء.

وفي دراسة أجراها رور وجيربر (Rohr & Gerber) عـلى عينـة قـدرها (880) متعـاط في مدينة نيويورك، تبين أن صحبة الرفاق كانت وراء تعـاطي المخـدرات عنـد معظـم أقـراد العينـة (بدون تاريخ، .(Beckett

كما توصلت دراسة شـكري وآخـرون (1993) في مصرـ إلى أن الأصـدقاء يشـكلون المصـدر الأساسي للمعلومات عن المخدرات سواء عن طريق السمع أو عن طريق الرؤية المباشرة، إذ ذكر (61%) من أفراد المجموعة التجريبية و (17%) من أفراد المجموعة الضابطة أنهـم سـمعوا عـن المخدر لأول مرة عن طريق الأصدقاء. كما ذكر (63%) من أفراد المجموعة التجريبيـة، و (29%) من أفراد المجموعة الضابطة أنهم شاهدوا المخدرات لأول مرة مع أصدقائهم.

وفي دراسة ميدانية استطلاعية أجراها ثابت (1984) في دولة الإمارات العربية المتحدة عام 1982، حول أثر ظاهرة استنشاق المذيبات الطيارة على عينة بلغ مجموعهـا (425) مبحوثـاً مـن طلاب المرحلة الابتدائية والإعدادية والثانوية ومن في مسـتواهم العمـري ممـن قطعـوا صـلتهم بالتعليم، اتضح أن (98،8%) من مجموع

أفراد العينة قد سمعوا عن استنشاق الغراء، منهم (62.1%) سمعوا عن استنشاق الغراء من زملائهم في الفصل الدراسي، كما أفاد (75%) منهم أنهم اكتسبوا هذه العادة من الأصدقاء، وذكر (83.3%) أن لهم أصدقاء يمارسون استنشاق الغراء والغازات الأخرى.

كما اتضح من الدراسة الإحصائية لسمات الشخصية لمجموعة من المعتمدين على الأفيون بلغ عددهم (218) فرداً تطوعوا للعلاج في عيادتي العتبة وآلي العزم بالقاهرة، أن (61%) منهم أفاد أن الأصدقاء هم الذين قدموا لهم المخدر لأول مرة (أبو العزايم، 1989: 212).

واتضح أيضا من دراسة الكردي وزملائه (1990) في قطر على عينة من المتعاطين كانوا يقدمون لهم المخدر على سبيل التجربة أو المجاملة، أن (55%) منهم كانوا مرتبطين بأصدقاء من المتعاطين قبل معرفتهم المخدر لأول مرة وتعاطيهم له. فضلاً عن ذلك تشكل الثقافة الفرعية للمتعاطين دافعاً أساسياً للإدمان فالثقافة الفرعية للمتعاطين تنطوي على عملية التعلم المتصلة بالانحراف، والتي تجعله في وقت معين مقبولاً ومستحباً من قبل أفرادها. فالثقافة الفرعية للمدمن تنتقل عن طريق التعلم والاشتراك في بعض القيم والمعتقدات والاتجاهات من جماعة إلى أخرى لتصبح في النهاية قيم الانحراف مستدمجة داخل النسق القيمي لهذه الجماعات الفرعية.

3- الفشل في الأدوار الاجتماعية:

يفسر علماء الاجتماع ظاهرة الاعتماد كشكل من أشكال الفشل في أداء الأدوار الاجتماعية التي يمارسها المتعاطي للخمور والمخدرات في حياته اليومية. ولهذا فإن الكثير من أشكال الانحراف ابتداء من إدمان الخمور والمخدرات إلى المرض العقلي، هي نتيجة للقلق الناشئ عن هذا الفشل في تحقيق دور أو أكثر من أدوار الفرد الاجتماعية في الحياة. ويرى (بندكت) أن المجتمعات البسيطة تخلو من هذا الصراع

والقلق الناشئ عن الفشل في أداء الأدوار الاجتماعية لأنها مجتمعات متسقة في نظمها الاجتماعية كافة من أسرة ودين وسلطة ونشاط اقتصادي وتربوي، كما أن دور الفرد فيها محدود تماماً وليس عليه من المطالب والتوقعات ما هو متناقض أو غير مناسب لهذه الأدوار.

هـ- الفشل في عمليات التنشئة الاجتماعية:

يعبر مفهوم التنشئة الاجتماعية عن العملية التي يهدف من ورائها الآباء إلى جعل أبنائهم يكتسبون أساليب سلوكية ودوافع وقيماً واتجاهات يرضى عنها المجتمع، وتتقلبها الثقافة التي ينتمون إليها (الزعبي، 1994 أ: 93).

فالتنشئة الاجتماعية على حد قول (العشماوي 1993: 164) تعد من الحصون الأولى أو خط الدفاع الأول الذي يختبره الإنسان ليتعلم من خلال الممارسة كيف يتصرف في مواقف الألم أو التحدي. فمدمنوا الخمور والمخدرات لم يتعلموا جيداً كيف يتصرفون أثناء مواقف الأزمة، ويكون هذا المستوى الأول من الفشل للتنشئة الاجتماعية ذا علاقة مركزية بمشكلة الإدمان، حيث يأتي المدمنون من تنشئة ذات إحساس بالنقص أو القصور- إحساس بالاغتراب- إحساس بضعف الثقة بالنفس في مقابلة الأزمات، إحساس بعدم القدرة على مواجهة المشكلات.

ولذلك يمكن اعتبار أن المشاعر والاتجاهات السلبية التي توفرها التنشئة الاجتماعية السيئة، وكذلك التفكك الأسري بما يحمله من هجر أو طلاق أو شقاق دائم، تكون كلها بمثابة تربة صالحة وخصبة لنمو ظاهرة الاعتماد على المخدرات والعقاقير.

والجانب الآخر في عملية التنشئة الاجتماعية والذي له علاقة بالإدمان على الخمور والمخدرات يتمثل في غرس بعض القيم السلبية التي تحبذ الانحراف، وتمجده أحياناً، وتضفي عليه القبول والاستحسان، ويتعلق بذلك أيضاً احتمال وجود نماذج مدمنة بين أفراد الأسرة، مما يؤدي إلى اهتزاز مكانه الضبط الاجتماعي

في الأسرة التي يتولاها الأب أو الأم، بحيث يجد الأبن الطريق ممهداً للانحراف بشتى صوره.

ولا تقتصر ـ عملية التنشئة الاجتماعية حالياً على الأسرة، بل تشاركها في هذه المهمة مؤسسات اجتماعية وجماعات أخرى، ووسائل الإعلام المختلفة وخاصة التلفزيون.

فضلاً عن ذلك يرى هاريسون (Harrison) الباحث في مجال المخدرات، أن مشكلة الإدمان على المخدرات تتصل إلى حد كبير بعملية التنشئة الاجتماعية من خلال المعلومات الخاطئة المنشورة عن المخدرات بوساطة وسائل الاتصال الجماهيري (Mass Media).

و- العوامل الإيكولوجية:

يربط أنصار هذا الاتجاه بين تعاطي المخدرات والعقاقير كشكل من أشكال الانحراف، وبين توفير تراكيب بيئية خاصة تلك التي تحتوي على ضغوط وأوضاع اجتماعية تتصف بعدم التكامل والاتساق فيما بينها. فقد أظهرت بعض الدراسات وجود علاقة مميزة بين البناء البيئي وبين التوزيعات المختلفة لحالات إدمان العقاقير، حيث ظهر أن الإدمان يتركز في تلك المناطق ذات المدن الكبيرة المهدمة، والمزدحمة بالسكان، والمتميزة بساكني الأشخاص من ذوي المكانة الاجتماعية والاقتصادية المنخفضة، والتي يوجد فيها كذلك نسب عالية من الأنواع الأخرى للأمراض الاجتماعية كالتشرد والجريمة والدعارة.. الخ. ولذلك فإن معدل استهلاك العقاقير المخدرة يسجل أعلى ارتفاع له في المدن الأكثر ثراء والأكثر ازدحاماً بالسكان، والأكثر تدهوراً، وهي بالتالي المدن التي تشهد نسباً مئوية عالية من الجناح (العلم والمجتمع، 1984).

ثانياً- الأسباب النفسية:

يركز هذا النوع من الأسباب على النواحي الذاتية المتعلقة بشخصية المتعاطي للخمور أو المخدرات. فقد أوضح بعض العلماء مثل سيرين وكاهلان (Cisin

& Cahlan, 1966) العلاقة بين الخصائص الشخصية لمدمني الخمر والمخدرات، فقد ذكروا أن مدمني الخمر يصفون أنفسهم بأنهم أصحاب مشاكل أكثر من غيرهم، وأنهم ينتمون إلى بيئات ذات مستوى اجتماعي متدن، كما يبدو عليهم القلق، والشعور بالذنب، وعدم الاستقرار الانفعالي، وانخفاض في تقدير الذات، كما أنهم نشأوا في بيوت لا تقدر قيمة الجهد في تحقيق الهدف، ولم تعلمهم أن في الحياة مصاعب لابد من مواجهتها، وأن فيها خيراً لا يدوم.

بالإضافة إلى ذلك فإنه من المرجح أن مدمني الخمر والمخدرات يتمتعون بقدرة منخفضة على تحمل الإحباط، وبنقص القدرة على التعامل مع التوترات من أي نوع، وبالميل إلى الابتعاد، أو التنازلات تجنباً للمكروه أو اتخاذ القرارات. كما أن صفة الاتكالية تجنباً لبذل مجهود مباشر تبدو عند مدمني الكحول.

ولذلك يمكن اعتبار أن انخفاض تقدير الذات، ومشاعر الإثم، والعجز عن مواجهة الصراعات، والقلق، وضعف القدرة على تحمل الإحباط قد تكون استجابة المتعاطي للإدمان. فالإدمان على الخمور والمخدرات مظهر من مظاهر اختلال الشخصية ونتيجة لها، مما يهيء المدمن لحالات العصاب النفسي.

ويرى أنصار النظرية السلوكية أن تعاطي المخدر ليس إلا عادة شرطية تنمو عن طريق التعلم، وتستمر هذه العادة عن طريق ما يسمى بالتدعيم الإيجابي القادر على تقوية العادة نفسها. وتؤيد الكثير من الملاحظات الإكلينيكية وجود علاقة بين نموذج التعليم عن طريق الارتباط الشرطي، وبين نشأة الاعتماد على المخدرات أو الكحوليات. فالنموذج هو: قلق- كحول- التخلص من القلق، حيث يمارس ويكرر ويصبح مدعماً تدعيماً شديداً، والتدعيم هنا هو التخلص المباشر من القلق. ولما كان الفعل المنعكس الشرطي بشراب الكحوليات وتعاطي المخدرات فعلاً غير تكيفي، فإنه بالتالي يسهم في استمرار القلق الذي يستثير الاستجابة المنعكسة- كتناول المسكر- وهكذا يستمر الشخص في دائرة مفرغة بين القلق والمسكر، ويمكن تمثيل ذلك على الشكل التالي:

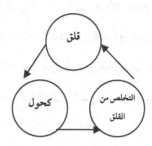

وهكذا تدعم العادة تدعيماً إيجابياً بحيث إذا حاول الفرد الامتناع عن المخدر أو الشراب فإنه يعاني من القلق، والقلق لا يزول إلا بتناول المخدر أو الشراب، وهكذا تدوم حلقة الاعتماد المفرغة. ويرى الفريد لاند سميث (Alfred Lindesmith) أن العادة تتشكل وتنمو عند محاولة الانقطاع عن المخدر، وحيث أنه يختبر آلام الانسحاب، وحين لا يستطيع تحملها تكون النتيجة هي الارتباط الشخصي المتعلق بالمخدر، بمعنى أن حينما يختبر الانسحاب تدعم العادة الشرطية للمتعاطي (العشماوي، 1993).

أما والفن (1960) فيرى أن أنماط الإدمان متعلمة كغيرها من أنماط الأعراض المرضية، وأن التعلم الشرطي الوسيلي يدخل في تكوين العادة (جلال، 1984).

أما أصحاب مدرسة التحليل النفسي بزعامة سيجموند فرويد (S. Freud) فيرون أن منشأ التعاطي وطبيعته تحددها البيئة السيكولوجية للمدمن. فالمتعاطي حدث له تثبيت عند المرحلة الفمية (أي تثبيت اللذة الجنسية عند المرحلة الفمية من مراحل النمو النفسي- المبكرة التي تهيئه لأن يكون في حاجة إلى رعاية الآخرين وإلى أن يكون اتكالياً سلبياً. وتعاطي المخدر أو الشراب المسكر عبارة عن محاولة للتخلص من التوترات والصراعات بين الحاجات، كما أنه محاولة توافقية خاصة بالشخصية المتميزة بالقصور النفسي.

وترى هذه المدرسة أيضاً أن مصدر السلوك الإنساني هو ذلك الصراع الذي ينشأ بين مكونات الشخصية الثلاثة: الهو (Id)، والأنا (Ego) والأنا الأعلى (Supper Ego) من ناحية، وبينها وبين العالم الخارجي من ناحية أخرى.

وتعاطي الخمور والمخدرات وفقاً لذلك ليس إلا مظهراً من مظاهر عدم قدرة (الأنا) على تأجيل إشباع نزوات الهو الملحة أو الحد من غلوانها مما يؤدي إلى الصراع، ويكون الإحباط هو السمة المميزة للشخصية. ويكون التعامل مع الإحباط عن طريق إيجاد البدائل المناسبة، كالشعور بالنشوة والسعادة والمرح الناتج عن تحريف الواقع الذي يحدث نتيجة التأثيرات الدوائية للمخدر (المغربي: 1986: 90).

فضلاً عن ذلك فإن الإدمان العرضي للمخدرات كما يرى "أوسبيل" يحدث في مظهر عدواني غير اجتماعي (سيكوباتي)، حيث يشعر من المدمن من هذا النوع برغبته في الانتقام من المجتمع خلال إدمانه للمخدرات.

كما يرى منجر (Menniger, 1983) أن أثر الكحول في تدمير الذات يعد نوع من التكفير عن الإثم أو الشعور بالذنب نتيجة العدوان، وأنه نوع من الانتحار كذلك.

بالإضافة إلى ذلك يرى المحللون النفسيون أن مدمن المخدرات ضعيف جنسياً، وأن كثيراً من المدمنين يأتون من بيوت كان الأب فيها ضعيفاً والأم هي الأقوى، ويخفق الآباء من هذا النوع عن تزويد أبنائهم بنموذج ناجح يتقمصونه، بينما تتميز الأمهات بأنهن من النوع المغتصب، والمخرب في وقت واحد، وتميل إلى الإدمان على المخدر محاولة للتهرب من مسؤولية إقامة علاقة مع الجنس الآخر (جلال، 1984).

فالاعتماد الذي نجده عند متعاطي الخمور والمخدرات حسب هذه النظرية ليس إلا سلوكاً دفاعياً، أو مظهراً من مظاهر النكوص لتلك الخبرات والدوافع التي ترجع إلى رواسب طفلية، أو بسبب ضعف قدرة الذات على المواءمة بين مكونات الجهاز النفسيـ للشخصية، أو بسبب توفر بعض السمات أو الخصائص التي تظهر في

صورة نموذج الشخصية المهيأة للإدمان، أو نموذج الشخصية القاصرة، أو نموذج الشخصية السيكوباتية.

أما أصحاب سيكولوجية الذات فيرون أن الذات حينما تهتز أو تتعرض للضعف، فإنها تلجأ على تعاطي المخدرات والمشروبات الكحولية كوسيلة دفاعية ضد الإحساس بالقلق والفشل أو العجز أو تعويضه ضد النقص وعدم الكفاية.

أما أصحاب المداخل النفسية الاجتماعية، فقد اهتموا بكل من الحياة الداخلية والخارجية للإنسان، ويرون أن سلوك ومشاكل الإنسان ليس إلا انعكاساً لنوع آخر من الشخصيات ليست بيولوجية بقدر ما هي شخصية اجتماعية.

وترى كارن هورني أن المبدأ الذي يقرر السلوك البشري ليس الغرائز الجنسية كما يرى فرويد، وإنما الحاجة إلى الأمن، فإذا وصل الطفل في علاقته بأبويه على حد يصعب السيطرة عليه، ينمو لديه شعور شامل بأن العالم مكان عدواني وخطر دائم (هاربرت، 1974).

وهناك علاقة وثيقة بين عدم الشعور بالأمن وبعض مظاهر السلوك الشاذ كالانطواء والعدوان، وهذا العدوان قد يوجه إلى الذات أو إلى العالم الخارجي. ففي تعاطي الخمور والمخدرات يكون هذا التعاطي بمثابة عدوان موجه نحو الذات لفقدان الشعور بالأمن، كما أنه يكون عدواناً موجهاً نحو غيره عن طريق ترويج أو الاتجار بالمخدرات، وفي الغالب يكون التعاطي وسيلة للشعور بالأمن، من خلال اتصاله بغيره من المتعاطين. وهذا ما وجده كل من شين وجيرارد وروزنفالد (Chein,   Gerard & Rosen Feila, 1964) ، في أن كثيراً من حالات التعاطي قد تميزت بخاصية عدم وجود الأب في المنزل، كما أن العلاقات بين الوالدين غالباً ما تكون مزعجة أو خالية من الشعور بالأمن (Geraid, Et. Al. 1974) .

أما إيريك فروم (From) فيركز اهتمامه على علاقة الإنسان بالمجتمع، ويرى أنه حينما تتسع الهوة بين الشخصية الفردية والشخصية العامة يزداد الصراع، ويشعر الإنسان بالعزلة والإحباط لعدم إحساسه بالكفاءة في علاقته بالمجتمع. ولذلك يلجأ الفرد إلى المخدرات نتيجة إخفاقه في تحقيق أهداف ذاته الشخصية في علاقته بالحاجات الاجتماعية التي تسعى دائماً إلى الإشباع.

في حين أن "آدلر" يرى أن الإنسان بطبيعته يرغب في التفوق الاجتماعي، وإثبات الذات وتعويض النقص، من خلال تفاعله مع الآخرين. وبناء على ذلك فإن لجوء الفرد إلى تعاطي المخدرات ليس إلا سلوكاً تعويضياً لإثبات الذات التي عجزت عن إثبات نفسها بالشكل السوي من خلال الانخراط في الحياة التعاونية التفاعلية.

ثالثاً: الأسباب الفسيولوجية:

قد يحدث الإدمان على الخمور والمخدرات بسبب بعض التغيرات الفسيولوجية التي تطرأ على الجسم نتيجة التعاطي. فقد تستجيب أنسجة الجسم كيميائياً إلى تغير معين نتيجة وجود مادة معينة في الدم، فإذا نقصت هذه المادة اضطر الإنسان إلى الإكثار منها ليشبع الكمية المطلوبة في الدم.

فإذا أخذنا بعين الاعتبار أن المخدرات تحمل نسبة من المورفين ذات التأثير على الجهاز العصبي المركزي، فإن المخدرات وما تحمله من خصائص فارماكولوجية على جسم الإنسان ذات فاعلية في تنمية التحمل، ومن ثم تنشأ الحاجة إلى زيادة الجرعة يوماً بعد آخر، ويعد التحمل إحدى الخصائص المميزة "للاعتماد". وهناك افتراض يذهب إلى أن التناول المفرط للكحول يكلف خلايا لحاء المخ، ويغير من نمط الأيض في خلايا المخ بحيث يصبح المخ يتطلب الكحول من أجل حسن أدائه لوظائفه. أي أن الامتناع عن الكحول يؤدي إلى أن تصبح خلايا المخ في حالة من عدم الاتزان ويجعل الخلايا المخية تتطلبه (سوين، 1988).

فضلاً عن ذلك فإن الإكثار من شرب الكحول سرعان ما يؤدي إلى نقص في العناصر الغذائية وآثار التسمم، ثم إن هذا التسمم ينتقص من قدرة الكبد على إزالة أثر التسمم بالكحول فيحدث قدراً أكثر من الضرر. كما أن كبد المريض يؤدي إلى زيادة التعرض لانحلال النسيج العصبي، وازدياد استخدام الكحول بوصفه جزءاً من أيض الخلايا، ثم يحدث إدمان الجسم للخمر في آخر الأمر.

ولهذا فإن الآثار المرضية للاستخدام المزمن للكحول قد تمنع المريض من التوقف عن إدمان الكحول.

رابعاً: الحروب والأزمات:

أثبتت البحوث العلمية أن الحروب والأزمات تؤدي إلى زيادة عدد المدمنين. فالحرب الأهلية في أمريكا مثلاً (1861- 1865)، أدت إلى ازدياد عدد المدمنين على الخمور بنسبة كبيرة، وكذلك حرب فيتنام. كما أن الحرب اللبنانية قد برهنت أنه في عامي 1975 و 1976، قد ارتفع عدد المدمنين بنسبة تقرب من (30%)، كما أن النسبة قد تزايدت بعد ذلك، خاصة وأن لبنان هو بلد منتج للمخدرات وخاصة الحشيش (النابلسي، 1991).

خامساً- الأسباب الدينية:

يرى أصحاب هذا الاتجاه أن تعاطي الخمور والمخدرات إنما يعبر عن ضعف الوازع الديني لدى المتعاطين والمدمنين، ويعد مظهراً من مظاهر الانحراف عن القيم الدينية التي تدين بها المجتمعات على اختلاف معتقداتها.

ففي إحدى الدراسات في المجتمع المصري تبين أن (12%) من متعاطي الحشيش يعتقدون أن تعاطيه محرم دينياً، في حين يعتقد (61.5%) منهم أنه مكروه فقط، وصرح (26%) منهم أن التعاطي للحشيش غير محرم ولا مكروه. وقد عبر الذين ذكروا أن الحشيش مكروه، أو أنه ليس محرماً ولا مكروهاً، أن هذا الاعتقاد

هو الذي دفعهم وشجعهم على اكتساب عادة التعاطي. كما عبروا بشكل واضح أنهم لم يعانوا صراعاً داخلياً بين اعتيادهم على تعاطي المخدر وبين إيمانهم بالدين (سوين، 1988).

ولذلك جاء الإسلام وحرم الخمر بشكل صريح حيث قال الله تعالى: (يا أيها الذين آمنوا انما الخمر والميسر والأنصاب والأزلام رجس من عمل الشيطان فاجتنبوه لعلكم تفلحون، إنما يريد الشيطان أن يوقع بينكم العداوة والبغضاء في الخمر والميسر ويصدكم عن ذكر الله وعن الصلاة فهل أنتم منتهون) [سورة المائدة، الآيتان 90، 91].

فتحريم الإسلام للخمر جاء نتيجة ما يترتب عليها من مضار تفقد الإنسان القدرة على السيطرة والاتزان، وتأدية الفرائض. كما حرم الإسلام المخدرات قياساً على تحريم الخمر وذلك لما يترتب عليها من مضار وما تحدثه من شرود وتخدير للحواس والعقل. وقد روي عن أم سلمة عن رسول الله (ص) قالت :"أن رسول الله (ص) نهى عن كل مسكر ومفتر". ولذلك شملت صفة التحريم كل أنواع المخدرات والعقاقير سواء أكانت مسكرة أو مفترة، الطبيعية منها والصناعية لاشتراكها في خاصية التخدير والسكر والفتور.

فالإسلام حرم المخدرات والخمور لدرء المفاسد الناجمة عنها، وذلك حماية للنفس والعقل والجسد من الأضرار التي يمكن أن تحيق بها.

الوقاية والعلاج من تعاطي الخمور والمخدرات:

أولاً- الوقاية

يؤدي تعاطي المخدرات بأنواعها إلى اضطرابات نفسية وجسدية واجتماعية متعددة، كما يؤدي إلى الانحراف والإجرام عند المدمن نتيجة اضطراب الوعي التي تحدثها المخدرات. ولذلك كانت أولى الإجراءات الوقائية بالتحذير من تعاطي

المخدرات، وكان أول اتفاق دولي يعقد من أجل الحد من تعاطي المخدرات، هو اتفاق شـنغهاي في عام (1909)، ثم اتفاق لاهاي (1912)، وفي عام (1972) وضعت لجنة المخدرات اللمسـات الأخيرة على البروتوكول الذي وقع في العام نفسه.

ومن الإجراءات الوقائية أيضاً محاربة المخدرات، فقد شنت السـلطات المغـربية حملـة واسعة لمحاربة المخدرات من خلال تشديد المراقبة في المطارات، والموانئ البحرية، وتـزامن ذلـك مع عقد اجتماع ضم مسئولين مغاربة وخبراء من برنامج الأمم المتحدة للمراقبـة الدوليـة علـى المخدرات استضافته الرباط، وبدأ تنفيذه عام 1988 في قرية (أريلا) في منطقـة الريف شـمال البلاد التي تشتهر بزراعة الحشيش، كما تعد عملية التوجيه والتوعية المضادة للإدمان مـن أهـم الإجراءات الوقائية الفاعلة.

ومن أهم الإجراءات الوقائية أيضاً تلك التي تقـوم بهـا الأسرة لحمايـة الأطفـال والمـراهقين واليافعين من تعاطي المخدرات.

دور الأسرة في الوقاية من تعاطي المخدرات:

تحاول الأسرة من خلال عملية التنشئة الاجتماعية لأبنائها أن تحقـق لهـم حيـاة سـعيدة، وتجنبهم خطر الانـزلاق في تعاطي الخمور والمخدرات، والتـي مـن شـأنها أن تـدمر صحتهم، وتعيقهم عن النمو السليم جسمياً ونفسياً وعقلياً واجتماعياً. إذ كلما استطاعت الأسرة تـأخير إمكانية تعاطي الخمور والمخدرات لأبنائها، كان احتمال البدء بها أقل، وكلما تمكنت الأسرة مـن تثبيط همة ونشاط أبنائها مـن الخـوض في تجربة التعـاطي قلت فـرص الأبنـاء في الانـزلاق في طرائق الإدمان.

فالأسرة هي غالباً ما تكشـف تعـاطي الأبنـاء للمخدرات، ولهـذا فإنها بمـا تقـوم بـه مـن إجراءات يمكن أن تكون مفتاح الوقاية لإبعادهم عن المخدرات.

وقـد لعبـت العائلـة التقليديـة مـن خـلال تماسـك أفرادهـا دوراً رائـداً في عمليـة الضبـط الاجتماعي لأفرادها، وبالتالي قلما استطاع مراهق أو حتى شاب كسر الطوق ورفض قيم ومعايير المجتمع، أو حتى الاستخفاف بها، لأن العقاب والنبـذ الاجتماعي الـذي سـيلاقيه، يجعلـه يـتردد بالعودة ثانية لممارسة تعاطي المخدرات. ومن خلال ذلك تمكنت العائلة والمجتمع مـن وقايـة الأبناء من الانحراف عامة، ومن الوقوع في براثن تعاطي الخمور والمخدرات خاصة.

ولكن مع التغيرات السريعة والمتلاحقة للعوامل المادية والاجتماعية والثقافية، ومع طغيان المصلحة الفردية، والطابع المادي على أسـلوب حياة الأسرة، ومـع ازديـاد حـدة وسرعـة الحـراك الاجتماعي الأفقي والرأسي، كل ذلك أدى إلى ظهور مشكلات اجتماعية عديدة من بينها ازديـاد تعاطي المخدرات في العالم. وإذا أخذنا بعين الاعتبار أن تعاطي الخمور والمخدرات قـد يبـدأ مـا بين سن (12- 14سنة) نتبين مدى أهمية الدور الذي يمكن أن تقوم به الأسرة في مساعدة الأبناء من تجاوز هذه المرحلة بسلام بدون تعاطي للخمور أو المخدرات.

وتذكر الدكتورة تماضر حسون (1193) من خلال دراستها الميدانية حول انحراف. الأحـداث الذكور في الوطن العربي، أن طبيعة العلاقات السائدة بين المراهقين والآباء تعـاني مأزقـاً علائقيـاً مهماً سببه الأساسي يتمثل في عدم وجود خطوط واضحة ترسم العلاقة بين الطرفين، وتقوم عـلى أسس سهلة الفهم والتطبيق يخدمها الطرفان. وتبين أن غالبية الآبـاء لم يخططوا لبنـاء علاقـات سليمة تهدف إلى مساعدة أبنائهم في مرحلة المراهقة، كي يمارسوا حياة سليمة معافاة خالية مـن الانحرافات، والإدمان، والمشاكل، وفي مقدمتها تعاطي المخدرات (حسون، 1995: 179).

ولهذا فإن أول متطلب لإقامة علاقات جيدة بين الطرفين يجب أن يقـوم عـلى الحـوار بـين الأهل والأبناء، ومن أجل أن يتم الحوار المريح لابد أن تتـوافر شروط الاستماع الجيد مـن قبـل الأهل والأبناء، ومن أجل أن يتم الحوار المريح لابد أن

تتوافر شروط الاستماع الجيد من قبل الأهل والأبناء، لأن تعطل الحوار بينهما يدل على أزمة في العلاقات الأسرية من شأنها أن تجر مشكلات كثيرة للأبناء والآباء ومن ضمنها تعاطي المخدرات.

ولذلك فإن ما يطلبه الأبناء من الآباء هو أن يسمعوا لهم، وأن يهتم بهم، وأن يحترموا آراءهم، وأن يتناقشوا في أمورهم وأمور الأسرة، وأن يشتركوا في اتخاذ القرارات التي تهم الأسرة، فإذا لم يجد الأبناء من يهتم بهم ويسمع لهم في المنزل، وجدوا من يهتم بهم ويسمع لهم ويحترمهم خارجه، وهنا قد يكون الفخ الذي يؤدي إلى الانحراف.

أما مطالب الآباء من الأبناء فهي حسن التصرف والطاعة، والاحترام، والقيام بواجباتهم المدرسية والمنزلية، واحترام العادات والتقاليد والقانون، والابتعاد عن أصدقاء الرذيلة.

وحتى يتم الحوار البناء بين الآباء والأبناء لابد أن تكون الاتصالات في الاتجاهين سالكة. أما الاتصال من طرف واحد (من الآباء مثلاً)، وإهمال للطرف الثاني (الأبناء) فإنه يؤدي بالأسرة إلى التفكك، ويهيئ المناخ المناسب للانحراف وخاصة تعاطي المسكرات والمخدرات.

ولهذا ترتفع شكاوي المراهقين اليوم، بأن والديهم لم يعودوا يفهمونهم كالسابق، وأن هناك فوارق بين فهمهم للأمور وفهم والديهم لها، كما أن حب الوالدين لهم واهتمامهم بهم قد تضاءل كثيراً، وأصبح يرتدي شكلاً جديداً هو التتبع والمراقبة والشك في سلوكياتهم، مما يجعل الأبناء ينفرون من هذه السلوكيات ويؤدي بهم إلى الانحراف وخاصة تعاطي المسكرات والمخدرات.

ولهذا لابد للآباء أن يفهموا ويقدروا طبيعة التغيرات التي تطرأ على جوانب شخصية الأبناء، وأنه من الضروري تعديل معاملاتهم لهم حسب السن الذي

وصلوا إليه، وبما يتفق مع طبيعة المستجدات التي تطرأ على المجتمع ليتم التوافق معها بعيداً عن الخوف والقلق وبما يحقق لهم السعادة مع الذات ومع الآخرين.

ولكن من الضروري أن يساعد الآباء الأبناء ويعلموهم كيف يصبحون راشدين أصحاء، وذلك من خلال تقبل قواعد وقيم وأنظمة وقوانين المجتمع الذي يعيشون فيه وهذا يتم من خلال قيام الوالدين بدورهم في مساعدة الأبناء على اكتشاف ورؤية ما وراء مخالفة هذه القيم والقوانين والأنظمة السائدة في المجتمع، وإشعارهم بدورهم الفاعل في الأسرة وفي المجتمع إذ بدون هذه المساعدة يبقى الأبناء أطفالاً جاهلين، حتى بعد بلوغهم سن الثامنة عشرة، إذ نجد مظاهر الاتكالية، وعدم التصرف بحكمة، والعجز عن ممارسة دورهم في الحياة كراشدين.

ومن أجل إقامة علاقات بناءة بين الوالدين والأبناء، لابد لمثل هذه العلاقات من أن تستند إلى الأسس التالية:

1- أن تعمل الأسرة كفريق عمل واحد:

إن عمل أفراد الأسرة كفريق هو أساس التفاعل الناجح والمنتج من أجل حل المشكلات التي تواجه أفراد الأسرة. وأول أساس يبنى عليه تماسك واتحاد أفراد الأسرة هو أن يكون هناك ثقة متبادلة بين الآباء والأبناء، وتأصيل تلك الثقة لدى كلا الطرفين منذ بداية الطفولة الأولى، والذي يدعم جذور الثقة هو أن يكون الصدق غير القابل للمساومة والرغبة الأكيدة لدفع الثمن اللازم في حالة خرق قواعد الأسرة، معيار التعامل اليومي لدى كل من الأهل والأبناء. أما الأساس الثاني لتماسك واتحاد الأسرة، فيتمثل في الاعتراف بالأخطاء وممارسة السلوك المنحرف، ورفع شعار "قل الحقيقة"، وإذ لم تفعل فإنك تمارس عملاً غير مقبول، ولا يحق لك ممارسته (حسون، 1995: 187، 188).

فالأبناء المراهقون يريدون، ربما أكثر من أي شيء آخر، الشعور أنهم يحتاج لهم ويحترمون، وتكون المساعدة لهم أكثر للحصول على هذه المشاعر من خلال العمل الجاد.

كما أنه عند توزيع المسؤوليات فإنه من المهم أن يرى كل أعضاء الأسرة العدل في التوزيع، إذ أنه ليس من المعقول أن يجلس الآباء بينما يعمل المراهقون، كما أنه ليس من المعقول أن يجلس المراهق في المنزل أو يلهو مع أصحابه، بينما الآباء يعملون.. ولذلك لابد أن يكون العمل الأسري عادلاً، وأن يوزع بطرائق يمكن للجميع فهمها. وعلى الآباء أن يوقنوا تماماً بأن بطالة المراهق يمكن أن تكون مدمرة له ولأسرته كلها (ديبونت، 1989: 243).

2- السيطرة الأسرية القوية تؤدي بالنهاية إلى سيطرة ذاتية للمراهق:

فالضبط الأسري الصارم قد يؤدي غالباً إلى سيطرة ذاتية للمراهق، وهذا النهج للعلاقات بين الوالدين والأبناء يبدو للوهلة الأولى أنه يضع عوائق أمام حرية المراهق، ومن أجل أن يساعد الوالدان المراهق لتخفيف ألمه الناتج عن فرض الضوابط والقواعد، لابد من إجراء عمليات المناقشة والحوار لتلك القواعد والضوابط المفروضة عليه من قبل الأسرة حتى يشعر كل فرد من أفراد الأسرة بأن تلك الضوابط تعمل لتلبي الحاجات الشخصية والأسرية، وأن على الفرد التنازل قليلاً عن رغباته من أجل تحقيق السعادة له ولأسرته.

ولذلك فإن طريقة التعامل التي يجب أن تسود بين الوالدين والأبناء تكون بالضبط الواعي المليء بالمحبة والحرص من قبل الأهل على إيصال الطفل منذ ولادته وحتى مراهقته ليصل إلى مرحلة التحكم الذاتي، من خلال إعطاء التعليمات وفرض القيود على سلوكيات الأبناء، ومتابعة ذلك من قبل الوالدين لمعرفة نتائجها المحتملة، وفيما إذا كانت هذه القيود ستساعد الابن حقاً على النمو والبلوغ المعافى، وإلا فإن ردود الفعل ستكون أكثر قسوة (حسون، 1995: 191).

3- الاتصال الجيد بين الآباء والأبناء:

يؤكد علماء النفس والاجتماع والتربية على أهمية الاتصال الجيد بين أفراد الأسرة، اتصالاً يقوم على الصدق والحوار البناء، وذلك لتأكيد ذات كل فرد في الأسرة من خلال الحوار، وكذلك للتعرف إلى المشاكل التي يعاني منها الأبناء ومحاولة حلها مع الأبناء. ومن المشاكل التي يجب التعامل معها، بهذه الطريقة، تعاطي الخمور والعقاقير المخدرة، وما يمكن أن يتعرضوا إليه من ضغوطات من جماعات الأصدقاء السلبية (ديبونت، 1989).

فالإنسان بطبيعته، ومن ضمن ما يهدف إليه في حياته، هو أن يحب وأن يحب، ويعمل. وهذا يتطلب من الوالدين أن يطوراً عملية اتصال ومهارات لحل المشكلات مع أبنائهم، لمساعدتهم على إقامة علاقات بناءة مع الذات ومع الآخرين، من أجل أن تمكنه من الأداء الفعال الناجح في المدرسة، ولتكوين جماعة سوية من الأصدقاء، ولتكوين علاقات طيبة مع والديه ومعلميه وزملائه.. الخ.

وإذا أردنا أن تكون عملية التفاعل والاتصال ناجحة لابد من استمراريتها بين الأسرة والمراهقين من جهة، ومن جهة أخرى تعريف المراهقين الأبناء الأدوار التي يمكن أن يضطلعوا بها، والتوقعات المطلوبة منهم. ولهذا لابد أن تعمل الأسرة على الأصعدة كافة وفي كل الاتجاهات، لحماية وتغذية القدرة والقيمة الإيجابية الذاتية للأبناء، وتوصيل رسالة لهم بأنهم يستطيعون النجاح، ولكنهم قد يتعرضون للإخفاق، وحتى في هذه الحالة فإنه من الأفضل للوالدين أن ينظرا إلى ذلك كتجربة تعليمية، يمكن أن يعلموها لأبنائهم المراهقين ويستغلوها لبناء قدرة ذاتية معقولة في وجه الإحباطات وخيبات الأمل الكثيرة عند المراهقين (حسون، 1995: 192).

ثانياً- العلاج:

لقد أصبحت ظاهرة الإدمان على المخدرات من المشكلات الاجتماعية الكبرى على المستوى العالمي، حيث تفاقمت في السنوات الأخيرة من هذا القرن بشكل مروع، ودخلت حتى المجتمعات الإسلامية، والتي كانت تظن نفسها أنها محمية من

وباء هذه الظاهرة. فهي تحتل المشكلة (رقم واحد) في البلدان الغربية، حيث يعتقد (98%) من الشعب الأمريكي أن المشكلة الأولى التي يعاني منها المجتمع هي المخدرات. وعلى مستوى العالم ككل نجد أنه يوجد ما لا يقل عن خمسين مليون مدمن مخدرات (طاش، 1991).

وفي العالم الثالث فإن المشكلة أصبحت منبئة بالخطر، حيث تشير الإحصائيات بأن المجتمع المصري يدفع سنوياً مبلغ (1,4) مليار دولار ثمناً لشراء المخدرات (مرجع سابق) وهذا يعني أن مجتمعات العالم الثالث عموماً والإسلامية خصوصاً تتعرض عن طريق الإدمان لموجة قذرة من الحرب التي تشن على مجتمعاتها، حيث أنها أشد فتكاً من الحرب الإيديولوجية أو الأسلحة العسكرية.

وفي السويد مثلاً فإننا إذا حسبنا مقدار الخسارة والربح في حالة الإدمان وعلاج المدمنين نجد أن كل مدمن عاطل عن العمل يكلف الاقتصاد السويدي مقدار (200) ألف كرونة سويدية سنوياً، وكل مدمن ينجح المجتمع في علاجه ويسترجعه إلى عمله، يمثل ربحاً للمجتمع بنفس المقدار. هذا من الناحية الاقتصادية، أما التكاليف الاجتماعية والإنسانية فيصعب تقديرها.

واستناداً إلى ذلك نجد أنه من الضروري الإسراع في علاج مشكلة الإدمان على المخدرات بكل الوسائل والسبل، وأن تتكاتف جميع دول العالم للحد من هذه الظاهرة التي تفشت بين أبناء المجتمع وأصبحت تنهب من خيراته البشرية والاقتصادية.

وفي الحديث عن علاج الإدمان على المخدرات فإنه لا توجد طريقة واحدة، يمكن أن تتبع من قبل كل المجتمعات، لأنه ما يصلح في مجتمع ما قد لا يصلح في مجتمع آخر، لأن الظروف الاجتماعية والثقافية والبيئية، والشخصية هي التي تحدد الطريقة الأفضل والأكثر مناسبة لعلاج الإدمان.

وبشكل عام فإنه العلاج المناسب يتطلب المشاورة مع الشخص المدمن وبمعرفة منه، وأن تكون الأهداف واضحة ومحددة مسبقاً القريبة منها والبعيدة، إذ لا جدوى من علاج المدمن ما لم يشعر أنه بحاجة إلى علاج، ويرغب في التخلص من إدمانه. والعلاج بصورة عامة يرتكز على ثلاثة محاور أساسية هي:

أ- العلاج الطبي:

يهدف هذا النوع من العلاج إلى تحرير الفرد جسمياً من الاعتماد على العقار (الاعتماد الكيميائي). وهذا العلاج يختلف من فرد لآخر باختلاف نوع المخدر ودرجة قوته، وباختلاف درجة التعاطي، وعدد المرات، والكمية المستعملة. فهو يهدف إلى التهدئة العامة للمدمن، والقضاء على الأمراض التي أصاب المدمن نتيجة الإدمان، والوقاية المسبقة من الأمراض المحتمل أن يتعرض لها المدمن، والتقليل بدرجة تنازلية من الاعتماد لجسم الإنسان على المخدر، حتى الوصول إلى التطهير التام للجسم من المخدر، وعدم الاعتماد أو الحاجة الكيميائية إليه، بالإضافة إلى تقوية الجسم، وتنمية المناعة الطبيعية ضد الأمراض.

فالعلاج بالأدوية قد تكون له مضار (يمنع استعمالها)، وخصوصاً عند محاولة إزالة السمية (Detoxification) في الإدمان على الكحول، لأنها تقوي من مفعوله، فمثلاً من الأطباء النفسيين الذين يسحبون تدريجياً الكحول، ويستبدلونه بالأدوية النفسية لتجنيب المتعاطي أعراض إيقاف الكحول كإعطائه الفاليوم مثلاً. فالأدوية النفسية تقوي من مفعول الكحول حتى ولو أعطي بمقادير قليلة، لذلك يفضل أن يتم إنقاص كميات الكحول تدريجياً "لأنه لا يمكن إيقافه فجأة" بدون تعويض المريض بالأدوية النفسية. ولكن أحياناً يلجأ الطبيب النفسي إلى الإيقاف المفاجئ للكحول مع استبداله بالأدوية النفسية، وهذه استراتيجية مقبولة علاجياً وأفضل من الإنقاص للمقادير الكحولية مع تغطيته بالأدوية النفسية (الحجار، 1994: 21). والعقار الذي استخدم منذ الحرب العالمية الثانية من قبل العلماء

الألمان، عندما كانوا يبحثون عن مركب كيميائي جديد يعمل كبديل أرخص من المورفين هو "الميثادون" حيث يتم إضافة ملعقتين صغيرتين من محلوله إلى عصير البرتقال أو أي شراب آخر لإزالة مرارة طعمه، وتعطى الجرعة يومياً للمدمن على المورفين الذي يرغب عن طيب خاطر في التخلص منه. ويعتبر الميثادون أقل تأثيراً من تأثير المورفين، وإن كانت فترة استمرار تأثيره على الإنسان تعد أطول منه. والميثادون مفيد وليس شاف من الإدمان، ولكن مع ذلك يمكن استخدامه كبديل للمورفين عند قيام المدمن بمحاولة ناجحة للانسحاب التدريجي من المخدر (الغزاوي، 1987: 92). ولكن هذه الطريقة في استبدال المورفين بالميثادون قد أخفقت في كل من السويد وسويسرا في علاج الإدمان بالمخدرات... ولكن هناك بعض العقاقير التي توصف من قبل بعض الأطباء كالمهدئات والحبوب المنومة، وكثير من مسكنات الألم يمكن أن تكون مفيدة في علاج إساءة تعاطي العقاقير خاصة عندما يثقف المريض حول العقار، والمشاكل المحتملة لتعاطيه. وهناك من الأدوية النفسية مثل تورازين، وستلازين، لا تحدث الإدمان، وهي في نفس الوقت مساعدة لبعض مدمني العقاقير. كما أن بعض الأدوية المضادة للاكتئاب مثل إيميبرامين، واميتربتيلين قد تؤدي إلى الإدمان. أما الدواء المقاوم لبعض الأفيونات- بالتريكسون- وكذلك الدواء المضاد للكحول- أنتابيوس- فإنهما لا يحدثان الإدمان، ويفيدان في علاج مدمني العقاقير.

كما يمكن استخدام دواء (Antabuse) حيث يتدخل (Disulphuram) في استقلاب الكحول مسبباً ارتفاعاً في مقدار خلات الألدهيد في الدم مؤدياً إلى عدم قدرة المريض على الاستمرار في تناول الكحول، وذلك من خلال مجموعة الأعراض المزعجة التي يخلفها مثل التعرف، والصداع، والتسرع في ضربات القلب، وهبوط في الضغط الشرياني، وغثيان وإقياء. ولهذا يعطى (Antabuse) بمقدار (1،5) ملغ في اليوم الأول، ثم (1) ملغ في اليوم الثاني، ثم (0،5) ملغ في اليوم الثالث. وبعد ذلك يبقى المريض على مقدار يومي من هذا الدواء يتراوح ما

بين (0،25 - 0،5) ملغ. ويعد هذا الدواء قيمة فعالة في معالجة الكحوليين الراغبين في التغلب على الإدمان، والذين هم بحاجة ماسة إلى مساعدة ودعم من أجل مواجهة هذه المشكلة والتصدي لها (الخوري، 1994).

كما أن العلاج بالتنفير (Aversion Therapy) يمكن أن ينجح في علاج مدمني الخمر. وتستمد فكرة هذا العلاج من نظرية التعلم التي ترى أن استجابات النفور يمكن أن تكتسب تجاه الكحول لو أن الشرب ارتبط على الدوام بالنتائج غير السارة. ولهذا فإن استخدام دواء (Apomorphin) يؤدي إلى القيء والغثيان. فإذا ما شرب المدمن الكحول وحقن بهذا الدواء مباشرة مع كل مرة يتعاطى فيها الكحول، فإن ذلك يؤدي إلى النفور والكره للكحول. ويمكن بعد إقلاع المدمن عن الشرب بوساطة هذا الدواء إجراء معالجة منفرة داعمة بين فترة وأخرى بفاصل زمني قدره ستة أشهر أو سنة، وذلك حسب حالة المريض.

ب- العلاج النفسي:

يهدف العلاج النفسي- إلى إعادة ثقة المدمن بنفسه، وإلى إعادة الاعتبار إلى شخصيته وإقناعه بذلك. وعلى المدمن أن يشعر بأنه في العلاج النفسي يشارك في وضع العلاج المناسب له، وبأنه طرف أساسي في العملية العلاجية، وأن العلاج هو برغبته وليس مفروضاً عليه وإذا لم تستطع جعل المدمن يشعر بأنه طرفاً في العلاج فإنه لن يستقبله.

ولذلك فإنه في العلاج النفسي لابد من محاولة تغيير سلوك المدمن السابق شيئاً فشيئاً، وجعله ينبذ الحياة والسلوك السابق المرتبط بحياة الإدمان، وكل ما له علاقة بالإدمان، ومحاولة دفعه ليغير نظرته للحياة والمجتمع والمحيط، بالإضافة إلى مساعدته على استعادة إرادته المسلوبة من طرف المخدر، وجعله يقرر مصيره بنفسه، وذلك بإعادة المبادرة له، وجعله يتخذ القرارات والمسؤوليات التي تخصه شخصياً، أو تلك التي تخص محيطه القريب، ومساعدته على استرجاع الإرادة في مواصلة

الحياة بصورة سوية مستقيمة وطبيعية، بدون الاعتماد على الآخرين. ولابد من مساعدته أيضاً على تغيير اتجاهه نحو المخدر، من خلال إعطائه معلومات دقيقة وصحيحة عن الآثار والنتائج المأساوية للإدمان، وتقديم حالات واقعية للمدمنين. وفي النهاية يمكن استنتاج أن الهدف الأساسي من العلاج النفسي، هو البحث عن شخصية جديدة، أو إقناع المدمن بإمكانية استرجاع شخصيته الحقيقية "ما قبل الإدمان" السوية والمعتدلة والمنضبطة أخلاقياً أو اجتماعياً. وهذا يتم من خلال معرفة الأسباب الحقيقية التي أدت إلى الإدمان ومحاولة القضاء عليها أو علاجها بقدر المستطاع.

وبعد العلاج السلوكي المعرفي من أهم طرائق العلاج النفسي ـ في معالجة الإدمان على الخمور والمخدرات، فهناك ما يسمى التدريب الذاتي أو العون الذاتي (Self - Help) حيث يقوم المريض يتعلم المهارات العلاجية من خلال التدريبات التي ينفذها لتبديل سلوكه الإدماني. وهذا يعني أنه يساعد نفسه بنفسه في الشفاء من الإدمان على المخدر، وهذا ينعكس عليه من خلال ما يتلقاه من تغذية راجعة، في إعادة الثقة بالنفس، والقدرة على السيطرة على الذات. فالعلاج السلوكي المعرفي يكشف للمريض عن قدراته الكامنة ويسعى إلى تفجيرها وتنميتها من أجل تبديل السلوك الإدماني والسيطرة على نزوعاته.

ومن الطرائق النفسية الأخرى في علاج المدمنين على المخدرات، تدريب المريض للتخلص من إدمانه من خلال التنفير، باستخدام صدمة كهربائية خفيفة، عند القدوم لتناول المخدر أو الكحول، إذ يوجد جهاز خفيف يسهل حمله في اليد، يقوم بتوليد صدمة كهربائية غير سارة كلما شعر المريض بالرغبة في شرب الخمر. كما استخدم لازاروس (Lazarus, 1965) مزيجاً من العلاج بالتنفير بالصدمة الكهربائية مع علاج إزالة الحساسية مع أحد المرضى، فكتب لهذا العلاج النجاح بعد حوالي شهرين فقط.

ولكن عموماً فإن نسبة النجاح في العلاج السلوكي- المعرفي هي أعلى من أي نوع من العلاجات الأخرى، ونسبة الانتكاس أقل ومدته أقصر من غيره، وبخاصة العلاج النفسي- الدينامي الذي أخفق أمام العلاج السلوكي في مجاراته (الحجار، 1994).

أما الطريقة الأخرى في العلاج النفسي للمدمنين فهي العلاج النفسي الجماعي، والذي سوف نوضحها من خلال الأسلوب الذي اتبعته "منظمة المدمنين المجهولين" (Alcoholics A.A) (Anonymus) حيث ذكر أنه حدث لسكير (آ) تغير روحي جذري أنقذه من الإدمان، فسارع إلى صديقه الطبيب (ب) وساعده على الشفاء. وقد أسس الاثنان ما يسمى بمنظمة المدمنين المجهولين، وقد انتشرت في العالم الغربي وأدت إلى إنقاذ (80%) من ضحايا المسكرات من شرور الإدمان.

إن النظام في هذه المنظمة يقوم على مشاركة الواحد ثلاثة من زملائه غرفة نوم مريحة، ويمكن للفرد أن ينام في منزله إذا رغب، ويجتمع المدمنون مرتين في اليوم بإشراف المعالج، ومرة بمشاركة الإداريين، والموجهين الفنيين، والمصلحين الاجتماعيين، حيث يسود المجتمع جو بهيج ينسي المدمن التفكير في شرب الخمر، كما تعتبر مناقشة المشاكل الفردية أمام الآخرين حجر الأساس في مساعدة المدمن على التبصر بمشكلته. فالدعم العام، والمشاركة العاطفية للفرد، يفيدان في تبصر الفرد بمشكلته واكتسابه الإحساس بهدفه، كما يزيد من قوة الأنا لتقويم الواقع ومجابهته، واكتساب المهارات المكونة لسلوك المهمات.

ولهذا فإن طريقة علاج إدمان الخمور عن طريق منظمة "المدمنين المجهولين" تقوم على اعتبار أن الاضطراب الذي يعاني منها المدمن يمثل عصاباً يخفي صراعاً عاطفياً حاداً يعجز الفرد عن حله بأسلوب سلوك المهمات. كما أنها تعيد الاتصال بين المدمن والمجتمع من خلال إزالة شكوك المدمن حول رفض الآخر له خارج المجتمع، ودفعه إلى فهم المدمن وبنيته الشخصية ومشكلته. كما أن التدريب المهني الذي تقوم به المنظمة يساعد على دفع المدمن إلى التمسك بما يقوي فيه الإحساس

بالقيمة. فهذا الأسلوب العلاجي الجماعي يهدف إلى تحطيم الأطر الدفاعية التي يقيمها الفرد بوجه وعيه لمشكلته، وحول افتراضاته المزيفة. كما يجد العضو الشيء الكثير من الضغط الاجتماعي الذي يدفعه إلى التغيير، كما يجد من الجماعة تأييداً ومساندة تعينه على أن يتوقف عن الشرب يوماً بعد يوم.

وقد أظهرت الدراسات المسحية التي شملت الولايات المتحدة الأمريكية وما فيها من مستشفيات أن (88%) من هذه المستشفيات تعتمد على منظمة المدمنين المجهولين كجزء من برنامجها العلاجي، وذلك في مقابل (75%) من المستشفيات التي تستخدم العقاقير، و (57%) تعتمد على العلاج النفسي- الفردي. وتزعم هذه المنظمة أنها تضم الآن عدداً من المجموعات منتشرة في أنحاء العالم يزيد عن (8000) مجموعة، وأن عدد أعضائها يزيد على (300000) عضو.

جـ- العلاج الاجتماعي:

يعرف العلاج الاجتماعي "بأنه طريقة لمساعدة الأسرة والأفراد في التغلب على ما يواجهها من مشاكل، وذلك عن طريق رفع مستوى أدائهم لوظائفهم الاجتماعية (-13 :Siporin, 1970 25)

فالعلاج الاجتماعي يبدأ عادة عندما ينتهي العلاج الطبي والنفسي، إذ أن التوقف عن تعاطي المخدر، لا يعني بالضرورة الشفاء التام. فالعلاج الاجتماعي يعني ضمان اجتماعي للفرد المدمن في عدم الاستمرار في تعاطي المخدر، والاقتناع بتركه نهائياً، ويتم ذلك عن طريق مساعدة أفراد الأسرة، والأصدقاء والأقارب، وكذلك بمساعدة الأجهزة والمؤسسات الاجتماعية المختصة في هذا المجال.

فالهدف من العلاج الاجتماعي هو جعل المدمن يصل إلى حالة من الاستقرار الاجتماعي وتوجيه مجهوداته إلى الأشياء المفيدة المنتجة. بالإضافة إلى نبذ السلوكيات الشاذة والاقتناع بضرورة تجنبها والتخلي عنها، والدخول في الحياة الاجتماعية السوية وكذلك إعادة إدماجه اجتماعياً ومهنياً، أي تأهيله مهنياً أو إعادة تأهيله لمن

كان لديه مهنة سابقاً، وإدخاله في الحياة المهنية بصورة جزئية أولاً، ثم بصـورة كليـة. وهنـاك في السـويد مؤسسـة اجتماعيـة تسـمى مؤسسـة الترقيـة الاجتماعيـة (Ramlolsa- J Social. Utveckling A. B)، تختص بعلاج المدمنين والسجناء الخارجين حديثاً من السـجن، بحيـث تبـدأ أولاً بتوفير متطلبات الحياة الأساسية للمدمن أو الخارج من السجن حديثاً قبـل البـدء بـالعلاج، وقبل البدء في ما يعـرف "بـالتطهير الفسـيولوجي" "العـلاج الطبـي" ويلاحـظ "بـيرت نيللاسـون" المختص الاجتماعي والمؤسس لهذه المؤسسة، بأن أغلب المـدمنين هـم الـذين يتخـذون الخطـوة التالية "البحث عن العلاج للتخلص من الإدمان" أو على الأقل يكونون مستعدين لأخذ مثل تلك الخطوة، وعلى المصلحين الاجتماعيـين أو المكلفـين بـالعلاج تشـجيعهم، وسـوف يجـدون الرغبـة والإسهام من طرف المدمنين للاشتراك في البرامج العلاجية بإرادتهم ورغبتهم، وهذا مهـم جـداً في عملية إنجاح أي برنامج علاجي أو إصلاحي. والمبدأ الواضح في هذه المؤسسـة هـو "العمـل معـاً للنجاح أو الإخفاق معاً".

فعلاج المدمن لا يمكن أن يتم بمعـزل عـن محيطـه الاجتماعـي، فالإدمـان ذاتـه قـد يكـون نتيجة التعامل السلبي مع المحيط الأسري أو البيئي. فعلاج الإدمان هو علاج فردي وأسري في آن واحد. فالمعالج لابد أن يرى امتداد مشكلة المدمن في زوجتـه أو أولاده، ولـذلك لابـد أن يشـمل العلاج أفراد أسرة المدمن كاملة لإعادة تأهيله ضمن بيئته الاجتماعية والأسرية (الحجـاز، 1994: 211).

ولكن ضغط الأسرة لا يكتب له النجاح إلا إذا كان يعكس إجماع الأسرة كلهـا عـلى موقـف موحد، وأن يكون الجزم بضرورة إقلاع المدمن عن إدمانه، ويكون ذلك بمواجهة الشخص المدمن أو المحتمل إدمانه ضمن إطار الأسرة، بحيث يجلسون معه، ويكون الحـديث معـه مخططـاً لـه مسبقاً، بحيث يركزون حديثهم على السـلوكيات غـير الطبيعيـة أو السـلبية للمـدمن، والمشـاكل الأخرى الملاحظة. كما يجب أن يشرح كل فرد في الأسرة المشاكل التي مر بها مع الشخص المدمن أو المحتمل إدمانه على

المخدرات بصورة واضحة، ثم بعد ذلك يفكر أعضاء الأسرة مع المدمن معاً في الحلول الممكنة، ويجب إعارة اهتمام خاص لآراء المدمن، لأنه لا يريد وقف تعاطي المخدرات لأنها تجلب له المتعة، أو تخفف ألمه، ونتوقع منه أيضاً أن يرى أن تعاطيه للمخدرات ليس إلا حلاً لمشاكله، وليس مشكلة بحد ذاتها.

ولكن إذا استنتجت الأسرة أن المخدرات قد تمكنت من الشخص المدمن، وأن أي تأخير في البحث عن علاج هو مضيعة للوقت، هنا يجب أن تأخذ الأسرة المدمن إلى مركز جيد لعلاج المخدرات (مستشفى، أو عيادة) (ديبونت، 1989).

الفصل التاسع

الشخصية المضادة للمجتمع (الشخصية السيكوباتية)

- طبيعة ومفهوم الشخصية المضادة للمجتمع

- سمات الشخصية المضادة للمجتمع

- أنواع الشخصية المضادة للمجتمع

- الأسباب المفسرة لسلوك الشخصية المضادة للمجتمع

  • الأسباب الوراثية

  • الشذوذ المخي

  • الأسباب البيئية

- الشخصية المضادة للمجتمع والإجرام

- علاج اضطراب الشخصية المضادة للمجتمع

الفصل التاسع

الشخصية المضادة للمجتمع (الشخصية السيكوباتية)

Antisocial Personality

طبيعة ومفهوم الشخصية المضادة للمجتمع:

لقد وصف بينل (Pinel) الطبيب الفرنسي منذ أكثر من مئتي سنة مضت السيكوباتية (Rsychopath.) بأنها حالة غير مألوفة لا يمكن تصنيفها تحت أي فئة تشخيصية من الاضطرابات العقلية المعروفة في ذلك الوقت. وقد وصف (بينل) الحالة باختصار بأنها جنون دون تشوش .(Nadnes Wityout Confusion) ولهذا فإن المرضى من هذا النوع ليسوا بالذهانيين، ولا بالعصابيين، كما أنهم ليسوا مرضى سيكوسوماتيين (نفسجسميين)، ولكنهم يتصفون باختلال الخلق إذ يصدر عنهم سلوكيات تمثل خرقاً للقانون الخلقي السائد في المجتمع (ربيع وآخرون، 1995).

كما أشار بريتشارد (Pritchard) طبيب الأمراض العقلية الإنجليزي منذ عام (1835) أيضاً إلى وجود فئة كبيرة من مشكلات الطب النفسي التي لا تنطبق عليها التشخيصات المألوفة في الطب النفسي في ذلك الوقت، وسماها بالجنون الخلقي (Noral Insanity)، ووصف (بريتشارد) هذه الحالة على أنها شكل من أشكال الخلل العقلي تبدو فيه الوظائف الفكرية دون أن يلحقها أي ضرر، بينما يبدو الاضطراب أساساً في الناحية المزاجية أو الوجدانية أو في العادات، وتنحرف الحالات التي تعاني من هذه الاضطرابات، أو تنحط خلقياً بفقدان القدرة على السيطرة على الذات، والسيطرة على السلوك بما يتفق ومعايير اللياقة والكرامة دون أن يكون عاجزاً عن الحديث أو المناقشة أو التفكير في أي موضوع من الموضوعات (جلال، 1984).

وفي عام (1891م) قدم كوك (Koch) مصطلح الانحطاط السيكوباتي ليدل على نفس الفئة التي أشار إليهال (بريتشارد)، بالإضافة إلى أنواع أخرى من العصاب الهستيري وفي عام (1952) صدرت طبعة للدليل التشخيصي والإحصائي للاضطرابات العقلية (Dsmi) ووفقاً لهذا الدليل فإن الأفراد الذين يوضعون في فئة الشخصية السيكوباتية مرضى أساساً في ضوء عدم الالتزام بقوانين المجتمع والبيئة الثقافية السائدة. وفي الطبعة التالية لدليل التشخيص السابق (Dsmi, 1968) تم إرساء مصطلح الشخصية المضادة للمجتمع Antisocial Personality إذ تعتبر واحدة من بين عدة اضطرابات في الشخصية، كالانحرافات الجنسية، وإدمان الكحوليات، والمخدرات، بالإضافة إلى السلوك المضاد للمجتمع .Antisocial Behavior

كما تؤكد المدرسة الألمانية للطب النفسي- الجوانب البيولوجية للسيكوباتية، وتعتبرها انحرافاً إحصائياً عن معيار افتراضي وليست مرضاً بحد ذاته. أما الباحثون الإنجلو ساكسونيونAnglosaxon فيركزون على ما تتضمنه هذه الشخصية، وخاصة السلوك المضاد للمجتمع، والذي يشكل سمة بارزة من سماتها.

ولهذا فإن السيكوباتية تصيب الجانب الخلقي في الشخصية دون أن تصيب القدرات العقلية بالاضطراب. فالسيكوباتية توجد بين نزلاء السجون والعاطلين عن العمل، والمجرمين، نظراً لأنها تتميز بالاندفاع إلى العدوان، وعدم التعلم من التجربة، وعدم القدرة على مقاومة الإغراء. كما أن السيكوباتيين يعانون من متاعب دائمة، ولا يستفيدون من الخبرة، ولا يردعهم العقاب، ولا يشعرون بالولاء لأي فرد أو جماعة، ويتصفون بالقسوة، كما يتسمون بعدم النضج الانفعالي، ونقص في الإحساس بالمسؤولية، واضطراب الحكم، ولديهم قدرة فريدة على تبرير سلوكهم حتى يبدو معقولاً ومقبولاً (ربيع وآخرون، 1995).

ونظراً لبقاء القدرة العقلية على ما هي عليه عند السيكوباتي، لذا فإنه يتمكن من ممارسة خداع الناس وغشهم، والانخراط في جرائم النصب والاحتيال والتزييف

والتزوير. كما يسلك السيكوباتي سلوكاً مضاداً للمجتمع، وللقانون، وللقيم والعـادات، والتقاليـد، والأعراف السائدة في المجتمع الذي يعيش فيه.

كما قد ينجح السيكوباتي في ممارسة أدوار قيادية نظراً لأنانيته المفرطة، وطموحـه المحطـم لكل القيم والعقبات والصداقات في سبيل الوصول إلى ما يريـد. كـما أن الشخص السيكوباتي لا يحترم أي عاطفة، وقد يصبح متبلد الشعور لا يبالي بـآلام الآخرين. ونجد عنـد صاحب هـذه الشخصية السيكوباتية بعض الأعراض التي تلازمـه منـذ الطفولـة، مثـل الكـذب، والسرقة، والاغتصاب، والانحراف الجنسي، والإدمان. كما يبدو على صاحب الشخصية السيكوباتية الصدق، والأمانة، والحـرارة، والحـماس، حيـث يـتكلم فيخـدع أي فـرد أمامـه، ويسـهل عليـه أن يتصيد فريسته على الدوام.

ولهذا فإن الشخصية السيكوباتية تشـير إلى مجموعـة مـن الشخصيات المضطربة، تعـاني فعلياً من مشكلات عديدة بسبب اضطرابها، كما أنها تجعل المجتمع يعاني هو الآخر بسببها من مشكلات مماثلة (ربيع وآخرون، 1995: 239).

سمات الشخصية المضادة للمجتمع:

يضع كيكلي (Checkley, 1959)من خلال دراسته للعديد من حـالات السيكوباتية عـدداً من السمات التي تميز الشخصية السيكوباتية منها*:

- لديهم جاذبية سطحية، وذكاء متوسط أو أعلى من المتوسط، وهذا ما يسـاعدهم عـلى استغلال الآخرين.

- لا يوجد لديهم أي حالة من حالات أعراض الذهان العقلي، كـالتهيج أو الثورة، كـما لا يوجد عندهم شعور بـالقلق، ويشـعرون بالراحـة والاسـترخاء في المواقـف التـي تـزعج الشخص السوي.

- لا يتحملون المسؤولية أو يشعرون تجاه المسائل الكبيرة أو الصغيرة.

- لا يشعرون بالخجل أو العار في المواقف المخجلة.

- لا يقولون الصدق، ولا يكترثون لاحتمال اكتشاف أمرهم.

- الشعور المضاد للمجتمع دون إبداء أي مظهر من مظاهر الأسف أو الذنب.

- قدرة ضعيفة على الحكم على الأشياء، وقدرة ضعيفة أيضاً على الاستفادة من الخبرات السابقة.

- يفتقرون إلى الاستبصار أو الفهم السليم.

- عجز عن الحب مع شعور بعدم الأمان، والقسوة، وجمود القلب.

- لا يهتمون إلا قليلاً بتقدير الناس الآخرون.

- لا يوجد لديهم تاريخ لمحاولات الانتحار، كما أنهم يعيشون حياة جنسية غير سوية.

- يخفقون في أن يعيشوا بأي طريقة منظمة فيما عدا خضوعهم لنمط من الدفاع عن الذات.

- لا تظهر هذه الاضطرابات إلا بعد سن العشرين من العمر.

ومن خلال ما تقدم نتبين أن الشخصية السيكوباتية تتصف بالقسوة، والانتقام، والتبلد العاطفي والوجداني، وضعف الضمير الخلقي، والرغبة في الاستغلال والابتزاز، والكذب والنصب والاحتيال. وفي نطاق الأطفال الميل إلى المشاغبة والعدوان، والتجريب، والإخفاق الدراسي، والتشرد.

وتنتشر السيكوباتية بين الكثير من أفراد المجتمع بدرجات متفاوتة، بين العامل والتاجر والصانع والمعلم والمهندس والمدير... الخ. ومن الصعب اكتشاف الشخصية السيكوباتية بين الأشخاص العاديين إلا بعد المعاشرة الدقيقة.

أنواع الشخصية المضادة للمجتمع:

تصنف الشخصية المضادة للمجتمع إلى الأنواع التالية:

1- الشخصية المضادة للمجتمع المتقلبة العاجزة:

يكثر عند هذه الشخصية تغيير العمل، إذ لا يستطيع صاحب هذه الشخصية المثابرة على عمل واحد أكثر من شهر، بالإضافة إلى المشاحنات والثورات ضد نظام العمل دون الاكتراث بما يترتب على هذا السلوك من نتائج.

كما تكثر عند صاحب هذه الشخصية تعدد الزوجات والأطفال، دون أن يتحمل المسؤولية لرعايتهم، والإخلاص لأحد منهم، بالرغم من العاطفة الظاهرة نحوهم، لكن سرعان ما تتبدد هذه العاطفة وتخمد، كما أنه يقوم بمغامرات جنسية وعاطفية مستمرة دون استبصار بعواقب ذلك.

ولهذا ينحرف أصحاب هذه الشخصية إلى الإدمان أو الشذوذ الجنسي، أو الجرائم الجنسية، وقد يصبحون من متوهمي المرض، ويصبحوا نهباً للأطباء والصيادلة.

2- الشخصية المضادة للمجتمع العدوانية المتقلبة المزاج:

يندفع أصحاب مثل هذه الشخصية إلى معاداة المجتمع بشكل ظاهر، إذ يحاولون ارتكاب الجريمة والاعتداء على الآخرين لأتفه الأسباب، كما أن المتبلد انفعالياً يتناسى صداقاته في سبيل مصلحته الشخصية، كما أنه لا يهتم بما يحيق بالناس من مصائب وكوارث ما دام هو بعيداً عن ذلك. وقد ينجح البعض من أصحاب هذه الشخصية في الوصول إلى بعض المناصب العالية بسبب انتهازيتهم.

الأسباب المفسرة لسلوك الشخصية المضادة للمجتمع:

تعددت وجهات النظر المفسرة للسلوك السيكوباتي، ولكن وجهات النظر هذه لم تتعد إطار الفروض التي يستند بعضها إلى نتائج البحوث التجريبية. ولهذا تبقى

هذه التفسيرات في إطار الفرضيات دون أن ترقى إلى مستوى النظريات. وبالرغم من ذلك سوف نحاول بيان أهم الأسباب المفسرة لسلوك الشخصية المضادة للمجتمع كما يلي:

1- الأسباب الوراثية:

ساد التفسير الوراثي للسلوك الإجرامي في أواخر القرن الثامن عشر ـ وأوائل القرن التاسع عشر، ولا زال التفسير الوراثي له مكانة مهمة في تفسير سلوك الشخصية المضادة للمجتمع. فقد أظهرت الدراسات الكروموزومية لبعض المجرمين احتمال مساهمة بعض العيوب الجينية المحدودة (في شكل صبغيات Xyy) في حدوث الاضطراب السيكوباتي. وتذكر بعض الدراسات أن هذا الشذوذ الكروموزومي يوجد في (13) مولوداً من بين كل عشرة آلاف مولود. وتضيف دراسات أخرى أن هناك نسبة أعلى جوهرياً من المجرمين الذكور الذين ارتكبوا جرائم لديهم نفس هذا الشذوذ (Xyy) (ربيع وآخرون، 1995).

ولكن بالرغم من اعتبار الوراثة عامل مسبب للاضطراب السيكوباتي، إلا أنه لا يمكن إهمال العوامل الأخرى المسببة لهذا الاضطراب، وخاصة العوامل البيئية.

2- الشذوذ المخي:

أوضحت الدراسات التي أجريت على الأطفال والراشدين، أنه نتيجة الإصابة في المخ بسبب حادث أو مرض، فإن ذلك يؤدي إلى تغيرات سلوكية معينة، بحيث يصبح الفرد عدوانياً، وسريع الانفعال، وزيادة النشاط، بالإضافة إلى القيام بسلوكيات مضادة للمجتمع. ولهذا فإن التشابه بين هذه الأعراض وتلك التي تظهر عند السيكوباتيين، قد أدى إلى افتراض أن الشذوذ المخي يعد المسئول عن هذه الأعراض.

ولهذا ركز عدد من الباحثين الـذين اسـتندوا إلى هـذا السـبب في حـدوث السـلوك المضـاد للمجتمـع، عـلى النشـاط اللحـائي (Cortical Activity) والأداء الأتونـومي (Autonomic Functioning) عند أصحاب الشخصيات السيكوباتية.

ومن الأساليب المتبعة منذ فترة طبيعية في تشخيص إصابات المخ، استخدام جهاز رسام المخ الكهربائي(Eeg) حيث وجد أن هناك عدة تيارات تظهرها رسول هذا الجهاز وهي تيارات (ألفا) وتظهر بمعدل (18- 13) ذبذبة في الثانية، وتوجد عـادة عنـد البـالغين الأسـوياء، وتيـارات (بيتـا وجاما)، وهي أسرع من تيـارات (ألفـا)، وتوجـد أيضـاً عنـد البـالغين الأسـوياء، وتيـارات (دلتـا Delta البطيئة جداً، وتظهر بمعدل أقل من (8) ذبذبات في الثانية، وتوجـد عـادة عنـد الحـالات المرضية لدى الأطفال والراشدين.

فقد افـترض هـير (Hare, 1978) أن نشـاط الموجـات البطيئـة في الفـص الصـدغي والتـي تلاحظ بشكل متكرر في سجلات رسام المخ الكهربائي لدى السيكوباتيين، تعكـس في الأداء لـبعض الميكانيزمات الطرفية (Limbic) الكافة، مما يجعل من الصعب على السيكوباتي أن يتعلم كـف السلوك الذي يؤدي إلى العقاب، ويجعله عاجزاً عن السيطرة على سلوكه وعلى انفعالاته، حيث يجد نفسه مدفوعاً نحو الأذى والانتقام. كما يفتقر السيكوباتي إلى إظهار مشاعر القلق الصريح الواضح (Manifest Anxiety) وهذا ما أكده كـيكلي (Checkly, 1964) حيـث قـارن بعـض السمات بين ثلاث مجموعات:

مجموعة الأسوياء، ومجموعة المجـرمين مـن غـير السـيكوباتين، ومجموعـة السـيكوباتيين، فتبين له أن السيكوباتيين يفتقرون إلى الشعور بالقلق كما يشعر الأسوياء، كـما أظهـروا اهتمامـاً ضعيفاً بالمعايير الاجتماعية.

فضلاً عن ذلـك يعـاني السـيكوباتي مـن عجـز في القـدرة عـلى الـتعلم، بسـبب عجـزه عـن الاستفادة من الخبرات السابقة حيثما يكون القلق، أو تجنب الخطر وهو الدافع

إلى التعلم. وهذا يعني أن السيكوباتي يعيش للحظته، ويسلك دون مراعاة للعواقب السيئة التي قد تنجم نتيجة تصرفاته. وهذا الذي يظهر لدى السيكوباتي يمكن أن يعود للعوامل الوراثية، أو الإصابة الدماغية، أو الأمراض، أو التغيرات الكيميائية الحيوية، وهي التي تعطل النشاط الكافي للميكانيزمات الأساسية.

كما وجد سيمونز وديتلم (Simons & Diethelm, 1942) أن الشخصيات السيكوباتية تعد من ذوي المعايير الخلقية المنحطة.

كما وجد جوتليب وآخرون (Gottlieb, Et. Al. 1946) أن (58%) من العينة المدروسة كانت من السيكوباتيين، ولهم سجلات لموجات المخ الكهربائي الشاذة، وهذه النسبة أعلى مما هي لدى الأسوياء. كما وجد الباحثون أن نسبة السجلات الشاذة ترتفع بين الأفراد ممن لهم أمهات يتصفن بعدم التوافق أو الإدمان على الخمر، موحين بذلك بوجود عامل وراثي أو عوامل بيئية في حياة الطفل المبكرة.

وفي دراسة قام بها إرليش وكيو (Ehrilich & Keogh, 1956) لفحص السجلات الكهربائية للمخ لعدد من السيكوباتيين من نزلاء مستشفى الأمراض العقلية، فوجدوا أن (80%) من المجموعة كانت سجلاتهم الكهربائية للمخ من أنماط شاذة. ثم أظهر الفحص التفصيلي لهذه الأنماط الشاذة عن وجود أنماط فسرها الباحثان بأنها علامة على العجز عن النضج وسوء التكامل في القشرة المخية، وقلة النضج الفيزيولوجي، واختلال التوازن الحيوي أو الهيموستازي، وهذه الأنماط كما يرى الباحثان أشبه بأنماط الأطفال منها بأنماط الراشدين (سوين، 1988).

3- الأسباب البيئية:

حاول بعض الباحثين تفسير السلوك المضاد للمجتمع استناداً للظروف البيئية التي يمر بها الشخص. فالوليد البشري يظل عاجزاً ولفترة طويلة نسبياً بعد الميلاد عن الاعتماد على نفسه، إنه في حاجة مستمرة إلى اهتمام الآخرين ورعايتهم جسمياً

ونفسياً. ولهذا فإن العلاقة المبكرة التي تنشأ بين الطفل ووالديه مهمة جداً في التأثير في مستقبل حياته، حيث تعمل كأساس للعلاقات الشخصية في سن الرشد. ففي الظروف العادية يقوم الطفل بتقليد سلوك والديه فيما يسمى بالاقتداء (Modeling) إذ يقلد الطفل والديه في أفعالهم، ويكتسب منهم مشاعر القوة والأمن النفسي. أما الشخص السيكوباتي، فترى مدرسة التحليل النفسي أنه لا ينمو بصورة سوية، لأنه قد جمد وثبت في مرحلة مبكرة من مراحل النمو بسبب الإحباط ونبذ الوالدين، ولذلك لا يتكون الأنا الأعلى الذي يقيده فيما بعد، ويكون له مرشداً من داخله يهديه إلى السلوك الصحيح. فضلاً عن ذلك فإن السيكوباتي يعجز عن تكوين علاقة لها معنى مع والديه. ففي دراسة قام بها ردل وواينمان (Redi & Wineman, 1957) بتفحص خلفيات عدد من الجانحين أطلقوا عليهم اسم الأطفال الذين يكرهون (Children Who Hate) تبين لهم أن العلاقة بين الطفل والكبار كانت فاسدة إلى حد كبير. كما أشارت نتائج جرير (Greer, 1964) أن فقدان الأبوين يحدث بنسبة أكبر بين الأسوياء أو العصابيين، حيث تبين أن 60% من عينة الدراسة (79 سيكوباتياً) مروا بخبرة فقدان الوالدين مقابل (27%) من عينة العصابيين، و (27%) من الأسوياء. كما أن نسبة أكبر من السيكوباتيين كانوا قد فقدوا أحد الوالدين من قبل أن يبلغوا سن الخامسة، وأن عدد السيكوباتيين الذين فقدوا كلاً من الأبوين كانوا أكثر من عدد من حدث لهم هذا من العصابيين.

ولهذا يمكن اعتبار الحرمان الوالدي العقبة الكبيرة في طريق التوحيد السوي وتكوين الضمير، وارتقاء الشخصية.

أما أنصار نظرية التعلم الاجتماعي. فقد قدموا تفسيراً نفسياً اجتماعياً للشخصية المضادة للمجتمع، حيث اعتبروا أن نقص الفرص المتاحة لتعلم أنماط سلوكية سوية من البيئة التي يعيشون فيها هي المسئولة عن ذلك.

فقد أوضح باندورا ووالترز (Bandura & Walters, 1959) أن من بين الظروف والأحوال التي تؤدي إلى إخفاق عملية التنشئة الاجتماعية، قلة حظ

الوالدين من الحنو والمحبة، أو شدة ميلهم إلى العقاب والرفض، وأن يكون الوالدان غير متطبعين اجتماعياً التطبيع المناسب، وأنهما يستخدمان أساليب التأديب والتهذيب ما يتصف بالتناقض وعدم الثبات.

فضلاً عن ذلك يتعلم الفرد السلوك الملتزم بمعايير الجماعة باستخدام ما للقلق من تأثير. فالطفل يتعلم من السلوك ما هو مقبول اجتماعياً عن طريق استخدام الثواب، كما أنه يستطيع أن يتعلم السلوك المقبول اجتماعياً تجنباً للعقاب. أما الشخص السيكوباتي فإنه يبدو عاجزاً عن تعلم سلوك التجنب.

ومن العوامل البيئية التي قد تكون وراء سلوك السيكوباتي، أحداث الحياة (Life Events) حيث أظهرت إحدى الدراسات التي أجريت على (176) سجيناً من الذكور وجود زيادة جوهرية في أحداث الحياة المثيرة للمشقة في العام السابق مباشرة على الإيداع بالسجن، كما تباينت أحداث الحياة من حيث نوعيتها بين المسجونين والمجموعة الضابطة. وهذا يعني وجود علاقة بين السلوك السيكوباتي وأحداث الحياة المثيرة للمشقة.

الشخصية المضادة للمجتمع والإجرام:

تكثر خلافات الشخصية المضادة للمجتمع مع السلطة، وتقل عندها روح المسؤولية، كما أن المنفعة الشخصية بالنسبة للشخصية السيكوباتية تصبح المعيار الأساسي لكل علاقاتها مع الآخرين، كما يكون الشخص السيكوباتي سريع الضجر والانفعال والعدوان، ويصبح عاجزاً عن إرجاء متعته، ولديه اعتقاد راسخ بأنه في أمان من العقاب وسلطة القانون. وهذا ما يوقعه عاجلاً أم آجلاً في مشكلات تؤدي إلى السجن. فقد أوضحت إحدى الدراسات أن حوالي (10%) على الأقل من كل المسجونين يصنفون كشخصيات مضادة للمجتمع. ويقرر بعض أطباء الأمراض العقلية أن حوالي (98%) من مجموع السجناء الذين قاموا بفحصهم في أحد السجون في (ولاية الينوي) الأمريكية كانوا من السيكوباتيين. في حين يركز أطباء

آخرون أن نسبة السجناء السيكوباتيين في سجون مشابهة لا تزيد من (5%) من مجموع السجناء.

كما أوضح كاسون (Cason) عند مقارنته لمجموعتين من السجناء، إحداها تتميز بأكبر عدد من مظاهر السلوك المضاد للمجتمع، في حين تفتقر المجموعة الأخرى إلى مظاهر هذا السلوك. وبعد توزيع حوالي (55) سمة من السمات السيكوباتية على المجموعتين، تبين عدم وجود أية أهمية لنسبة توزيع مثل هذه السمات على المجموعتين. ولهذا تم الاستنتاج بعدم وجود علاقة وثيقة بين الجريمة والسيكوباتية، إذ أن بعض المجرمين يتصفون بالسيكوباتية، ولكن الكثير منهم ليسوا كذلك.

علاج اضطراب الشخصية المضادة للمجتمع:

لابد للمعالج قبل البدء بعلاج الشخص السيكوباتي، من العمل على وقف السلوك التدميري لنفسه، وجعله يتفاعل مع الآخرين دون خوف من الألم الناجم عن التفاعل. فقد تبين أن علاج مثل هذه الحالات تحتاج إلى وقت طويل قبل أن تظهر النتائج الأولية للعلاج (الخوري، 1994: 229).

أما أكثر الطرائق فائدة في علاج اضطرابات الشخصية المضادة للمجتمع، هي المجموعات المكونة منهم (Self - Helf - Grups) لمساعدتهم، حيث يتعاطفون مع الشخص ويعطونه الإحساس بالأبوة الذي حرم منه خلال طفولته.

فالهدف من علاج السيكوباتي في هذه الحالة، هو إقامة علاقة شخصية إيجابية بين المعالج والشخص السيكوباتي، وذلك من خلال تهيئة جو من الاهتمام والتقبل الدائم له، جو يسمح للمريض بأن يبدأ التعامل مع الآخرين على أساس أكبر من الثقة. وفي هذا الصدد استخدام كل من آيكهورن (Aichorn, 1935) وريدل وواينمان (Redl & Wineman, 1957) وجونز وغيره (Jones. Et. Al. 1953) منهج العلاج البيئي (Milieu Therapy) في علاج الشخصية

- 233 -

السيكوباتية، وهذا المنهج ينطلق من الاعتقاد بأن كل البيئة التي تتصل بالمريض وتحتك به لابد وأن تكون بيئة علاجية، بحيث لا يكون المريض معالج واحد يفرض عليه بأن يلقاه ساعة كل يوم، وإنما يكون كل من يتعامل مع المريض بمثابة بيئة علاجية، ويحاولون تهيئة البيئة المناسبة لشفائه (سوين، 1988).

فضلاً عن ذلك يمكن إعطاء العقاقير المهدئة ولفترة قصيرة من الوقت مثل الكلور برومازين Chlorpromazine وذلك العلاج الأعراض المصاحبة مثل القلق، والاكتئاب، والتوتر النفسي الشديد.

كذلك استخدام العلاج السلوكي مع السيكوباتيين، حيث استخدم معهم أسلوب الثواب والعقاب بشكل منتظم، وذلك بحسب السلوك الذي يصدر عنهم. فالسلوك المقبول والمفيد اجتماعياً يثاب، في حين أن السلوك الخاطئ غير المقبول (مثل الكذب أو السرقة أو الغش) يعاقب. وقد ثبت من خلال الدراسات التجريبية أن السلوك المضاد للمجتمع يتغير حين يثاب، ولا يتغير حين يعاقب. ولهذا فإن معاملة السيكوباتي كمجرم لابد من عقابه على سلوكه، ولا يعد علاجاً فعالاً في حالات الأشخاص السيكوباتيين. كما أن إيداع السيكوباتي في السجن أمر مكلف لكل الأطراف، لأنه لا يتضمن الظروف العلاجية التي لابد منها لكي يتعلم السيكوباتي كيف يعبر عن نفسه.

ولهذا فإن توفير البيئة الآمنة للسيكوباتيين مع مزيد من الصبر في التعامل معهم، وتوفير الاختصاصيين النفسيين الأكفاء، مع استخدام بعض الأدوية المناسبة، والعلاج بالعمل، وإعادة التعلم الإجماعي، يعد خير سبيل في تحسين أوضاع السيكوباتيين، وتخليصهم ما أمكن مما يعانونه من اضطرابات في الشخصية.

الفصل العاشر

الانحرافات والجرائم الجنسية

- طبيعة الانحرافات والجرائم الجنسية

- بعض الجرائم الجنسية والخلقية:

1- الجنسية المثلية

2- البغاء

3- الزنا

1- الاغتصاب

2- مضاجعة الأطفال

3- جماع الأموات

4- هتك العرض

5- انتهاك حرمة الآداب

6- الفعل الفاضح

7- الإخلال بحياء الأنثى

- بعض الانحرافات الجنسية:

أ- السادية الجنسية

ب- المازوخية الجنسية

جـ- الفيتشية

د- التلصص أو استراق النظر:

هـ- فرط الشهوانية

و- الاحتكاك الجنسي

- أسباب الانحرافات الجنسية

- علاج الانحرافات الجنسية

الفصل العاشر

الانحرافات والجرائم الجنسية

طبيعة الانحرافات والجرائم الجنسية:

تعد الانحرافات الجنسية خبرات تمر بحياة فرد في الواقع أو في الخيال، كما تعد نكوصاً إلى مرحلة من مراحل النمو في الطفولة والجمود عليها. ولهذا يمكن أن يكون كل فرد عرضة لهذه الانحرافات بحكم مروره أثناء النمو بهذه المرحلة. والرأي السائد عند زعماء التحليل النفسي ـ أن الفرد الذي ينكص إلى مرحلة جنسية من مراحل الطفولة يعد منحرفاً جنسياً. أما المنحرفون الذين يلجأون إلى حيل دفاعية أخرى بعد نكوصهم فيعدون مرضى بالعصاب النفسي ـ وهؤلاء يعانون كما يعاني المنحرفون جنسياً من الكبت. فالانحرافات الجنسية تشمل كل أنواع السلوك الذي يتم فيه إشباع النزعات الجنسية عن طريق ممارسات أخرى غير الاتصال الجنسي بشخص ناضج جنسياً من أفراد الجنس الآخر يكون قد وصل إلى السن القانونية التي يملك معها الموافقة على الاشتراك في الاتصال الجنسي ـ ويتميز هذا الانحراف الجنسي ـ بتكرار الإثارة الجنسية الشديدة، وإثارة الخيالات المثيرة جنسياً، كاستجابة لموضوعات جنسية أو مواقف ليست جزءاً من الأنماط المثيرة المعتادة، والتي قد تتداخل بدرجات مختلفة مع الوظيفة الجنسية.

ولهذا يمكن اعتبار الانحراف الجنسي اضطراباً نسبياً، فيما يعد في مجتمع ما شذوذاً يمكن لمجتمع آخر أن يتقبله وينظر إليه كسلوك عادي. كما تختلف نظرة الأفراد للاضطراب الجنسي ـ باختلاف العصور، فقد أصبح الآن (خاصة في بعض الدول الأوروبية)، تساهل وتقبل لبعض الممارسات الجنسية التي نعتبرها في مجتمعنا العربي شذوذاً.

بعض الجرائم الجنسية والخلقية:

1- الجنسية المثلية :Homo Sexuality

وهي انحراف في الممارسة الجنسية، إذ يختار الفرد شريكه من نفس الجنس، ويسمى هذا الانحراف عند الرجال باللواط (Sodomy) وعند النساء بالمساحقة أو السحاق، ولكنه ينتشر بين الرجال أكثر من النساء، كما يختلف مدى انتشاره من دولة إلى أخرى. ويذكر عكاشة (1989: 343)، أن هذه النسبة تصل في بريطانيا والولايات المتحدة الأمريكية، والدول الإسكنافية بين (22،8%) من كل الرجال، وفي بعض المناطق المصرية تصل إلى (50%). كما يذكر سوين (1988)، أن أصحاب الجنسية المثلية من الذكور أكثر ميلاً إلى الشيوع الجنسي ـ (Promiscuous) من أصحاب الجنسية المثلية من الإناث، حتى أنه لقد عرف عن بعضهم أنه انغمس في علاقات جنسية مع مئات الشركات. وهذا السلوك الجنسي ـ يعاقب عليه القانون في المجتمع. ولكن القوانين الوضعية السائدة في المجتمع العربي لا زالت قاصرة عن وضع عقوبات رادعة للانحرافات الجنسية التي تفشت وتتنافى مع أحكام الشريعة الإسلامية.

2- البغاء :Prostitution

عرفت قوانين بعض الدول البغاء بأنه "إباحة المرأة نفسها لارتكاب الفحشاء مع الناس بدون تمييز وذلك مقابل أجر تحصل عليه". كما عرف القانون الفرنسي البغاء بأنه "قبول امرأة بصورة عادية تكوين علاقات جنسية مع عدد غير محدود من الرجال مقابل أجر". ولذلك ومن خلال هذه التعاريف نرى أن المرأة البغي هي التي تجعل من نفسها عرضة للممارسة الجنسية من قبل الرجال الآخرين وذلك مقابل أجر تحصل عليه، وجريمة البغاء يعاقب عليها القانون، وحرمتها الديانات السماوية، وحددت لها عقوبات في القرآن الكريم.

3- الزنا :**Adultery**

وهي العلاقة الجنسية غير الشرعية بين رجل وامرأة، بحيث تقتضي وجود شريك يجامع الزوجة أو شريكة تجامع الزوج جماعاً غير شرعي. والشريعة الإسلامية قد وسعت معنى الزنا ليشمل أي اتصال جنسي بين الرجل والمرأة سواء أكان متزوجاً أم لا، وقد حددت عقوبات لكل من الرجل الزاني أو المرأة الزانية متزوجاً أم عازباً.

4- الاغتصاب :**Rabe**

يعرف الاغتصاب بأنه الاتصال الجنسي بامرأة بالقوة وضد إرادتها، أو بأي شكل من أشكال التهديد. ولهذا فإن استخدام الجاني أي وسيلة لسلب المرأة إرادتها، وجعلها غير قادرة على المقاومة، وذلك من أجل مواقعتها، يعد ذلك اغتصاباً. والاغتصاب يجرم عليه القانون بعقوبات محددة. والاغتصاب لا يكون فقط مع امرأة راشدة، وإنما قد يكون مع صغار السن (دون السن القانوني) أو مع المحارم.

5- مضاجعة الأطفال :**Infantosexuality**

يتميز هذا الانحراف الجنسي بوجود ميل جنسي واضح وشديد نحو الأطفال قبل سن البلوغ، وتكرر مدة لا تقل عن ستة أشهر للمضطرب الذي لا يقل عمره عن ستة عشر عاماً، ولا يقل فارق السن بين المضطرب والضحية عن خمس سنوات. ويفضل المنحرفون جنسياً الأطفال من الجنس الآخر الذين يبلغون الثامنة والعاشرة من العمر. وقد يقتصر الانحراف الجنسي عند البعض على مجرد تعرية الطفل والنظر إليه مع ممارسة الاستنماء بوجوده أو ملامسة الطفل وتقبيله. في حين أن البعض يلامس أعضاء الطفل التناسلية أو يخرق مهبل الطفل بإصبعه أو بالقضيب. وقد يمارس هذا السلوك الجنسي مع أطفال من أسرته أو من خارج أسرته ويهددهم بفضح أمرهم إذا تحدثوا عن ذلك. وقد يضطر المنحرف جنسياً إلى الزواج من أم الطفل للوصول إلى الطفل.

6- جماع الأموات Necrophilia:

والشخص المنحرف جنسياً يقوم في هذه الحالة بجماع النساء بعد وفاتهن، حيث يتفق مثل هؤلاء الأشخاص مع حراس المقابر. وفي أحيان أخرى قد يقتل المريض ضحيته ثم يمارس معها الجماع بعد وفاتها. ولهذا فإن القانون لا يترك مثل هذه الحالات دون عقاب، بل يرتب لها عقوبات واضحة ومحددة.

7- هتك العرض:

يقصد بهتك العرض، العدوان الذي يقع على جسم أو عرض شخص آخر بشكل فاحش، كأن يتم إلقاء فتاة على الأرض وفض بكارتها بالإصبع، أو تطويق كتفي امرأة من قبل رجل وضمها إليه لملامسة موضع العفة منها. وهتك العرض قد يمارس باستخدام القوة أو التهديد، أو بدون استخدامها. ومثل هذه الأعمال يجرم عليها القانون بعقوبات محددة.

8- انتهاك حرمة الآداب:

ويقصد بها صنع أو حيازة مطبوعات، أو مخطوطات، أو رسومات يدوية، أو فوتوغرافية، أو إمارات رمزية، أو غير ذلك من الأشياء أو الصور العامة المنافية للآداب، وذلك بقصد الاتجار أو التوزيع أو اللصق.

9- الفعل الفاضح:

وهو نوعان: الأول فعل مادي يخدش في المرء حياء العين أو الأذن، ويتضمن جرح الشعور العام لحياء شخص معين، واشتراط توافر العلانية مثل الأفعال أو الإشارات العنية التي تقع من الجاني على نفسه (كممارسة العادة السرية أمام الجمهور). أما النوع الثاني فهو فعل فاضح غير علني مخل بالحياء يقع على امرأة في غير علانية وبدون رضاها مع توافر القصد الجنائي.

10- الإخلال بحياء الأنثى:

ويرجع في تحديد الأفعال والألفاظ التي تقوم عليها الجريمة إلى العرف والبيئة مع اشتراط وقوع الفعل في مكان عام، أو مكان معروف.

بعض الانحرافات الجنسية:

أ- السادية الجنسية: Sexual Sadism

يتميز هذا الاضطراب في السلوك الجنسي بالحصول على اللذة الجنسية من خلال إيقاع الألم البدني أو النفسي على الشخص الآخر (الشريك)، وذلك للحصول على الإثارة الجنسية. وقد اشتقت كلمة السادية من (دوناسيان الفونس فرانسوا) المؤلف الفرنسي المعروف بالماركيز ساد (1740 -1814)، وقد أوجد هذه التسمية لوصف اتجاهاته وميوله، وقد تم حبسه عدة مرات لأفعاله العنيفة خلال ممارساته للجنس مع النساء.

والسادية تشجع على الاغتصاب والإقدام على الجريمة، وخاصة القتل، ولذلك فإن تشخيص القتلة يمكن أن يدخل تحت أربع حالات: السيكوباتية- السادية- الفصام- نوبات المراهقة والاضطراب الوجداني.

ويذكر عكاشة (1989) من خلال أحد الأبحاث التي قام بها أن نسبة شذوذ المخ الكهربائي بين القتلة عالية سواء الموجودين في السجن أو في مستشفى الأمراض العقلية خاصة في الجرائم غير الهادفة.

ب-المازوخية الجنسية: Sexual Masochism

وتعني الحصول على اللذة الجنسية من خلال الإحساس بالألم، وإيقاع القسوة على الذات بالإهانة أو الضرب. وقد اشتق الاسم من (ليوبولد ساثر مازوخ) (1836- 1895) الروائي الاسترالي، حيث تميزت رواياته بالحصول على المتعة الجنسية للنساء المازوخيات من خلال الإيذاء الواقع عليهن. وهذا الانحراف يعبر

عن عدم الثقة في القوة الجنسية مع اتجاه كامن للجنسية المثلية. والمازوخية عند النساء تنبع من رغبتهن في أن يسيطر عليهن الرجال، ويصبحن في حمايته المستمرة. وتشتمل الأفعال المازوخية على الإجهاد الجسمي، وتقييد الحركة، وتغطية الوجه والصفع على الوجه، والصعق بالكهرباء والإيذاء بالألفاظ.

جـ- الفيتشية: Fetishism

إنها انحراف يستبدل فيه صاحبه جزءاً من جسم الإنسان أو إحدى الأدوات المتعلقة به وذلك بغرض الوصول إلى النشوة الجنسية من جراء لمس أو رؤية هذه الأجزاء أو الأدوات. وتأخذ هذه الأدوات صوراً مختلفة مثل الملابس الداخلية، أو الجوارب، أو المعاطف، أو الأحذية، أو الروائح الخاصة. والفيتشية أكثر شيوعاً بين الرجال منها بين النساء، فقد ذكر أن القيصر الروسي كان يقيم الحفلات الصاخبة، ويغدق على مدعويه الخمر في مكان ضيق، وذلك حتى تفوح رائحة العرق من أجسادهم، وهنا يجد القيصر نشوته ولذته من هذه الرائحة. وهنا تكون الأدوات، والملابس، والروائح بمثابة المنبه الجنسي الذي يؤدي إلى الإثارة الجنسية.

د- التلصص أو استراق النظر: Voyeurism

يعد التلصص انحرافاً جنسياً يتم من خلاله الوصول إلى الاستمتاع الجنسي من خلال مراقبة الآخرين وهم يمارسون الجنس، أو عن طريق النظر إلى الأعضاء الجنسية لفرد من جنس آخر، كما هو بالنسبة للرجل الذي يتلصص على النساء وهن في وضع التعري، لكنه لا يريد إقامة علاقة جنسية معهن.

والمتلصص يسعى دائماً لإيجاد فرصة يشهد فيها موقفاً مثيراً جنسياً، ولذلك نجده دائم التواجد حول الحمامات العامة أو الشقق السكنية عله يجد الفرصة لاختلاس نظرة إلى شخص عار من الجنس الآخر. يبدأ هذا الاضطراب عند الشخص في سن الخامسة عشرة ثم يستمر معه ليصبح بعد ذلك مزمناً.

هـ- فرط الشهوانية :**Nymphomania**

وهو انحراف جنسي يتمثل في الهوس بالجنس، أو الرغبة المستمرة في الاستثارة الجنسية، ويسمى هذا الانحراف عند الرجال بـ .Satyriasis كما تتمثل أيضاً في صعوبة الإشباع الجنسي- على الرغم من الممارسة المتعددة للجنس. ولهذا تصبح الحياة كلها عند الشخص عبارة عن السعي لتحقيق الأهداف الجنسية. وهنا يكون النشاط الجنسي مدفوعاً بالتوتر والإحباط وقلة الكفاءة، وأحياناً يكون على شكل عقاب للذات.

و- الاحتكاك الجنسي :**Frotteurism**

وهو انحراف جنسي يتم فيه الحصول على اللذة الجنسية من خلال حك القضيب في جسم الأنثى المرتدية كامل لباسها. ويتم ذلك في الأماكن المزدحمة، وفي الباصات، أو في دور السينما.. الخ. ويكون هذا الاحتكاك بديلاً من الجماع الجنسي الطبيعي، ويتصف الشخص المنحرف الذي يحصل على اللذة الجنسية بهذه الطريقة بالانعزال، والكبت الجنسي- الشديد، وعادة ما يبدأ الاضطراب في سن المراهقة، ويقل في سن الخامسة والعشرين. كما يتصف المنحرف بأنه ينشأ في جو أسري عاصف، لا يوجد فيه إلا القليل من الحب والعطف، ويتصف بكثرة الخلاف.

أسباب الانحرافات الجنسية:

يرى المحللون النفسيون أن الاضطرابات في النمو قد تؤدي إلى الجمود في مرحلة معينة من مراحل النمو دون الانتقال إلى المرحلة التي تليها. كما يؤدي إلى ظهور بعض مظاهر المرحلة السابقة. ولهذا فعندما يواجه الفرد في مرحلة من المراحل بعض الصعوبات، نكص إلى المرحلة السابقة من النمو، حيث كان يجد فيها الأمن والاستقرار. ولذلك فإن ما يجده الفرد من إشباع زائد في مرحلة من المراحل، يجعل من الصعب عليه التخلي عن هذه المرحلة. كما أن الشعور بالإحباط في إحدى

مراحل النمو، والـذي قـد يعوقـه عـن التقـدم إلى مرحلـة النمـو التاليـة، قـد تـؤدي إلى التثبـت والجمود عند المرحلة السابقة. ومثال ذلك مـا هـو موجـود في الجنسيـة المثليـة، حيـث يتوقـف النمو النفسي للفرد عند مرحلة حب نفس الجنس، وعـدم الانتقـال إلى حـب الجنـس الآخـر. فالإنسان الطبيعي ينتقل مـن نرجسيـة حـب الـذات إلى حـب الشبيه، ثـم ينتقـل إلى المـيـول الجنسية المغايرة. ولهذا فإن القاعدة في التحليل النفسي هي أن الفرد الـذي يـنكص إلى مرحلـة جنسية من مراحل الطفولـة يعتـبر منحرفـاً جنسياً. أمـا المنحرفون جنسياً الـذين يلجـأون إلى استخدام حيل دفاعية أخرى بعد نكوصهم، فيعتبرون مرضى بالعصاب النفسي.

ويرى فرويد أن المنحرفين جنسياً مثلهم مثل المرضى بالعصاب النفسي يعانون مـن الكبـت، إذ توجد لديهم عقدة أوديب، والقلق مـن الخصـاء. أمـا (كنـزي) الـذي درس السـلوك الجنسـي ـ للرجل والمرأة دراسة مستفيضة في أمريكا، فيرى أن الانحرافات أنماط مـن السـلوك متدرجـة، أي تختلـف في درجتها، ويمكن ترتيبهـا تنازلياً، أو تصاعدياً تبعاً للدرجـة وهـو لا يـرى تسـميتها بالانحرافات، بل يسميها بالسلوك النادر.

وقـد حـاول فرويـد تفسـير النزعـات السـادية عـلى أسـاس غريـزة المـوت Deth Instinct)وذلك منذ عام (1930)، ولكنه لم يرض عن هذا التفسير، وقد حاول أتباعه أن يفسروا ذلك على أساس عنصر السيطرة أو التعويض في جرائم الاغتصاب. أما في السادية، فإن الشخص السادي يكون قلقاً جداً حول قدرته الجنسية، ويكون الاغتصاب أو السادية عنده تخفيـف لـما يعانيه من شعور بالعجز، وكل شيء يمكن أن يزيد من قوته أو مكانته، فإنـه يستعمله لحمايـة نفسه من القلق. فالفكرة كما يقول أحد المرضى بالسادية "قبل أن أشعر بالمتعة الجنسية، يجب أن أقنع نفسي بأنني إنسان قوي".

أما محبي الاستعراء والمتلصصين فهم أشخاص غير آمنين. أما من يحب مضاجعة الأطفال، فإنه يوجه انتباهه نحو الأطفال لأنهم أكثر ضعفاً، ولأنهم غير

ناضجين جنسياً، ويخشى الإخفاق في العلاقات الجنسية، وهو يحاول الدفاع عن نفسه، ويسعى للتخلص من بعض الصراعات. والمتقصي لتاريخ المولعين بالأطفال، يجد أنهم سبق وأن عاشوا حياة نفسية جعلتهم يخجلون من العلاقات الجنسية مع آخرين من نفس العمر، ولذلك يلجأون إلى الأطفال، لأنهم أكثر أمناً وسلاماً وأكثر طاعة، ويسهل إدارتهم، مما يشعرهم بالسيطرة والسيادة عليهم دون أن يتمكنوا من ذلك مع الراشدين. فضلاً عن ذلك فإن مثل هؤلاء المنحرفين، يكونون هم أنفسهم قد تعرضوا للإساءة الجنسية وهم صغار، أو في سن المراهقة المبكرة. وهذا لا يعني أنهم لا يفعلون ما يخشى ـ أن يفعله فيهم غيرهم، بل إنهم يفعلون ما تم فعله فيهم فعلاً.

أما النظرية السلوكية فترى أن الانحرافات الجنسية تحدث نتيجة عملية إشراط بسيط Simple Conditioning أي عن طريق التعلم الشرطي. فالاستجابات الشرطية يتم تعلمها، وهي تحدث من خلال وجود مثيرات شرطية ليس لها أصلاً علاقة بحدوث الاستجابة، أي ارتباط نشاط معين بالإثارة الجنسية في مرحلة الطفولة أو في أي مرحلة أخرى.

أما أثر العامل الوراثي في الانحرافات الجنسية فقد وجد كولمان في دراسته على التوائم المتماثلة أن النسبة تصل إلى (100%) في إصابتها بالجنسية المثلية. ولكن مؤلف هذا الكتاب يجد أن هذه النسبة مبالغ فيها، إذ لا نستطيع أن ننكر دور العامل الوراثي في الانحرافات الجنسية، ولكن يمكن عده أحد العوامل المهمة في هذه الانحرافات.

ولكن الاتجاه الحديث في تفسير الجنسية المثلية، هو اعتبارها سلوكاً متعلماً من الثقافة، تتوقف إلى حد كبير على خبرات الفرد التي مر بها في البيئة التي يعيش فيها.

علاج الانحرافات الجنسية:

يتم علاج مرتكبي الجرائم الجنسية الذين يعانون من اضطرابات جنسية عضوية في الإصلاحيات، أو السجون، أو في مستشفيات الأمراض النفسية. ولكن

الاكتفاء بالسجن ليس هو الحل الأمثل لمثل هذه الجرائم، لأن ظروف السجن قد تؤدي إلى مزيد من الانحرافات الجنسية كاللواط، والاغتصاب.

فالعلاج النفسي للانحرافات الجنسية يهدف أصلاً إلى الكشف عن مصدر المرض والقضاء عليه. كما يفيد أيضاً في إزالة الأعراض العصابية المصاحبة له. فالعلاج النفسي الفردي للانحرافات الجنسية يركز على اكتشاف الصراعات النفسية اللاشعورية، والدوافع الكامنة وراء الاضطراب الجنسية، وما يرتبط بها من خيالات أو صعوبات مع الآخرين، والتعامل مع هذه الديناميات. وهنا لابد من الانتباه إلى مشاعر الإثم، والتمرد، وقلة تقدير الذات، وخفض التوتر، واستمرار معاناة الصراعات المبكرة مع الأبوين بوصفها أسباباً محتملة للانحراف الجنسي عند الشخص.

كما استخدم العلاج السلوكي في الانحرافات الجنسية المختلفة، وذلك بهدف تعديل السلوك الجنسي، مثل العلاج العقلاني الانفعالي Rational Emotive (Ret)Therapy والذي يتم من خلال مناقشة الشخص المضطرب جنسياً في أفعاله وأفكاره الجنسية اللاعقلانية، ويحاول أن يتعرف إلى أفكاره نحو الجنس، واتجاهاته، والعوامل التي أدت إلى تكوين هذا الاتجاه، ومحاولة دحضها أو تعديلها. كما يمكن استخدام العلاج بالتنفير من خلال استخدام الصدمات الكهربائية للتخلص من الجنسية المثلية، كما يمكن استخدام أساليب أخرى ساهم في تقديمها كل من جوزف وولب (Wolpe) وألبرت اليس (Ellis) وماسترز وجونسون .(Masters & Johnson) .

كما استخدم العلاج البيولوجي بالعقاقير، أو باستخدام الهرمونات الجنسية في بعض الحالات، إلى جانب العلاج النفسي- السلوكي، وذلك للتخلص من الاضطرابات والانحرافات الجنسية.

كما استخدم العلاج النفسي الجماعي في هذه الانحرافات، وذلك بغرض تهيئة جـو جماعـي لمساندة المضطرب نفسياً، ومساعدته على إزالة معاناته.

كذلك استخدام العلاج الأسري والزواجي، بغرض مساعدة المنحرف جنسياً من خـلال الأسرة التي يعيش فيها وخاصة الزوجة والوالدين للتخلص من الانحراف الجنسي الذي يعاني منـه. كـما استخدم أيضاً التحليل النفسي في علاج الانحرافات والاضطرابات الجنسـية. ولا زالـت الدراسـات جارية من أجل إيجاد المزيد من الطرائـق والوسـائل لمعالجـة المنحـرفين جنسـياً لمسـاعدتهم في التخلص مما يعانونه من انحرافات قد تؤدي بهم إلى ارتكاب جرائم متعددة.

الفصل الحادي عشر

بعض الاضطرابات النفسية والعقلية والسلوك الإجرامي

أولاً- الاضطرابات العصابية:

أ-   عصاب القلق

ب-   عصاب الوسواس القهري

جـ- الاستجابات التحولية والانفصالية

د- النيورستينيا

ثانياً- الاضطرابات الذهانية

أ-   الذهان الوظيفي

ب-   الذهان العضوي

- العلاقة بين الاضطرابات العصابية والذهانية والسلوك الإجرامي

الفصل الحادي عشر

بعض الاضطرابات النفسية والعقلية والسلوك الإجرامي

أولاً- الاضطرابات العصابية (النفسية) **Neurotic Disorders:**

يعد العصاب أكثر الأمراض النفسية والعقلية انتشاراً، إذ يتسم بوجود صراعات داخلية، وبتصدع في الشخصية، وظهور أعراض مثل القلق، والخوف، والاكتئاب، والوساوس والأفعال القهرية، وسهولة الاستثارة، والحساسية الزائدة، واضطرابات النوم والطعام، والأعراض الهستيرية. ويحدث ذلك دون المساس بترابط الشخصية، ويتحمل المريض المسؤولية كاملة، والقيام بالواجبات كمواطن صالح، والحياة والتجاوب مع الآخرين دون احتكاك واضح مع سلامة الإدراك واستبصار المرضى بآلامهم، والتحكم بالذات. وهذا ما يميز الاستجابات العصابية من الذهان (Bsychosis) الذي تضطرب فيه هذه الصفات.

فالعصاب يمثل في أساسه حيلاً دفاعية، يعتمد الفرد عليها اعتماداً زائداً، وهو يحاول تجنب صعوبات الحياة ومشاكلها بدلاً من أن يواجهها ويتعامل معها تعاملاً مباشراً.

وفيما يلي سنتحدث عن أهم الاضطرابات العصابية التي يكون لها علاقة مع السلوك الإجرامي وهي:

أ- عصاب القلق **Anxiety Neuosis:**

يعد القلق من المشكلات الشائعة الظهور لدى الكثير من الناس، إذ تتعدد صوره، وتختلف مظاهره، ويظهر عند الإنسان دون سبب واضح، وينتهي إلى عجز بالغ يعوق الشخص عن النهوض بأعباء الحياة ومسؤولياتها الطبيعية، ويعرض الصحة النفسية للخطر. فهو يشكل العرض الجوهري في الاضطرابات النفسية،

وفي أمراض عضوية كثيرة، كما يعد محور العصاب والاضطراب النفسي۔ فوجود القلق عند الشخص يعني نذيراً بالخطر الذي يتهدد أمن الفرد، وسلامته، وتقديره لذاته، وهو أمر مصاحب للصراع.

وقد عرف القلق تعريفات عديدة، حيث قسمه سبيلبرجر Spielberger إلى قلق الحالة State Anxiety الذي يعني حالة انفعالية يشعر بها الإنسان عندما يدرك تهديداً في الموقف، فينشط جهازه العصبي اللاإرادي، وتتوتر عضلاته ويستعد لمواجهة التهديد، وتزول عادة هذه الحالة بزوال مصدر التهديد.

أما القسم الثاني للقلق فهو قلق السمة Trait Anxiety الذي يعني استعداد سلوكي مكتسب يظل كامناً حتى تنبهه وتنشطه منبهات داخلية أو خارجية فيثير حالة القلق. ويتوقف مستوى إثارة القلق عند الإنسان على مستوى استعداده للقلق.

كما عرف القلق النفسي بأنه "شعور عام غامض غير سار بالتوقع والخوف والتحفز والتوتر، مصحوب عادة ببعض الإحساسات الجسمية، خاصة زيادة نشاط الجهاز العصبي اللاإرادي، يأتي في نوبات تتكرر في نفس الفرد". وعند تحري الأسباب الكامنة وراء عصاب القلق يمكن رد ذلك إلى عوامل وراثية، حيث وجد سليتر وشيلدز (1962، 1966)، أن نسبة القلق في التوائم المتشابهة تصل إلى (50%). كما أن العمر له دور أساسي في نشأة القلق، إذ يزيد القلق في الطفولة مع عدم نضوج الجهاز العصبي، كما يزيد أيضاً مع ضمور الجهاز العصبي لدى المسنين. ولذلك فإن الفرد يولد وعنده الاستعداد الوراثي للقلق النفسي، كما يظهر القلق عند الفرد عند تعرضه لحالة تستثير القلق.

ب-عصاب الوسواس القهري: Obssive Compulsive Neurosis

عرف الوسواس القهري بأنه "مرض عصابي يتميز بوجود أفكار واندفاعات أو مخاوف أو طقوس حركية مستمرة أو دورية، مع يقين المريض بتفاهة هذه

الوساوس، ولا معقوليتها، وعلمه الأكيد أنها لا تستحق منه هـذا الاهـتمام، ومحاولتـه المستمرة مقاومة هذه الوساوس، وعدم الاستسلام لها، وإحساسه بسيطرة هذه الوساوس، وقوتها القهرية عليه، مما يترتب عليه شلله الاجتماعي، وآلام نفسية وعقلية شديدة".

ولذلك فإن المريض بالوسواس القهري يعاني من اندفـاع ورغبـة جامحـة لأن يقوم بـأعمال غريبة، رغم شعوره بتفاهتها وعرقلتها لسير تفكيره، ولكن بالرغم من ذلك فهي تسيطر عليه. وقد تكون هـذه الوساوس الملحـة عـلى شـكل عـدوان عـلى الآخرين، أو عـدوان عـلى الـذات (الانتحار)، وقد يلجأ الشخص الوسواسي إلى تنفيـذ اندفاعاته وأفكـاره الإلحاحيـة، ممـا يوقعـه تحت طائلة المسؤولية القانونية. ومـن الأمثلـة عـلى هـذه الوساوس القهرية جنون السرقة Kleptomania والذي يتصف برغبة ملحة لسرقة أموال غـيره، وقد تكون أشياء لا قيمـة لهـا، وهو ليس بحاجة إليها. وهناك جنون الحرائق Pyromania الذي يتميز برغبة ملحة في إشعال الحرائق في المنازل، أو المحال التجارية...، وجنون شرب الخمور، والذي يتمثل في الرغبة الملحة في شرب الخمور، وكذلك الجنون الجنسي، وهي فكرة ملحة تسيطر على صاحبها لممارسة الجنس مع أي شخص، وفي أي مكان وقد يسيطر على المريض دافع قوي يلح عليه من أجل القيام بعمل معين لا يستطيع مقاومته، ويتمثل ذلك أحيانـاً بارتكابـه للجرائم، كالسرقة، والقتل، وإشعال الحرائق.

والبحـث عـن الأسباب الكامنـة وراء عصـاب الوسواس القهري نجدها تتركـز في العامـل الوراثي،، إذ وجد أن أولاد المرضى بالوسواس يعانون من نفس المرض، وكذلك الأخوة والأخوات. كما يتداخل العامل الوراثي مع العامل البيئي، إذ أن تصرفات الوالـدين ينعكس عـلى تصرفات أولادهم. كما يرى البعض أن سبب الوسواس القهري يعود إلى وجـود بـؤرة كهربائيـة نشطة في لحاء المخ، وتسبب هذه البؤرة حسب مكانها في اللحاء فكرة أو حركة أو اندفاعـاً، وتستمر هـذه الدائرة الكهربائية في نشاطها رغم محاولة الفرد مقاومتها.

كما يظهر الوسواس القهري عند ذوي الشخصيات المتصلبة وغير المرنة، والتي تجد صعوبة في التوافق مع متطلبات الحياة الاجتماعية، مع حبهم للنظام والروتين والدقة في الأعمال، والاهتمام بالتفصيلات والثبات في المواقف الشديدة.

جـ- الاستجابات التحولية والانفصالية **Conversion Reaction:**

تعد الاستجابات التحولية أو الهستيريا حالة عصابية، تظهر على شكل أعراض جسمية دون أن يكون لها سبب عضوي واضح، ويكون الدافع وراء هذه الحالة الحصول على منفعة خاصة، أو جلب الاهتمام، أو الهروب من موقف خطر، أو تركيز الاهتمام على الفرد كحماية للفرد من الإجهاد الشديد. وتتميز الشخصية الهستيرية بعدم النضج الانفعالي، وبقابليتها للإيحاء.

وفي الاستجابات التحولية يتحول القلق والصراع النفسي- بعد كبته إلى عرض عضوي أو جسمي، بحيث يكون له معنىً رمزياً بطريقة لا شعورية. وتمثل الاستجابات التحولية أعراضاً حركية كالشلل وفقدان الصوت، وارتجاف الأطراف، واللازمات الحركية، والنوبات الهستيرية، واعوجاج الرقبة. كما تشتمل على أعراض حسية، كفقدان الإحساس، والعمى الهستيري، والصمم الهستيري، والآلام الهستيرية. كما تشمل أعراضاً حشوية، كالصداع، والغثيان، والقيء، وفقدان الشهية العصبي.. وغير ذلك.

وقد عرف عن مريض الاستجابة التحولية أنه لا يأبه أو يكترث لعجزه أو مرضه الجسمي مهما بلغت درجة خطورته. وقد أعرب فرويد (Freud) عن يقينه بأن الأعراض التحولية تتضمن صدمات أو أنواعاً من الصراع ذات شحنات انفعالية تعرضت للكبت، ثم تحولت إلى أعراض جسمية تكون بمثابة متنفس. فالاستجابة التحولية في أساسها حيلة دفاعية لوقاية الذات، إذ أن الأعراض تساعد في صورتها المباشرة على استبعاد التوترات والألم النفسي. كما تساعد على حل الصراع من غير أن يتأثر تقدير الفرد لذاته.

أما الاستجابة الانفصالية Dissociative Reaction فتتضمن عدداً مـن الحـالات العصـابية التي يحدث فيها اختلال الشعور، وهي تشبه إلى حد ما الاستجابات التحوليـة في أن كـلاً مـنهما يتضمن الكبت الشديد. ومن بين الاستجابات الانفصالية (الأمنيزيا)، وهي تتضمن عجز المرء عن تذكر اسمه أو عنوانه أو أحواله السابقة وذلك من أجل الهـروب مـن مواقـف مؤلمـة نفسـياً أو للحصول على اهتمام وعطف الآخرين. كما تشمل الاستجابات الانفصالية حـالات الهـروب مـن الظروف المألوفة، وأسلوب الحياة الذي كان المريض يعيش فيه، ثم يتجـول المـريض بعيـداً عـن بيته، حيث يصل إلى منطقة بعيدة، ويفيق على حالة مـن الخلـط والاضـطراب، ولكنـه لا يكون واعياً بالوقائع التي تخللت سفره وتجواله. وأحياناً يقوم البعض بالاعتداء أو القتل أثناء الشرود الهستيري. ومن ضمن الاستجابات الانفصالية أيضاً المشي أثناء النوم، فالمريض يكون عـلى شكل طقوس معقدة حين يكون الفرد في حالة نوم شبيهة بـالحلم، وتكـون العينـان عـادة مفتـوحتين، كما يمكن الاستجابة لأسئلة الآخرين وأوامرهم، ويبدو نشـاطه موجهـاً نحـو هـدف معـين. وقـد يقوم الشخص أثناء نومه بالاعتداء على الآخرين، نظراً لعـدم قدرتـه عـلى القيـام بهـذه الأعـمال أثناء اليقظة. ولكن الشخص بعد أن يستيقظ ينسى أفعاله التي قـام بهـا. أمـا الاضـطراب الآخر للاستجابة الانفصالية فهو تعدد الشخصيات Multiple Personality إذ يتقمص المـريض شخصيتين أو أكثر، يقوم أثناءها بما لا يستطيع القيام به بشخصـيته الحقيقيـة، ولا يتـذكر أثنـاء تقمصه للشخصية المرضية حقيقتها، ولكن عندما يعود إلى الحالة الطبيعية يندهش لمـا قـام بـه من سلوكيات.

د- النيورستينيا (الإعياء النفسي) Neurasthenia:

وهو شعور عميق بالإرهاق والإعياء التام العقلي والجسمي، وحساسية شديدة من الضـوء والأصوات والمؤثرات الخارجية. وهذا ما يجعل المريض ينساق وراء

الأوهام المرضية، بحيث يصبح متشائماً ومكتئباً، يلازمه شعور بالقنوط واليأس وعدم قدرة على التركيز، وكثرة التردد. وهذا الإعياء النفسي قد يؤدي إلى شذوذ في السلوك، وبالتالي إلى ارتكاب جرائم بحق الآخرين، كما قد يؤدي إلى الانتحار..

ثانياً- الاضطرابات الذهانية Psychotic Disorders:

تعد الاضطرابات الذهانية من أخطر استجابات الإنسان للإجهاد والضغوط النفسية، إنها انعكاسات للتفكك العميق والعجز الشديد للشخصية، وذلك بعد أن عجزت أن تتخذ الوسائل الفعالة في تناول الصراع.

تنتشر الاضطرابات الذهانية بين عامة الناس في نسبة تتراوح بين (5- 10%)، ويتصف المصابون بها باختلالات في التفكير تكون على شكل أوهام وأخيلة وهذاءات لا أساس لها في الواقع، وكذلك تشوش في عملية التفكير تتداخل فيها عناصر غريبة.

كما يتصف الذهانيون باختلالات في الانفعال، حيث تكون انفعالاتهم غير واقعية أو مبالغاً فيها كالانشراح الشديد أو الحزن الشديد.

كما نجد عند الفصاميين اختلالات في السلوك، إذ يتأثر الكلام، فيصبح غير متسق، أو يكرر كلمات الآخرين، أو ينسج مصطلحات جديدة. كما يختل السلوك الحركي، والذي يكون على شكل هياج أو جمود أو تقليد لحركات الآخرين. تنقسم الاضطرابات الذهانية إلى قسمين أساسيين هما:

آ- الذهان الوظيفي:

وهو عبارة عن مرض عقلي لم تعرف بعد أسبابه التشريحية أو المرضية، ولكن يمكن القول أن الاضطرابات الكيميائية الفسيولوجية موجودة في هذا المرض. ومن أهم أقسام هذا المرض ما يلي:

1- الفصام :Sehizophrenia

وهو عبارة عن اضطراب ذهاني، يتميـز بالانسحاب مـن الواقع، وباضـطراب في التفكير
والوجدان والإدراك والسـلوك، والتـي تـؤدي إن لم تعـالج مبكراً إلى اضطراب وتـدهور حـاد في
الشخصية. وقد نسب إلى كريبلن (Kreaplin) الفضل في أنه كان أول مـن صنف الاضطرابات
الفصامية، وسمى هذا الاضطراب بالعته المبكر Dementia Praecox عـام (1899)، وقـد ميـز
بين أنواع ثلاثة من الفصام هي: الهيبيفرينيا Hebephrenic والبار انويا Paranoid والكتاتونيا
Catatonic وقد قبل اقتراح بلويلر Bleuler بإضـافة نـوع رابـع وهـو الفصام البسـيط. وهـذه
الأنواع من الاضطرابات النفسية من أخطر الاضطرابات السـيكاترية الرئيسـية، إذ تـتراوح نسـبة
من يقبلون بالمستشفيات العقلية، ويتم تشخيصها بالفصام بين (20- 30%). وهـذا المـرض يثـير
الاهتمام الخاص لأنه قد يبدأ مبكراً في حياة المرء، وذلك في حوالي سن العشرين من العمر، وقـد
يستعصي على الشفاء ويستمر طوال حياة الإنسان، وأن متوسط طول فترة الإقامة بالمستشفى في
هذا المرض حوالي (13) سنة.

والجدير ذكره فإن أغراض مرض الفصام تختلف من مريض إلى آخـر، وذلك حسـب شـدة
المرض ومدته، ولا يشترط أن توجد هذه الاضطرابات النفسية مجتمعة في مريض الفصام.

2- الاضطرابات الوجدانية :Affective Disorders

تعد الاضطرابات الوجدانية من أكثر الاضطرابات النفسية شيوعاً، إذ تسبب للمريض الكثير
من الآلام النفسية، والضغط النفسي. ومن هذه الاضطرابات الوجدانية الذهانية: الهوس Mania
والاكتئاب Depression واكتئاب سـن اليـأس، وذهـان الهـوس الاكتئـابي Manic Depressive
Psychosis الذي يتميز بنوبات متعاقبة من الهوس والاكتئاب. وقد دلـت الدراسـات أن حوالي
(50-

70%) من محاولات الانتحار تنجم عن الاكتئاب. كما أظهرت إحصائيات الصحة العالمية عام (1988)، أن نسبة الاكتئاب في العالم حوالي (5%) والمريض بالذهان الاكتئابي قد يقدم على عمليات قتل للأقارب، وذلك اعتقاداً منه أنه يقوم بتخليصهم من قساوة الحياة وتعاستها، وأنه لا يستطيع تركهم يعانون من ذلك كما يعاني هو. أنه يقتل زوجته وأولاده أحياناً، ثم يقدم بعد ذلك على الانتحار.

كما تنتاب مرضى الهوس نوبات من السلوك المرضي الخطر، وخاصة الشذوذ الجنسي، حيث يقومون بمحاولات الاغتصاب، أو الاستفزاز الجنسي. وهؤلاء تنتابهم كثيرة الحركة والتهيج والإثارة دون هدف واضح، ويقومون بأعمال عنف إذا قاومهم أحد، ويعتدون على الآخرين بالسب والضرب والتخريب دون احترام لأي شخص.

أما فيما يتعلق بمال المرض، فهو يختلف من شخص إلى آخر، ولكن غالباً ما ينتهي الاضطراب الوجداني بالتحسن الكامل، ويمكن أن تتراوح مدة المرض في الغالب بين ستة شهور إلى سنة كاملة إذا ترك المريض دون علاج، ولكن مع التقدم الطبي، فقد أمكن تقليل فترة المرض إلى مدة تتراوح بين 4- 8 أسابيع.

ب- الذهان العضوي:

تحدث الذهانات العضوية نتيجة عطب أو تلف في الجسم، أو إصابة مخية. وقد يكون الخلل أولياً كما في الأمراض والإصابات والصدمات التي تؤثر على المخ مباشرة أو بشكل غير مباشر، وقد يكون ثانوياً كما في الأمراض والاضطرابات الجهازية التي تصيب المخ، باعتباره واحداً من الأعضاء أو الأجهزة العديدة التي يصيبها المرض في الجسم (ربيع وآخرون، 1995).

ومن الأعراض الإكلينيكية للذهان العضوي، تشوش في الوعي، واختلاط درجة اليقظة، وهذيان حاد، ومجموعة أعراض اضطراب الذاكرة، خاصة تذكر

الأحداث القريبة، والعته (وهو تدهور في وظائف المخ بسبب مرض عضوي في المخ)، والاكتئاب، والهوس، وأعراض الفصام.

أما أسباب الذهان العضوي فيتمثل في اضطرابات التمثيل الغذائي، والذي يكون على شكل أمراض الكبد، وأمراض الكلية، ومرض السكر. كما أن نقص الفيتامينات مثل فيتامين (ب1) و (ب12)، وأمراض الغدد الصماء، ونقص الأكسجين في الدم، واضطراب نسبة البوتاسيوم، والصوديوم، والماء، وثاني أكسيد الكربون في الجسم من الأسباب المؤدية للذهان العضوي. فضلاً عن ذلك فإن أمراض شرايين المخ، والحميات، وأمراض الجهاز العصبي، والصرع، وأورام المخ، والسموم، أسباب أخرى للذهان العضوي.

ومن فئات الذهان العضوي التي لها علاقة بالجريمة والسلوك الإجرامي تعاطي المخدرات والمسكرات، والتي تؤدي إلى الإدمان (انظر الفصل الثامن).

العلاقة بين الاضطرابات العصابية والذهانية والسلوك الإجرامي:

من الممكن الحديث عن علاقة ارتباطية بين الاضطرابات العصابية والذهانية والسلوك الإجرامي، ولكن الحديث عن علاقة سببية بينهما يكون صعباً. فقد أوضح التراث النفسي والطب نفسي، أن هناك حالات عصابية وذهانية ترتبط بارتكاب أصحابها لأشكال من السلوك الإجرامي تحت وطأة أعراض معينة. ومثال ذلك ما يقوم به بعض المرضى الذين يعانون من خوف شديد من اندفاع مفاجئ لارتكاب أفعال تتسم بالعنف، وقد يرتكبون جرائم قتل في ظل هذه الحالة. كما يقوم بعض مرضى الوسواس القهري باندفاعات تكون على شكل عدوان، أو انتحار، أو سرقة، أو جرائم جنسية. كما يقوم أيضاً بعض المصابين بالهستيريا الانفصالية (الانشقاقية) بحالات مثل: القتل والنصب والاحتيال.

كما يقوم بعض المرضى الذين يعانون من النيورستينيا أو الإعياء النفسي- بحالات إجرامية مندفعين وراء أوهام مرضية لا أساس لها في الواقع.

فضلاً عن ذلك يقوم بعض المرضى الذين يعانون من اضطرابات ذهانية وخاصة في حالات الفصام بالسلوك الإجرامي نتيجة ما يعانونه من اضطرابات ذهانية وخاصة في حالات الفصام بالسلوك الإجرامي نتيجة ما يعانونه من اضطرابات في التفكير والوجدان والإدراك والسلوك. أما المرضى الذين يعانون من اضطرابات وجدانية ذهانية كما هو الحال في مرضى الهوس، فقد يقومون بسلوكيات خطيرة كالشذوذ الجنسي، والاغتصاب، والاستفزاز الجنسيء ويعتدون على الآخرين من الأقارب أو الأصدقاء، اعتقاداً منهم أنهم يقومون بتخليصهم من قساوة الحياة التي يعانون منها.

ومهما كانت الأعمال التي يقوم بها مرضى العصاب النفسيء والذهانات، فإنهم يقعون تحت المساءلة الجنائية، إذ أن للقانون نظرته الخاصة لمن يرتكبون الجرائم وهم تحت تأثير الأمراض النفسية العصابية، خاصة وأن المريض العصابي يكون أقرب إلى السواء منه إلى المريض، نظراً لما يتمتع به من سلامة الإدراك والاستبصار. أما المرضى الذهانيون فهم أقرب إلى المرضى منهم إلى السواء ولذلك فإن القانون يأخذ بعين الاعتبار مثل هذه الحالات ويخضعها للعلاج قبل العقاب.

الباب الرابع

الفصل الثاني عشر

أطراف العملية الجنائية في المحكمة

أولاً- دور القاضي:

- المؤثرات التي تسيء إلى القاضي

ثانياً- دور المحامي:

- الأعمال التي تلحق الضرر بعمل المحامين

ثالثاً- المتهم:

رابعاً- شهود العيان

- أهلية الشاهد

- بطلان الشهادة

الفصل الثاني عشر

أطراف العملية الجنائية في المحكمة

أولاً- دور القاضي:

القاضي طرف لابد منه ولا غنى عنه في الرابطة الإجرائية، لأنه هو الذي يتوقف عليه فض الخصومة موضوع هذه الرابطة. ومع كونه طرفاً لابد منه، فهو ليس مع ذلك خصماً، وإنما هو فوق الخصوم، ومهمته أن يحدد مدى الرجحان ومدى البهتان في مزاعمهم. والنيابة العمومية والمتهم، طرف وخصم في آن واحد، وما عدا ذلك، فإن من له دور في الرابطة الإجرائية يعتبر طرفاً فحسب دون أن يكون خصماً (بهام، 1977: 213).

فالقاضي هو الشخص المناط به إصدار الأحكام، وبيده الحل والعقد، فهو مناط العملية الجنائية كلها. ومع ذلك فالقاضي تتجاذبه قوتان: الأولى تنادي بحقوق المتهم، والثانية تنادي بحقوق المجتمع، وهاتان القوتان تشكلان على القاضي مواقف ضاغطة.

فالقاضي يعني قول الحق ومهمة القانون إقامة العدالة، وتوجد حاسة أو عاطفة في الإنسان تجعله ميالاً لأن يكف عن الأذى، وأن يصنع الخير والبر. والقاضي لا يخضع إلا إلى سلطان ضميره، وليس لأحد أن يتدخل في عمله، ولا يتلقى توجيهات من أي سلطة رئاسية. وتتأثر أحكام القاضي بجانب شبه شخصي وهو: ما هي نظرته إلى فلسفة العقاب؟ هل العقاب في نظره تقويم أو ردع أو قصاص أو انتقام من الجاني؟ إن نظرة القاضي إلى فلسفة العقاب هي أمر يؤثر بالطبع على أحكامه، فإذا كانت نظرته إلى العقاب على أنه تقويم، فربما يتجه إلى التخفيف في الأحكام. أما إذا كانت نظرته إلى العقاب على أنه ردع فإن أحكامه ربما تتجه إلى التشديد. (Gluek, Et, Al. 1950: 125).

المؤثرات التي قد تسيء إلى القاضي:

تتعدد المؤثرات التي قد تسيء إلى القاضي، ومن ضمن هـذه المـؤثرات الآتي (سيف، بدون تاريخ):

1- إن القاضي قد يحكم بظلم إذا ظن أن الواقعة التي أمامه مماثلة لشبيهات حدثت في الماضي أو من المتوقع حدوثها، بالرغم من أن الواقعة الماثلة أمامه تختلف عن الحالات الأخرى، مما يدل على وجود المغالاة في الثقة وفي الطمأنينة في حكمها، إما بسبب الخمـول عـن بـذل أي جهد إضافي لفهمها، وإما بسبب الميل إلى عدم تخطئة النفس.

2- الإغراق في تفاصيل ليست ذات أهمية في القضية، وربما قد يكون سبب ذلك إظهار ذكاء خارق في تفهم تلك التفاصيل.

3- التقيد ببعض العادات الفكرية الراسخة في عمق النفس، والتـي ينشـأ عنهـا استسـاغة لأشخاص، أو استثقال ظلهم على حسب مظهرهم. ولقد راعى القانون مثل هذا التأثير لدى القاضي، حين أجاز له التنحي عـن القضية كلما شعر بـأي نـوع مـن الحـرج في القضية خاصة إذا كان أحد الخصوم في القضية صديقاً للقاضي، أو أن توجد بينه وبين أحد الخصوم صلة قرابة، أو أن تكون الجريمة المنظورة قد وقعت عليه شخصياً، أو أن يقوم بوظيفة المدافع عن أحد الخصوم، أو أن يكون قد شهد فيها، أو عمل خبيراً لها، أو قام بالتحقيق فيها.

4- أن يضع القاضي نفسه دون مناسبة موضع المتهم، أو موضع المجني عليه، بالرغم مـن أن هناك فروقاً كبيرة بينه وبينهم، وذلك من حيـث الظروف المحيطـة بهـم، والتربيـة التي تعرضوا لها. والمفروض على القاضي أن يتجرد مـن شـعور يمكن أن يوجد صلة شخصية بينه وبين القضية المعروضة عليه، ويتمسك بالمعيار الموضوعي وبـالقيم السائدة في المجتمع.

5- الشعور بالغرور الذي يجعله يـدعي بمعرفـة كـل شيء، حتـى ولـو كان خارج نطـاق اختصاصه.

6- سوء فهم الوقعة المعروضة عليه على غير حقيقتهـا، بسبب جسامة المهـام الوظيفيـة الموكلة إليـه، أو بسبب مشـاكل الحياة أو إصابته بخلل فسيولوجي قـد يـؤدي إلى حدوث خلل في قواه العقلية.

7- الاتجاه في حكمه بما يوافق الاتجاه السائد لدى الرأي العام، حيث يقوم بإدانة شخص بناء على ذلك، دون أن يحكم بما يرضي ضميره.

وبناء على ذلك فإن عمل القضاة مـن الأعمال الصعبة في جميع العصور، وفي جميع المجتمعات مما يتطلب الدقة في اختيـار القضـاة، وألا يتـولى العمـل القضائي إلا صفوة رجـال القانون من حيـث الكفـاءة المهنيـة والخلقيـة، والنزاهـة، وأن يتمتعـوا بحريـة كبيرة في إصـدار الأحكام دون الخضوع لأي سلطة، وأن يبتعدوا عن التأثر بـالظروف المحيطـة في أحكـامهم، وأن ينحوا عواطفهم وتوجهاتهم الشخصية، وأن ينظروا إلى القضايا أمامهم نظرة موضوعية محايدة.

ثانياً- دور المحامي:

يعد المحامي شخصاً يعرف القانون، ويدافع عن شخص متهم بخرق القانون وذلك لإقامـة العدل، ومنع الظلم. فالمحامي جزء من النظام القضائي، والنظـام القضائي جـزء مـن المجتمـع. والمحامي عن المـتهم يسـعى إلى تحقيق التـوازن في القـوى بـين الشخص محل الاتهـام، وبـين الشخص الممثل للسلطة. وهذا التوازن يفيد القاضي من خـلال إيضـاح الأدلـة المحتملـة للـبراءة بنفس الأسلوب الذي يتم فيه إيضاح الأدلة لإدانة المتهم مـن قبـل النيابـة، وذلـك ليتمكن مـن التركيز في جوانب القضية قبل إصدار حكمه.

ويجب أن يتصف المحامي أثناء دفاعه عن المتهم بالهدوء، وأن يدلي بأقواله بشكل منظم ومنطقي. والمحامي في القضية الجنائية يسعى إلى إظهار براءة المتهم، وإن لم يتمكن من ذلك، فإنه يحاول تخفيف الحكم والعقوبة على موكله، وذلك من خلال جعل المحلفين يحبون موكله، أو على الأقل يشعرون بالتعاطف معه، لأنه من النادر أن يدين المحلفون شخصاً يحبونه، أو يبرئون شخصاً يكرهونه، وفي عمله هذا يقدم معونة كبيرة لموكله، كما يقدم خدمة للقاضي للوصول إلى اقتناع ليتمكن من إصدار حكمه. والمحامي يكون على علم كبير بما يحيط بالجريمة، إذ أن المتهم يفضي إليه بمعلومات دقيقة وتفصيلية عن الجريمة، وقد يستطيع المحامي الكشف عن جوانب أخلاقية في الجريمة (مرض عقلي لدى المتهم)، بحيث يكون ذلك مبرراً للتخفيف من العقوبة، وجعل التحقيق يتسع ليكون أكثر شمولاً.

ولهذا فإن المحامي بحكم خبرته وسعة اطلاعه قد يلقي الأضواء على جوانب خافية لم يتنبه إليها القاضي، وفي تنبهه إليه يساعده على إصدار حكم أكثر دقة وموضوعية. ويتركز الدور الأساسي للمحامي في القضية الجنائية في مرحلة المحاكمة، حيث تبرز براعته في مناقشة الشهود من خلال توجيه الأسئلة الدقيقة والمناسبة إليهم، ويحاول أن يكتشف مدى صدقهم.

فضلاً عن ذلك يتوجب على المحامي أن يكتشف الاتجاه الذي ينزع إليه القاضي، والرؤية التي يرى بها القاضي القضية، وذلك إما لتثبيت القاضي على ذات الاتجاه، وإما لتحويله عنه إن كان اتجاهاً غير متجاوب، بحيث يتوصل بذلك إلى التوفيق بين نظرته إلى القضية وبين نظرة القاضي إليها. فالمحامي يسعى جاهداً إلى إقناع القاضي بوجهة نظره من خلال الأدلة والبراهين التي يقدمها. وهناك عدة عوامل تساعد على نجاح المحامي في المرافعة منها (سيف: بدون تاريخ):

1- اقتناع المحامي بما يقوله من أجل أن يقنع به الآخرين. ويظهر ذلك من خلال نبرات صوته، وملامح وجهه، ومظاهره الحركية.

2- أن يكون هناك إحساس حقيقي لدى المحامي بما يصدر عنه من انفعالات. فالمحامي عندما يعبر عن فكرة ما وتثير لديه انفعالاً ما، يجب أن تثير انفعالاً مماثلاً لدى المستمع، بحيث يصل إلى درجة من التوحد بينه وبين المستمعين في ذات الانفعال.

3- أن يتجنب جرح كبرياء القاضي، بل يتعين عليه أن يبدأ دائماً بالتعبير عن احترامه للقاضي، وأن تتجلى البساطة في أسلوبه في التعبير عن وجهة نظره.

4- أن يتجنب إثارة القاضي، حتى لا يولد لديه نفوراً من المحامي، مما يجعله (القاضي) يتجاهل المحامي، ويضع حاجزاً بينه وبين مرافعته. فالمحامي يجب أن يكون هدفه إقناع القاضي بما يحقق مصلحة موكله وليس إثارة القاضي.

5- عدم التزام المحامي بتوجيهات موكله. لأن المحامي إذا التزم بالخطة التي يكون الموكل قد رسمها قد يؤدي إلى خسارة القضية. ولهذا يجب على المحامي أن يتبع مجريات القضية ومفاجآتها، وأن يتفهم روح القاضي، وأن يجمع الأدلة التي تكون في مصلحة موكله. ولكن في حالات لابد للمحامي أن يتقيد بخطة موكله خاصة إذا كان الموكل اختصاصياً فنياً، أو حين تكون التهمة مما يستلزم إلماماً بفنيات معينة يكون فيها حجة قوية لصالح الموكل.

الأعمال التي تلحق الضرر بعمل المحامين:

أصبحت مهنة المحاماة بالغة التعقيد مع تعقد الإجراءات الجنائية، وهذه المهنة شأنها شأن أي مهنة أخرى يوجد من بين أفرادها من يتجاوزون أخلاقيات المهنة. ومن أهم الأعمال التي تلحق الضرر بالمحامين ما يلي:

أ- يساعد المحامي- بحكم مهنته- موكله حتى وإن كان مذنباً، من خلال توجيهه له بعمل كل ما يمكن أن يساعد على طمس الحقيقة وإخفائها. كما أنه يدافع عنه ويحاول تبرئته من خلال العثور على الثغرات القانونية التي توجد في القضية، والتي يقدمها أمام هيئة المحكمة لتخليص موكله من العقاب، وكأن المحامي في هذه الحالة شخص يتحايل على القانون.

ب- قد يلجأ المحامي إلى توجيه ذوي المتهم إلى الاتصال بالشهود للتأثير عليهم، سواء بالترغيب أو بالترهيب، وذلك للإدلاء بشهادة تكون في صالح موكله.

جـ- قد يستسلم المحامي في بعض الأحيان لإغراء يقدمه الخصم، وذلك ليتهاون في قضية موكله، ويجعله يخسر القضية. وذلك بسبب خلاف مع الموكل أو ذويه على تسديد الأتعاب.. أو غير ذلك من أسباب.

د- قد يلجأ المحامي إلى الطعن في شهادة أحد الشهود بالرغم من قناعته بأنها صحيحة، مستغلاً في ذلك حنكته وذكاءه من أجل إرباك الشاهد وإيقاعه في التناقض.

ثالثاً- المتهم:

المتهم هو ذلك الشخص الذي تقيم النيابة العمومية ضده دعوى جنائية في جريمة ما. إنه يخضع للنيابة بحكم القانون، وخضوعه هذا لا يخول المحكمة أن تعمل به ما تشاء. وتنتفي صفة الاتهام عن المتهم بصدور حكم ببراءته. أما إذا صدر الحكم بإدانته، يصبح المتهم "محكوماً عليه".

ومن الضروري أن تحدد الصفات الجسمية والعقلية للمتهم، وأن يتأكد المحقق أن الشخص المائل أمامه هو نفسه الشخص المتهم، وعلى النيابة أن تتوصل إلى معرفة المتهم الحقيقي الذي تنسب إليه الجريمة وإلا انتهت القضايا إلى الحفظ لعدم

معرفة الفاعل. ومن الضروري على قاضي التحقيق أن يستجوب فوراً المتهم المقبوض عليه، بحيث إذا تعذر ذلك يودع في السجن لمدة لا تزيد عن أربع وعشرين ساعة، بعدها يحال إلى النيابة العامة، بحيث يطلب بعدها من قاضي التحقيق استجوابه، وللمتهم الحق في أن يعرف التهم الموجهة بحقه، وذلك ليتسنى له الدفاع عن نفسه. كما يتخذ المتهم عندما يشعر بأنه سيقدم للمحاكمة مواقف معينة مثلاً الهروب، والتغيب، والصمت، والكلام.

- فالمتهم يهرب عندما يشعر بأن أمراً بالقبض قد صدر بحقه، وذلك خوفاً من القبض عليه وإبداعه بالسجن. ولا يكون الهروب دليلاً على إدانة المتهم بل حرصاً من المتهم على الخلاص من عواقب الاتهام، وقد يكون ذلك دليل براءته. ولذلك لابد للمحقق من التأني، وعدم إصدار الأحكام التعسفية بحق المتهم.

- كما يتغيب المتهم عن الحضور أمام المحقق أو القاضي، لأنه لا يقبل على نفسه أن يكون موضع تهمة، بعكس المذنب الحقيقي الذي يحرص على الحضور لدرء الاتهام عن نفسه. ولكن كثيراً ما يفسر عدم حضور المتهم بعد علمه بموعد الحضور بشكل دقيق، وإما أن يكون تكليفه بالحضور شابه وجه من وجوه البطلان فتعمد عدم الحضور تفادياً لتصحيح هذا البطلان (مرجع سابق).

- وقد يصمت المتهم إما لحرصه على إنقاذ شخص عزيز عليه يكون هو المجرم الحقيقي، أو أنه يكون مصاباً بالاكتئاب النفسي، مما يجعله ينطوي على نفسه دون أن يعبه بما يدور حوله.

- وقد يلجأ القاضي إلى استجواب المتهم إذا ما قبل المتهم ذلك. كما يقوم المحقق أيضاً باستجوابه ومناقشته في التهمة الموجهة إليه. وللمتهم حق الكلام والدفاع عن نفسه أمام القاضي، والمحقق دون أن يمارس عليه أي

تهديد أو إغراء أو تعذيب. ومثل هذا الاستجواب يتيح للمحقق أو القاضي الوقوف على أمور من شأنها أن تكشف عن الجريمة، خاصة إذا لم يتوافر في القضية شهادة من أحد، ويكون الجاني وحده هو مستودع الحقيقة، فإن كان المتهم هو فعلاً الجاني، فإنه كثيراً ما يفضح نفسه بنفسه، حتى وهو ينفي وينكر، وكثيراً ما يقع في تناقضات قد تنشأ نتيجة مواجهته بها عندما يصدر عنه اعتراف بارتكابه الجريمة، وفي نفس الوقت ينفيها.

وقد تؤثر صفات المتهم في براءته أو إدانته، فقد تبين من خلال فحص القضايا الجنائية أن هناك بعض التحيز لصالح المتهم أو ضده، وذلك استناداً إلى ما يتمتع به المتهم من مكانة اجتماعية واقتصادية أو تشابه بين المتهم والمحلفين والقضاة في الاتجاهات العقلية، أو المذهب الديني، أو السلالة.

فالإنسان يميل إلى حب المشابه له ويكره المخالف له. فقد تبين في القضايا الفعلية أن حكم القاضي على المتهم يختلف اختلافاً بيناً من حيث المكانة الاجتماعية، والسن، والسلالة، ونوع الجريمة التي يتمتع بها المتهم. كما أن الصفات الجسمية أيضاً تؤثر بدورها على حكم القاضي، وذلك استناداً إلى جاذبيته الجسمية، وجاذبيته الاجتماعية. كما ثبت أيضاً أن المتهمين الذين عرف عنهم الدفء، وعدم الأنانية، يقل احتمال الحكم بالإدانة وإذا حكم عليهم، تكون أحكامهم خفيفة بالمقارنة مع أولئك الذين عرفوا بالبرود والأنانية.

ولكن للجاذبية الجسمية والاجتماعية حدوداً، فإذا كانت هذه الجاذبية تعد من العوامل المساعدة في ارتكاب الجريمة، فإنها لا تؤثر باستفادة المتهم من جاذبيته. ولكن عندما تكون الأدلة المقدمة عن القضية الجنائية ضعيفة وغير ثابتة، فإن جاذبية المتهم تؤثر على الأحكام التي تصدر بحقهم. ولكن العدالة (Justice) ليست غافلة عما تحدثه الجاذبية الجسمية والاجتماعية للمتهم، فهي تتحرى وبدقة عن الأدلة المادية الدقيقة في إثبات الجريمة أكثر مما تعتمده على الأدلة اللفظية. وعلى

المحلفين والقضاة أن يتركوا تحيزاتهم خارج المحكمة، ويبدأوا المحاكمة بعقول بيضاء (العيسوي، 1990).

كما تؤثر في القاضي والمحلفين التهم السابقة ضد المتهم. فقد أظهرت إحدى الدراسات التي طبقت على مجموعة من الطلبة، أنه عندما أعطي لمجموعة من الطلبة وصف لوقائع سرقة وقتل في محل خضروات مع ملخص عن أقوال دليل النيابة ممثل الاتهام ومحامي المتهم. وعندما أضيف إلى هذه الأدلة الضعيفة مكالمة تلفونية مسجلة للمتهم، حكم عليه نحو ثلث العينة بالإدانة، بالرغم من أن القاضي قد أعطى تعليمات للمحلفين بأن المكالمة التلفونية المسجلة هذه ليست دليلاً قانونياً، ويتعين عدم الأخذ بها. ولكن الواقع أظهر أن إهمال شهادة الشهود من قبل القاضي، لا يأخذ به المحلفون، وقد يتأثر المحلفون بالشهادة غير المسموح بها دون إدراك منهم (العيسوي، 1990: 116).

ولكن يجب عدم التسرع بإطلاق التعميمات والقول بأن تعليمات القضاة تهمل في جميع الأحوال. فالقاضي مصدر ثقة، ويتمتع بنزاهة وحياد وموضوعية كبيرة، وأن ظروف المحاكمة تختلف من قضية إلى أخرى.

وقد تبين من خلال استقراء أحوال المتهمين الجناة أو الأبرياء أثناء التحقيق والمحاكمة أنهم يتعرضون لإحدى الظاهرتين النفسيتين، أو كلتيهما معاً:

أ-   فقد يتعرض المتهم إلى التوتر النفسي، والذي يكون على شكل سرعة في البكاء، وضيق في الصدر، وحدة القول، وحركات مرتبكة سريعة عند توجيه الأسئلة إليه أثناء التحقيق معه.

ب-   كما أن المتهم قد يحرص على حبك خطة للدفاع، وذلك بغية إخفاء الحقيقة، أو تسويتها، حتى لا تثار حوله الشبهات.

ويتوقف نصيب المتهم من الظاهرتين على شخصيته، ومدى استعداده للإيحاء الذاتي، ورباطة جأشه أو فقدانه للصبر والاتزان. وقد يكون المجرم المحترف في

أحيان كثيرة، أكثر هدوءاً ورباطة جأش عند اتهامه، من إنسان بريء، حيث يصفر وجهه، ويكفهر، وتصدر عنه انفعالات وحركات عنيفة، كما يلجأ المتهم في أحيان أخرى إلى الكذب، سواء أكان بريئاً أم جانياً، ولكن ليس الكذب دليلاً على أن المتهم مذنب. ولكن المحقق عندما يكتشف الكذب في أقوال المتهم يسترسل في مناقشته والتضييق عليه، ويعتبره مذنباً وجانياً لأنه كذب. وتختلف مواقف المتهمين الجناة باختلاف نوعية جريمتهم. ففي جرائم العدوان على الأشخاص فإنه من المفيد الكشف عن الحقيقة، والبحث عن العلاقات السابقة بين المتهم وبين المجني عليه، وكذلك الحالة الانفعالية التي يتعرض لها الجاني حينما يوضع أمام المجني عليه وجهاً لوجه، أو حين تعرض عليه صورته. وقد يحاول المتهم تفادي ذكر اسم المجني عليه، أو يظهر عدم الاكتراث في حضرة المجني عليه أو أمام صورته، أو يحاول متعمداً عدم النظر إلى المجني عليه. أما في جرائم العدوان على الأموال: فإن المحقق يتحرى عن أحوال المتهم الاقتصادية قبل الجريمة، لأن الجاني الذي يمارس سرقة الأموال تبدو عليه مصادر الثراء غير المألوفة بالنسبة له (سيف، بدون تاريخ).

رابعاً- شهود العيان:

والشهود هم أشخاص ليسوا متخصصين في القانون غالباً، ويكونوا ممن شاهدوا الجاني أو شاهدوا كيفية ارتكاب الجريمة، أو شاهدوا بعض الظروف والملابسات التي قد تفيد في الوصول إلى الجاني.

وشهادة شاهد العيان قد تكون مقنعة ومؤثرة في السامع عندما ينطق بها في ثقة وثبات وبلا تردد وبصورة مباشرة. فعندما يقول الشاهد: "لقد رأيتها بعيني"، فإن ذلك قد ينهي جدالاً طويلا. ففي دراسة أجرتها إليزابيث لوفتس (E. Loftus, 1974, 1979) في جامعة واشنطن، وجدت أن أولئك الذين قرروا أنهم قد شاهدوا الحادث بشكل عياني مباشرة، قد صدقهم الناس حتى وإن كانت شهاداتهم قليلة الفائدة. وعندما تمت مواجهة الطلاب بحالة سرقة وقتل افتراضية مصحوبة

بأدلة ظرفية دون وجود شاهد عيان في حالة القتل والسرقة، صوت (18%) من المجرب عليهم بالإدانة. وعندما تلقت مجموعة أخرى نفس المعلومات مضافاً إليها شهادة شاهد عيان واحد صوت بالإدانة (72%) منهم، لأن هناك شخصاً ما قد أعلن بمشاهدة القاتل. أما المجموعة الثالثة، فقد تلقت نفس المعلومات التي تلقتها المجموعة الثانية فيما عدا أن محامي الدفاع قد كذبها ورفضها وشاهد الشاهد $\frac{20}{400}$ رؤية لو لم يكن يرتدي نظارة في لحظة رؤيته ارتكاب الجريمة، وقد خفض هذا العجز تأثير الشهادة إلى (68%) وهم الذين صوتوا بالإدانة.

وفي تجربة أخرى تم قياس قوة تذكر الشاهد للتفاصيل والجزئيات المتعلقة بالجريمة، فأظهرت النتائج أن المحلفين قد صدقوا أكثر شهود العيان الذين يستطيعون إدراك التفاصيل أكثر من غيرهم، لنهم كانوا يولون الموقف اهتماماً أكبر.

ولكن قد يعتري شهادة الشهود بعض التزييف المتعمد أو غير المتعمد، كما تتدخل في شهادة الشهود بعض العوامل الدافعية والانفعالية أثناء سردهم لأحداث الواقعة الجنائية. فضلاً عن ذلك ما يشوب عملية التذكر من نسيان لبعض الوقائع والتي قد تكون مهمة، لأن عقول البشر ليست أجهزة تسجيل بالصوت والصورة، فالذكريات تبنى على ما ندركه وقت حدوث الحادث، وكذلك على توقعاتنا وعقائدنا، وعلى أساس من معرفتنا الراهنة.

بالإضافة إلى ذلك فإن محامي الدفاع يحاول أثناء مناقشة المتهمين، تكييف شهادات الشهود بما يتفق مع موقفه من المتهم. وهذا ما يؤدي إلى إرباك الشهود، ونسيان العديد من الأحداث التي تتصل بالواقعة الجنائية. كما يتعرض الشهود في كثير من الأحيان إلى ضغوط من قبل المتهم أو ذويه، أو من قبل المجني عليه، أو ذويه لإرغامه على الإدلاء بشهادة تتفق مع كل منهما.

كما يميل الشاهد أحياناً إلى إرضاء من يستمعون إليه، مما يجعله بغير من شهادته. كما أن شهادة الشهود قد تتأثر بمظهر وهندام وأناقة المتهم.

ولذلك يلزم مساعدة القاضي والمحلفين في النظر للشهادات المقدمة من قبل الشهود، نظرة نقدية سواء أكانوا شهود اتهام، أو شهود دفاع، وأن يحللوا ويناقشوا هذه الشهادات بدقة، وذلك بغية الوقوف على الحقائق الأساسية للقضية.

ولذلك تعد الشهادة واجبة على من شاهد حادثة أو جرماً، ويعد آثماً من يكتمها كما جاء ذلك في نصوص القرآن والسنة. فقد ورد لفظ الشهادة في أكثر من (160) آية من آيات القرآن الكريم منها قوله تعالى: **(ومن أظلم ممن كتم شهدة عنده من الله وما الله بغافل عما تعملون)** [سورة البقرة: 140]. وقوله تعالـــى: **(واستشهدوا شهيدين من رجالكم فإن لم يكونا رجلين فرجل وامرأتان ممن ترضون من الشهداء أن تضل إحداهما الأخرى)** [البقرة: ٢٨٢].

أهلية الشاهد:

إن أهلية الشاهد هي أساس التكليف، والأهلية تختلف صفتها بناء على طبيعة الحكم المكلف به. وأهلية الشاهد تنقسم إلى قسمين هما: أهلية تحمل، وأهلية أداء. وأهلية التحمل تعد قائمة إذا تحققت في الشاهد الشروط الآتية:*

1- أن يتمتع الشاهد بملكة الإدراك: وهذا يعني أن يكون الشاهد عاقلاً، حيث لا تقبل شهادة المجنون، ولا المغفل، لاحتمال ضلالتها في ضبط الواقعة. كما لا تقبل شهادة الصغير غير المميز، وأكثر الفقهاء لا يميلون إلى سماع شهادة الصغار.

2- سلامة بصر الشاهد: فالشخص فاقد البصر قد يعتمد على حاسة السمع في التمييز بين الخصوم، وبما أن الأصوات تتشابه أو تقلد، لذا لا يصح الاعتماد على شهادته. ولكن الكثير من الفقهاء والرواة يؤكدون جواز شهادة فاقد البصرـ لأن السمع إحدى الحواس التي يحصل بها اليقين.

1- مشاهدة الشاهد للظاهرة أو الواقع عياناً (مشاهد حسية) بدون لبس أو شك لما شاهده لقوله (ص):" إذا علمت مثل الشمس فاشهد وإلا فدع". ومثال ذلك أن يرى الشاهد القاتل وهو يقتل الضحية بآلة قاتلة فيشهد بالقتل.

أما أهلية الداء فإنها تتحقق إذا توافرت في الشاهد الشروط الآتية:

أ- العقل وقت الأداء: لأن من لا يعقل لا يفهم الحادثة التي يشهد عليها ولا يحيط بها فلا يستطيع أداء الشهادة لانتفاء الضبط، وانعدام الثقة بما يخبر عنه.

ب- البلوغ: وهو شرط في الأداء وليس شرطاً في التحمل، فلا يصح أداء الصبي وإن كان عاقلاً وأهلاً للتحمل لأن فيها معنى الولاية على المشهود عليه، لأنها طريقة لإلزامه بالحق والقضاء عليه به. وقد قال الله تعالى: (واستشهدوا شاهدين من رجالكم فإن لم يكونا رجلين فرجلٌ وامرأتان ممن ترضون من الشهداء) [سورة البقرة الآية 282]، والصبي ليس برجل.

جـ- العدالة: والعدالة في الشهود شرط لابد منه لقوله تعالى: (واشهدوا ذوي عدل منكم وأقيموا الشهدة لله) [سورة الطلاق الآية 2].

د- النطق: إذ لا تقبل شهادة الأخرس، لأن عباراته وإشاراته مشتبه بها وغير قاطعة. ومن شروط صحة الشهادة أن يقول الشاهد "أشهد" وهذا لا يصدر عن أخرس.

ولكن هناك من الأدلة ما تظهر جواز شهادة الأخرس إذ استطاع أن يظهر الحق بالإشارة أو الكتابة. (حبيب، 1990: 125).

هـ- البصر: في أهلية التحمل تم ترجيح عدم اشتراط البصر في الشاهد، وإذا كان عدم اشتراط سلامة البصر في التحمل فإن عدم اشتراط ذلك في الأداء أولى. وقد قال السرخسي-:"وكان مالك رحمه الله يقول: إن شهادة الأعمى مقبولة..". ولكن السرخسي مع تسليمه بذلك قال :"ونحن نسلم بهذا كله

ولكن نقول يحتاج في تحمل الشهادة وأدائها إلى التمييز بين من له الحق وبين من عليه وقد عدم آلة التمييز حقيقة لأن الأعمى لا يميز بين الناس إلا بالصوت والنغمة، فتتمكن من شهادته شبهة يمكن التحرز عنها بجنس الشهود وذلك مانع من قبول الشهادة".

و- ألا يكون مقترفاً جريمة حد: إذ أن مقترف جرائم الحدود يعد فاسقاً ولا تقبل شهادة إلا إذا تاب فإن الفسق يزول عنه وتقبل شهادته. قال تعالى: (**والذين يرمون المحصنات ثم لم يأتوا بأربعة شهداء فاجلدوهم ثمانين جلدة ولا تقبلوا لهم شهادة أبداً وأولئك هم الفاسقن،إلا الذين تابوا من بعد ذلك وأصلحو فإن الله غفورٌ رحيمٌ**) [سورة النور، الآية 4-5].

ز- ألا يكون متهماً في شهادته: قال رسول الله (ص) :"لا شهادة لجار المغنم ولا لدافع المغرم"، فإن كان كذلك بأن جر بشهادته نفعاً لنفسه أو دفع بها ضرراً عن نفسه لم تقبل شهادته لأنه متهماً في شهادته. ولا شهادة للمتهم، إذ مع التهمة يغلب على الظن كذب الشاهد، أما الخصم فلا تقبل شهادته منفردة لاحتمال الشهادة لنفسه.

بطلان الشهادة:

هناك أسباب عديدة تؤدي إلى بطلان شهادة الشاهد، وترد الدعوى ما لم يأت المدعي ببينة أخرى، أو يطلب اليمين، وأهم الأسباب التي تبطل بها الشهادة":

1- اختلاف الشهود:

اتفق الفقهاء أن اختلاف شهادة الشهود في جريمة ما يؤدي إلى بطلان شهادتهم وردها. فإن شهد أحدهم مثلاً بأن الجريمة قد حدثت ليلاً، وآخر شهد بأن الجريمة حدثت نهاراً أدى إلى بطلان الشهادة. ولكن ليس كل اختلاف موجباً لبطلان الشهادة. فقد ذهب الإمام أبو حنيفة وأبو الخطاب من الحنابلة إلى بطلان

الشهادة إذا اختلف الشهود في صفة المسروق فشهد الولد على سرقة بقرة بيضاء اللـون، وشـهد الثاني على سرقة بقرة سوداء اللون، تعد لشهادتهما صحيحة إذا لم يعـين المـدعي صـفة مـا سرق منه، لأن اختلافهما لم يتعلق بنفس الشهادة، وإنما اختلفا فيما لم يطلب منهما نقله.

2- تراجع الشهود:

وهذا التراجع في الشهادة يعود إلى ثلاث حالات:

أ- يتراجع الشهود عن شهادتهم قبل صدور الحكم. وقد اتفق الفقهاء في هذه الحالة عـلى بطلان شهادتهم، لأن رجوع الشهود دليل على الكذب، والكاذب لا تقبل شهادته كما أن رجوع الشهود لا تبقي للقاضي دليلاً يمكن الاعتماد عليه في إصدار حكمـه. كـما أن الشهادة هي علة معلولها الحكم، فإذا زالت العلة زال معلولها لأنه تابع لها.

ب- أن يتراجع الشهود بعد الحكم، واكتسابه الدرجة القطعية، وقبل تطبيـق العقوبـة. وقد اتفق الفقهاء على بطلان الشهادة وعدم تنفيذ الحكم.

جـ- أن يتراجع الشهود بعد استيفاء العقوبة، والحكم هنا لا يبطل لأنه لـيس بكـائن ومـا لـيس بالكائن لا يوسم بالصحة والبطلان. ولكن الفقهاء لهم رأي في هذه الحالة:

– فإذا أوضح الشهود عن تعمدهم في الشهادة عـلى المـدعي عليـه بـالزور ليقتـل أو يرحم فعليهما القصاص.

– وإذا قال الشهود تعمدنا الشهادة عليه ولا نعلم أنه قتيل بهذا وكانا ممن يجوز أن يجهلا ذلك وجبت الدية في أموالهما مغلطة لأنه شبه عمد.

- وإن قال أحدهما أخطأنا، وقال الآخر عمدنا فعلى الأول الدية، وعلى الثاني القـود لأن كل منهما يؤخذ بقراره.

3- التقادم:

إذا علم الشهود بالجريمة التي يجب أن يشهدوا عليها ثم تأخروا في الإدلاء بالشهادة، فإن فعلهم موسوم بالتقادم عند الفقهاء، وقد اختلفوا في بطلان الشهادة أو قبولها بالتقادم ففقهاء الشافعية والمالكية والحنابلة والظاهرية والأوزاعي والثوري وأبو ثور ورجحه ابن المنذر، ذهبوا إلى أن الشهادة لا تبطل بالتقادم كالإقرار وحجتهم في ذلك: أن الحد حتى يثبت على الفور فيثبت بالبينة بعد تطاول الزمان كسائر الحقوق، ولأن الإقرار والشهادة حجتان شرعيتان يثبت بكل منهما الحد، فكما لا يبطل الإقرار بالتقادم فيلزم أن لا يبطل الشهادة به.

أما فقهاء الحنفية وأحمد فذهبوا إلى أن الشهادة تبطل بالتقادم، ويوجه هؤلاء رأيهم على نحو ما ذكره الكمال بن الهمام بقول: (أن الشهادة بعد التقادم شهادة متهم، وشهادته مردودة، ولقوله (ص)" لا تقبل شهادة خصم ولا ظنين") أي متهم.

4- تبطل الشهادة بالفسق:

إن فقهاء الحنفية قد تشددوا، إذ أنهم يبطلون شهادة من استوفى منهم حد القذف وإن تاب، والمحدود في قذف لا تقبل شهادته ولو تاب، لقوله تعالى: **(ولا تقبلوا لهم شهادة أبداً...)**

أما الشافعية والمالكية وابن أبي ليلى وأبو ثور وابن حنبل وإسحاق وابن حزم فقد ذهبوا إلى قبول شهادة المجلود في حد إذا تاب استدلالاً بقوله تعالى: **(إلا الذين تابوا من بعد ذلك)** فكما يزول فسق الشخص بالتوبة، يزول رد شهادته أيضاً بالتوبة.

وقد ذهب الجمهور إلى ترجيح الرأي أن التوبة تجب ما قبلها، فكيف يقبل الله توبته، ولا يقبل القضاء شهادته؟

الفصل الثالث عشر

السجون وأثرها في رعاية السجناء وإصلاحهم

الفصل الثالث عشر

السجون وأثرها في رعاية السجناء وإصلاحهم

مفهوم السجن والسجناء:

يقصد بالسجن "ذلك المكان الذي تتحدد فيه إقامة الشخص المجرم، وتقيد حريته واتصالاته ليبقى فيه تحت المراقبة، بقطع النظر عما إذا كان هذا المكان قد بني خصيصاً ليكون مؤسسة عقابية كالسجون العادية، أو أي مكان آخر استخدم لحجز المذنبين وتحديد إقامتهم، بما في ذلك بيوتهم الخاصة التي كثيراً ما تستخدم في النظم العقابية الحديثة أماكن للسجن أو الإقامة الجبرية التي تخضع للمراقبة والمتابعة. وبقطع النظر عما إذا كانت إقامة السجين في هذا المكان من أجل التحفظ والاحتياط، أومن أجل التحقيق معه لإظهار الحق باعترافه، أو بعد الحكم عليه والأخذ في تنفيذ العقوبة التي حددها الحكم القضائي عليه. فهو يشمل ما تتم فيه عملية الحجز، بداية من مرحلة القبض على الشخص إلى خروجه منه، وأثناء فترة المراقبة والمتابعة لمن أفرد عنهم بهذا الشرط" (الشيباني، 1995: 13، 14).

أما مفهوم السجناء فهو مفهوم واسع "فهو يشمل أنواع السجناء كافة التي من بينها: السجناء تحت ذمة المحكوم، والمراقبة، والسجناء الذين يقضون مدة المحكوم به عليهم، والسجناء الذين يقضون فترات في السجن من أجل الإصلاح والتأهيل، أو لمجرد التحفظ عليهم للخوف منهم أو الخوف عليهم، وليشمل أيضاً المفرج عنهم حديثاً الذين لا يزالون تحت المراقبة والمتابعة " (الشيباني: 1995: 114).

الهدف من إيداع المجرم السجن:

خلال عام واحد يقضي حوالي (2،5) مليون أمريكي فترة من الوقت في السجن من نوع ما، منهم حوالي (97%) من الذكور تنتمي نسبة عالية منهم إلى

الفقراء وإلى جماعات الأقليات العنصرية والسلالية. وعقاب المجرم بإيداعه السجن هو رسالة من المجتمع إلى أفراده بأن هذا هو جزاء المخطيء.

فالعقاب أمر أساسي في أي نظام اجتماعي، الهدف منه هو ردع المجرم، وإنذار للآخرين ممن تحدثهم نفوسهم بعمل إجرامي. ولذلك يعتبر العقاب من أهم أسباب استقرار النظام الاجتماعي. والعقاب السائد لدى الكثير من المجتمعات هو الإيداع بالسجن لمدد تتفاوت حسب حجم ونوع الجريمة المرتكبة.

والسجن كمؤسسة عقابية قانونية لها أنظمة وقوانين ولوائح، ويقوم على إدارتها أفراد متخصصون يترأسهم أحد كبار ضباط الشرطة حيث تقوم فلسفة العقوبة بالسجن على أساس أن المسجونين (Personers) هم أشخاص ارتكبوا خطأ أو أكثر، مخالفين بذلك نصاً في القانون عمداً (كالسرقة، والنشل، والقتل، والبغاء، والقوادة.. الخ)، وهم بفعلهم هذا يشكلون خطراً على المجتمع، ومن الضروري حماية المجتمع من شرورهم وأذاهم. ولذلك من المفروض أن يؤدي السجن عدة أهداف منها:

— عزل المجرمين، ووقاية المجتمع من أذاهم.

— ردع المجرمين، وجعلهم يندمون على ما فعلوه.

— تقليل احتمال وقوع الجريمة في المستقبل.

— إصلاح المجرمين، من خلال تأهيلهم، وتدريبهم، وتعليمهم، ليتمكنوا من العودة إلى أعمالهم في المجتمع وهم على درجة عالية من الكفاية.

— ارتفاع الروح المعنوية لدى أفراد المجتمع، نتيجة معرفتهم بأن كل من يخطئ ينال العقاب، ويشعرهم بالأمن والطمأنينة.

والحياة داخل السجن كثيرة القيود والضوابط، والتي تشكل الأساس لنظامه. فكل مظهر من مظاهر الحياة اليومية للسجناء يتم ضبطها بشكل دقيق من قبل إدارة

السجن، كمواعيد النوم، والراحة، وتناول الطعام، ونوع العمل.. الخ. وإذا ارتكب السجين أية مخالفة فإن العقوبة تكون بانتظاره، كما أن الحياة الاجتماعية الطبيعية داخل السجن محدودة ومقيدة بعدد من الضوابط والقيود، حيث تحدد وسائل الترفيه (كمشاهدة التلفزيون، وقراءة الصحف والكتب والمجلات وتلقي الزيارات...)، وهي تختلف من بلد إلى آخر، ومن سجن إلى آخر، وذلك وفقاً لنوع الجريمة المرتكبة، ومدة العقوبة المفروضة. ونتيجة لذلك يتعرض السجين داخل السجن لكثير من الضغوط والاضطرابات النفسية، والتي لابد لإدارة السجن والمعنيين من الانتباه إليها، والعناية بالمسجونين، من خلال إصلاح السجون، وتقديم الخدمات اللازمة للمسجونين.

الآثار السلبية للسجون:

يشك بعض الخبراء في مجال السجون في صلاحية السجون لإقامة الأشخاص المجرمين، فالمساجين يحرمون من الحرية والتحكم بأنفسهم، ويفتقدون الأمن الجسدي، والعلاقات الإنسانية الطبيعية، كما يفتقدون العمل الهادف والاتصال بالجنس الآخر، بالإضافة إلى ممارسة أساليب سلوكية غير صحيحة داخل السجن، فضلاً عن العقاب البدني والتعذيب النفسي، وحتى عمليات الاغتيال ليست نادرة داخل السجن، كما أن السجن يبعث على السأم، والوحدة، وتقييد الحرية.

والسؤال الذي يراود الذهن هو: هل تعمل السجون على تقليل وقوع الجريمة في المستقبل؟ من المعروف أن حوالي (99%) تقريباً من نزلاء السجون سوف يتركونها بعد فترة عقوبتهم، فلقد زودنا علم النفس التعليمي بحقيقة أن السلوك البناء يكون أكثر قابلية للتكرار إذا تبعه تعزيز موجب، كما أن الخبرات المنفرة المتسقة القصيرة والتي تقدم باعتدال مع بداية السلوك الذي نسعى إلى حذفه، أكثر فعالية في تثبيط الأطفال في ارتكاب الأعمال غير المرغوبة. أما السجون فإنها تقدم عقوبات غير متسقة وطويلة المدى وقاسية.

كما أن السجن يقدم خبرات منفرة والتي تولد عند السجين الإحباط والغضب، وتجعله أكثر استعداداً لأن يكون شخصية مضادة للمجتمع، وأن ينغمس في الجماعات التي تمارس العنف والسلوك الإجرامي وتكافئ عليه. فقد وجد الباحثون المتتبعون للمساجين الذي أطلق سراحهم أن حوالي (30- 80%) من هؤلاء المساجين يعاودون الرجوع إلى الجريمة، ويقبض عليهم من جديد، ولهذا السبب نستنتج أن السجون ليست وسائل ناجحة لتقليل معدل انتشار الجريمة. أما ما يدعى بأن السجن يقوم بعمليات تأهيل للسجناء، فإن هذا لا يتم إلا في حدود ضيقة، كأعمال التعلم والتدريب المهني، والتي تكون أعمالاً بسيطة، قليلة الارتباط بسوق العمل في العالم الخارجي. كما أن مدارس السجون تكون قليلة الكفاءة، وتخدم قطاعاً قليلاً من نزلاء السجون. بالإضافة إلى ذلك فإن للسجون آثاراً كبيرة في الإقلال من إنسانية الإنسان، ويتصف تعاملها مع المساجين بعدم الرحمة واللاإنسانية.. فقد ذكر على لسان أحد المسجونين قوله:"أنه من الأشياء المؤسفة أن نسجن مع الذين نكرههم" (دفيدوف، 1983).

الضغوط النفسية للسجون على المسجونين:

تختلف الضغوط النفسية التي يتعرض لها المسجونون باختلاف شخصية السجين، ومدى قدرته على تحمل الإحباطات داخل السجن، والمعاملة التي يتعرض لها. وهناك عدد من الضغوط النفسية التي يتعرض لها السجين داخل السجن أهمها ما يلي (ربيع وآخرون، 1995: 361- 366):

أ- إماتة الشعور بالذاتية:

إن شعور الفرد بذاتيته أمر ملازم للحياة الاجتماعية الطبيعية خارج السجن، ولكن هذا الشعور سرعان ما يفتقده السجين، حيث يرتدي السجين داخل السجن زي موحد، وتكون طريقة الحياة موحدة أيضاً، كما يتناول نفس الطعام مع نفس

الأشخاص وفي مواعيد محددة، كما تنعدم الفردية والخصوصية حتى في قضاء الحاجات الطبيعية من بول وغائط. بالإضافة إلى أن السجين عادة ما يرمز إليه برقم يكون الأساس في التعامل معه.

ب- الشعور بالمراقبة:

يشعر السجناء بأنهم موضع مراقبة مستمرة من قبل حراس السجن، أو إدارته حتى من قبل الزملاء داخل السجن، والذي يعتبرهم السجين بأنهم جواسيس عليه، كلفوا من قبل إدارة السجن. وهذا ما يمثل ضغطاً نفسياً شديداً على معظم السجناء.

جـ- الحرمان من الحرية:

إن الحرمان من الحرية التي يمارسها الإنسان العادي خارج السجن (كاختيار الملابس، واختيار أنواع المأكولات التي تروق له، واختيار من يشاء من الزملاء...)، يحرم منها السجين داخل السجن. وهذا الحرمان يشكل للسجين ضغطاً نفسياً شديداً، وعقاباً قاسياً له.

د- الخبرة الصادمة:

بعد دخول السجن بمثابة خبرة سيئة وعنيفة ومريرة بالنسبة للشخص الذي يدخل السجن لأول مرة، بل ونقطة سوداء في تاريخ حياته. وهذه الخبرة الصادمة تؤدي به إلى الشعور بالمرارة والقنوط والإحباط. كما يعرف السجين أن دخوله السجن يعد بمثابة وصمة عار في تاريخ حياته، يلاحقه طوال الحياة. فضلاً عن ذلك فإن الناس سوف يتجنبون لقاءه بعد خروجه من السجن ويعتبرونه شخصاً موصوماً بوصمة الجريمة.

هـ- افتقاد الأسرة:

إن دخول الشخص إلى السجن لا يشكل ضغطاً نفسياً على السجين فحسب، بل وعلى أسرته التي تتكتم في كثير من الأحيان على غيابه، وتبرر ذلك بأنه قد سافر إلى بلاد بعيدة. وتزداد مرارة الأسرة مع انفضاح أمره أمام الآخرين. كما أن الشخص سوف يجد صعوبة في تبرير ما سيقوله لأطفاله كمبرر لغيابه بسبب دخول السجن. كما أن ترك الشخص لأسرته وأحبابه من الأبناء والزوجة، أمر يبعث على الأسى، بالإضافة إلى ما قد يصله من أنباء عن أسرته وما أصابهم من ضيق مادي، أو انحراف أخلاقي بسبب غيابه، مما يزيد من معاناته. كما أن الأبناء يعانون من ألم فراق الأب داخل السجن، خاصة إذا كانت العلاقة بين الأب وأبنائه علاقة متينة.

كما أنه من المواقف الصعبة بالنسبة للسجين، زيارة أفراد أسرة السجين لهو، والتي تؤدي في كثير من الأحيان إلى مزيد من التوتر والإحباط، إذ تكون هذه الزيارة قصيرة، ولا يتوفر فيها عنصر الخصوصية. كما أن تأثر الأطفال لمشاهدة والدهم داخل السجن، وعدم قدرتهم استيعاب الموقف، يترك أثراً كبيراً على الأب السجين، والأبناء في آن معاً. ولكن بالرغم من ذلك فإن زيارة السجين من قبل الأسرة يبقى الأمل الوحيد الذي يتعلق به كل من السجين والأسرة.

و- افتقاد الدافعية:

إن الحياة التي تفرض على السجين داخل السجن، وما يسودها من روتين يومي لممارسة الأعمال التي تكون على وتيرة واحدة، كالعمل الزراعي في حديقة السجن، أو العمل في ورشة ملحقة بالسجن، أو نحت الأحجار إذا كان قد حكم عليه بالأعمال الشاقة بالإضافة على معاملته لنفس الأشخاص داخل السجن. كل ذلك يؤدي به إلى نقصان الدافعية، وتقل عنده القدرة على التفكير الصحيح وحل المشكلات التي تواجهه. كما أن الأشخاص الذين يحكم عليهم بالسجن مدى

الحياة، فإنه ينتابهم شعور باليأس، وتنتابهم مشاعر بأنهم قد يموتون داخل السجن، أو أنهم إن خرجوا من السجن سيخرجون عجزاً لا يستطيعون عمل شيء.

ز- الحرمان الجنسي:

إن الحرمان الجنسي كدافع فطري أساسي في حياة الإنسان، من أهم المشكلات التي يعاني منها الشخص داخل السجن، وقد يؤدي إلى شيوع بعض الانحرافات الجنسية، كالجنسية المثلية بين نزلاء السجن. وحلاً لهذه المشكلة فقد رتبت المملكة العربية السعودية للسجين فرصة اللقاء بزوجته في غرف معدة لهذا الغرض ملحقة بالسجن، وهو حل إنساني ونفسي معاً. فالسجون قد تكون إحدى البؤر النشطة لانتشار الإيدز (Ards) بسبب الممارسات الجنسية الشاذة. والغريب أن هذا الفيروس يمكن أن يحمله الشخص ويبقى في حالة كمون لمدة تتراوح بين 8- 10 سنوات ويعيش صاحبه بين الناس دون أن يدري مخالطوه أنه مصاب، مما يؤدي إلى انتقال الفيروس مع الشخص بعد خروجه من السجن إلى كل من مخالطيه وربما إلى غيرهم.

ح- افتقاد القدوة الطيبة:

قد يدخل السجن أشخاص صغار في السن لا يزالون في بداية مرحلة الرشد، حيث تكون هذه المرحلة مهمة للنمو النفسي للفرد، لأن الشخص في هذه المرحلة يحاول التوحد مع نماذج من المحيط الذي يعيش فيه. أما وقد أودع في السجن فإنه يفارق النماذج السنوية التي يمكن أن يتوحد معها (كالآباء والمعلمين...)، ويتوحد مع نماذج غير سوية من أرباب السوابق في الإجرام، وهنا تفقد السجون غرضها في الإصلاح والعقاب، وتصبح مدارس للإجرام، بحيث يخرج مثل هؤلاء الشباب الذين دخلوا السجن، وهم أكثر دراية بعالم الجريمة بعد أن استفادوا من خبرة المجرمين المحترفين داخل السجن.

الاضطرابات النفسية التي يتعرض لها السجناء داخل السجن:

تختلف الاضطرابات النفسية التي يتعرض لها السجناء داخل السجن من شخص إلى آخر.وأهم هذه الاضطرابات الأكثر شيوعاً لدى السجناء ما يلي:

1- القلق :**Anxiety**

إن الظروف التي يعيشها السجين داخل السجن من عزلة عن الأسرة، والحرمان من الكثير مما يرغبه السجين، والإحباطات المتكررة التي يعانيها، تؤدي به إلى القلق مع شعور بالتوتر والضيق، وهذا ما ينعكس على سلوك السجين من خلال مخالفته لتعليمات السجن، والشجار المستمر مع زملاء السجن، وافتعال المشاكل، والتمارض، والتذمر المستمر من الظروف التي يعيش فيها.

2- الاكتئاب **Depression**

إن التواجد داخل السجن، والظروف التي يعيشها السجين داخله، تؤدي به إلى الشعور بالحزن، والهم، والمصيبة، والاكتئاب، وتتدنى عنده الروح المعنوية إلى درجة كبيرة، وقد تبلغ حالة الاكتئاب لدى بعض السجناء درجة كبيرة، حتى تصل إلى محاولة الانتحار وذلك عن طريق لجوئه إلى قطع شرايينه بآلة حادة، أو القفز من مكان عال.. وهذا الانتحار يكون بسبب شعوره بأن بقاءه في السجن قد لا يؤدي به إلى الخروج ثانية إلى الحياة خارج السجن، وأنه لا جدوى من بقائه داخل السجن ينتظر الموت، مما يعمق هذا التفكير من مشاعر السوداوية ويدفعه أكثر للانتحار.

3- اضطرابات النوم:

يعد النوم حاجة أساسية للإنسان تعيد له التوازن النفسي- والجسمي، وبيئة السجن لا تساعد السجين على النوم الهادئ الذي يحقق هذا التوازن، بل إنها تساعد على اضطراب النوم وعدم حصول السجين على النوم الكافي، وقد يؤدي إلى إصابة

السجين بالأرق Insomania حيث يصعب على السجين النوم إلا في أواخر الليل نتيجة فقدان الراحة والطمأنينة والأمن داخل السجن، بالإضافة إلى ما يدور في ذهن السجين من صور ذهنية تساعد على إبعاد النوم عنه.

وقد يتعرض السجين أيضاً إلى الكابوس الليلي الذي يتميز بالاستيقاظ المفاجئ أثناء النوم بسبب حلم مزعج، مع شعور بالقلق والتوتر، ويصاحب ذلك صراخ وبكاء أو تشنج مع تسرع في ضربات القلب. وهذا كله يكون نتيجة الظروف النفسية التي تحيط بالسجين من قلق على أسرته وشعوره بأن بقاءه في السجن سيطول.

إصلاح السجون وأثرها في دارسة الجريمة والمجرم:

رافق حركة المصلحين الاجتماعيين وكتاباتهم محاولات عملية لتحسين أوضاع المسجونين، وتطوير مفهوم العقوبة المانعة للحرية، بجعلها أداة للعلاج والإصلاح والوقاية. وأشهر من اهتم بإصلاح السجون ماكونوكي (1787- 1860) الذي أصدر كتاباً في عام 1846 بعنوان "الجريمة والعقاب"، أكد فيه أن النظام الجديد للسجون الذي ينادي به يرمي إلى تأهيل السجناء للعودة إلى المجتمع كمواطنين صالحين يوثق بهم. ولاحظ أن للنظام الصارم والإذلال الكبير أثر سلبي في نفسية المجرم، لدرجة أن بعض نزلاء السجون يفضلون الموت على الحياة في السجن. ولذلك دعا إلى خلق جو مناسب يتصف بالإنسانية والتفهم، كما بادر إلى إيجاد نوع من المكافآت يكسبها السجين بجده وعمله وصلاحه. وقد وجد "ماكونوكي" أن النظام الجديد للسجين أدى إلى تعاون المسجونين مع إدارة السجن، وتحسنت أوضاعهم، واستعادوا الشعور بالكرامة والإنسانية. ولكن هذا الأمر لم يجد قبولاً من قبل حكام بريطانيا فعزلوا "ماكونوكي" وأعادوا الحالة إلى ما كانت عليه، فعاد الظلم والإذلال والتعسف، وساءت حال السجناء إلى أن بدأت حركة إصلاح السجون في أواخر القرن الماضي.

ولم تتوقف حركة إصلاح السجون عند تحسين الظروف المعيشية للمسجونين وتأمين أماكن صحية لإيوائهم، بل تعدت ذلك إلى إصلاح المجرم، وتقويم خلقه وعلاجه عند الحاجة. وقد اصطدمت حركة إصلاح السجون والمسجونين بعوائق كثيرة نتيجة الجهل بطبيعة المجرم وأحواله. ونتيجة الإحساس بالضرورة الملحة لإصلاح حال المجرم بعد أن كان الاتجاه منصباً نحو الجريمة والعقاب، فقد اهتمت العديد من العلوم الإنسانية، والطبية، والاجتماعية بالمجرم، ودراسة شخصيته، وتحديد العلاقة بين السلوك الإجرامي والتكوين البيولوجي للمجرم (العوجي، 1980).

ثانياً- رعاية السجناء وإصلاحهم

يدخل ضمن إطار رعاية السجناء جميع أنواع الرعاية من اجتماعية ونفسية وروحية واقتصادية وغير ذلك من أنواع الرعاية التي قد يحتاجها السجين. إنها تشمل كل ما يقدم للسجين من أنواع الرعاية، سواء أكان منها أثناء إقامة السجين في السجن، أم في مكان الحجز، أو الإقامة الجبرية، أو بعد الإفراج عنه وإطلاق سراحه.

والسجناء على اختلاف أنواعهم، واختلاف ظروفهم وأوضاعهم يجب أن تشملهم الرعاية بما يحقق مصالح الفرد والمجتمع والأمة، ويحقق العدل والخير للجميع.

والرعاية الشاملة للسجناء تنادي بها الشريعة الإسلامية وتضع لها أسساً وقواعد، وتنادي بهم النظم الديمقراطية الحديثة. وقد وضعت الشريعة الإسلامية عدة مبررات التي تدعو إلى رعاية السجناء منها (الشيباني، 1995: 16- 18):

أ- التأكيد على كرامة السجين بحكم إنسانيته، بحيث لا يقلل من هذه الإنسانية ما ارتكبه من جرم، وما صدر عنه من ذنب. لأن هذه الجرائم والذنوب والانحرافات ترجع في مجموعها إلى دوافع نفسية داخلية، ومؤثرات بيئية

خارجية عاش فيها الشخص الـذي آل أمـره إلى السـجن، والظروف الاجتماعيـة والنفسية والاقتصادية والسياسية التي مهدت للجريمة والانحراف.

ب- اعتراف الإسلام بالحقوق الأساسية للسجين، وما بينها حقه في الحرية المعقولـة الملتزمـة، وحقه في التعليم والتدريب والتوجيه والتأهيل لحياة كريمة آمنـة منتجـة، وتغيير أحوالـه وأوضـاعه المختلفـة إلى الأفضـل، حتـى لا يعـود ثانيـة إلى السـجن بعـد الإفراج عنـه، وفي المعاملة الطيبة الحسنة القائمة على العدل، والرحمة والرفق ورد الاعتبار في الوسط الـذي كان يعيش فيه قبل دخوله السجن.

جـ- الاقتناع بإمكانية تغيير وإصلاح أحـوال السـجين إذا مـا وجـد الرعايـة الصالحة والمعاملـة الحسنة والتوجيه السليم.

د- إن رعاية السجين وتأهيله والعودة به إلى حظيرة المجتمع ليست في صالح السجين فحسـب، ولكنها أيضاً في صالح مجتمعه، وأمته. فرعاية السجناء والمعاملة الإنسـانية لهـم تسـتهدف تأهيل المذنب، وإعادة تربيته، وتعديل وتدعيم قيمه واتجاهاته، بحيث تتوافـق مـع قيم المجتمع وإمكانية الحياة فيه في سلام ووئام مع القانون، بحيث يصبح السجين بعد تنفيـذ العقوبة مواطناً صالحاً قادراً على كسب عيشه بطريقة شريفة.

- تتضمن الرعاية الاجتماعية للسجين، إحاطة السجين بالضمانات المطلوبة التي تؤمنه على حاضره ومستقبله، واحتراماً من أجهزة الدولة الرسمية والأهليـة لهـذه الضـمانات، وحرصاً عـلى توفيرها للسجين ليصبح أكثر تكيفاً مع واقعه وأكثر إيجابية في تغييره، وأكثر صبراً على ما فيه من منغصات وأكثر أملاً وتفاؤلاً في مستقبله بعد خروجه من السجن.

والهدف من رعاية السجناء يتضمن رعـايتهم جسـمياً ونفسـياً وعقلياً، وإشباع حاجاتهم الأساسية بالطرائق والوسائل المشروعة والتي تسمح بها إمكانات السجن

ونظمه. كما يتضمن إصلاح أحوالهم، وإحياء لمشاعرهم الخيرة، وتغيير مفاهيمهم عـن أنفسـهم واتجاهاتهم وقيمهم غير المرغوبة التي كانت من أسباب انحرافهم وسجنهم، وتغيير نظرتهم إلى الحياة. كما تشتمل رعاية السجناء وتأهيلهم نفسياً واجتماعياً ومهنياً لحياة اجتماعية واقتصادية ناجحة ومنتجة تسهم في تقدم مجتمعهم وتطور الحياة من حولهم بعد خروجهم مـن السـجن، وتجعلهم قادرين على كسب عيشهم بشرف وكرامة. فضلاً عن ذلك تهدف رعاية السجناء إلى حماية المجتمع من عودة السجناء إلى سابق انحرافهم وإلحاق الضرر والهدر بإمكاناته البشرـية والمادية في حال عودتهم إلى الجريمة والسجن.

ولتحقيق هذه الأهداف لابد مـن تطويـر إدارة السـجون لتكـون في مسـتوى المسؤولية لرعاية السجناء وإصلاحهم وتأهيلهم وكسب ثقتهم وثقـة الخبراء والاختصاصيين الـذين لهـم القدرة على الإسهام في رعاية السجناء وتعليمهم وتدريبهم ومتابعتهم.

ومن الضروري الإطلاع على النظم المرنة التي تطبـق في تنفيـذ العقوبـة عـلى السـجناء في البلدان المتقدمة. وتطبيق ما يتناسب مع قيم وإمكانات وظروف المجتمـع الـذي نعـيش فيـه، ويحقق مصالح السجناء فيه، بالإضافة إلى تنظيم برامج تعليميـة وتدريبيـة وتأهيليـة وتثقيفيـة وتوجيهية تمتاز باستمراريتها وانتظامها وحسن التخطيط لها.

إصلاح السجناء عن طريق تعديل سلوكهم:

إن الهدف من تعديل سلوك السجناء داخل السـجن، هـو جعلهـم يخرجون مـن السـجن وهم أكثر تفاعلاً واندماجاً مع المجتمع بما فيه من نظم وقيم يلزم مراعاتها والتقيد فيها. وهـذا يتم من خلال ترويض المسجونين وجعلهم أكثر تقبلاً للأوامر داخل السجن، وأكثر تقبلاً للحفاظ على النظام والعيش بوئام حتى تنتهي الفترة المحكوم بها على السجين.

بالإضافة إلى ذلك يتم مساعدة السجناء كي يقلعوا عن كثير من العادات السلوكية السيئة والتي كانت سبباً في دخولهم السجن كالإدمان على المخدرات، والانحراف الجنسيـ والسرقة، وغير ذلك من سلوكيات تأصلت لديهم وأصبحت أسلوباً متميزاً من أساليب حياتهم. والمفهوم الإصلاحي لبرنامج تغيير السلوك يهتم بشخصية السجين من جميع جوانبها، للعمل على مساعدة السجين على تغيير ما فسد وما انحرف من سلوكه. وهذا بتطلب قيام مسئولي السجن بالتعرف إلى شخصية السجين، ومعرفة كل الظروف التي عاشها قبل دخوله السجن، ومحاولة استقصاء كل العوامل والمتغيرات الحياتية التي قد يكون لها علاقة مباشرة أم غير مباشرة في انحرافه، لأن ذلك يساعدهم على اتخاذ الخطوات الكفيلة بتغيير سلوك السجين نحو الأفضل، انطلاقاً من الافتراض أن الأفراد أثناء تواجدهم في السجن سيكونون أكثر تقبلاً للإصلاح والتهذيب منه للانحراف. ولكن الفساد الإداري المتفشي في معظم السجون قد يؤدي إلى إضعاف الدور الذي تلعبه البرامج الإصلاحية ويجعلها جوفاء خالية من الآثار الإيجابية، حيث يقول (ميشال برازول، وتوماس الونز):

"لكي تحدث الأساليب السلوكية أثرها لابد من أن تكون بيئة السجين قريبة جداً من البيئة الطبيعية، وبعيدة عن الظروف الاصطناعية، وذلك من خلال التركيز على المتغيرات ذات الطبيعة، وبعيدة عن الظروف الاصطناعية، وذلك من خلال التركيز على المتغيرات ذات التدعيم والأثر الإيجابي" (الطريري، 1987).

فأسلوب تعديل السلوك بتضمن الاعتماد على الدوافع الفردية للشخص السجين وذلك لتحقيق التغيرات السلوكية المطلوبة. وهذا يعني أنه لا يوجد أسلوب معين يمكن استخدامه مع كل السجناء، وذلك لتعدد دوافعهم، واختلاف المشاكل التي أدت بهم إلى السجن. فكل مشكلة بحاجة إلى أسلوب متميز ومتفرد لحلها.

كما أن تعديل السلوك يعتمد على نظرية التعلم في تفسير السلوك الإجرامي، حيث ترى أن السلوك الإجرامي أو المنحرف سلوك متعلم ومكتسب من البيئة، وليس له علاقة بالوراثة التي يحملها الفرد. وانطلاقاً من هذا الأساس فإن تعديل السلوك أو تغييره لا يحدث فجأة، وإنما تسبقه مراحل وإجراءات لابد من القيام بها، بغرض تهيئة الظروف المناسبة لإحداث التغيير المطلوب والمناسب في السلوك.

ولعل أولى المراحل في تغيير السلوك تتمثل في إدراك أن سلوكاً ما بحاجة إلى تعديل أو تغيير، ثم تحديد السلوك المطلوب تغييره أو تعديله، وكذلك تحديد الأنشطة والجهود الواجب القيام بها من أجل التأثير على السلوك.

ومن أجل ذلك لابد من الأخذ بعين الاعتبار بعض الشروط منها:

— قدرة المصدر (المؤثر) على التأثير، بحيث يكون ذلك مدركاً إدراكاً جيداً من قبل الشخص الذي ستقع عليه عملية تغيير السلوك.

— تهيئة الفرد المستهدف في عملية تغيير السلوك نفسياً مثل إثارة الطموح وإثارة روح التنافس، وكذلك إيجاد الثقة في النفس.

ولكن المبدأ الذي ترتكز عليه معظم أساليب تعديل أو تغيير السلوك ينطلق من أساس أن البيئة الاجتماعية الجديدة الذي يوجد فيها الفرد حالياً سيكون أقوى تأثيراً من خبرات الفرد السابقة أو صراعاته الداخلية أو شخصيته بتكوينها العام.

فأساليب تغيير السلوك تهدف إلى إيجاد مرحلة من التحكم الذاتي عند الشخص تتمثل في تنمية مهارات وقدرات معينة لديه، واستقلالية متميزة عنده. وقد يحدث تغيير السلوك بأسلوب غير مباشر وذلك من خلال تغيير البيئة المحيطة بالشخص السجين، وتغيير الطريقة التي يتفاعل بها مع الأفراد فيما بينهم.

الفصل الرابع عشر

الخدمات النفسية في المؤسسات الجنائية

أولاً- دور الاختصاصي النفسي

ثانياً- دور الطبيب النفسي

الفصل الرابع عشر

الخدمات النفسية في المؤسسات الجنائية

أولاً- دور الاختصاصي النفسي:

يعمل الاختصاصي النفسي في مراكز مختلفة، حيث يقوم بمهمات التشخيص والعلاج والبحث، ومن ضمن هذه المراكز التي يعمل بها مراكز إصلاح المسجونين، ومؤسسات الأحداث والمنحرفين، إذ يقوم بدراسة حالات المسجونين، والأحداث المنحرفين، ويقدم تقارير تفصيلية عن أوضاعهم النفسية والاجتماعية والاقتراحات عن كيفية التعامل معهم. كما يقوم بتنظيم برامج تتعلق بتوجيههم وإصلاحهم لإعادة توافقهم ليصبحوا أعضاء نافعين في المجتمع. فضلاً عن ذلك فإنه يعالج المشكلات الصحية ذات الخلفية النفسية والاجتماعية، مثل تعاطي المخدرات، والأمراض الجنسية، والتأخر العقلي، وجنوح الأحداث.

وتزداد أهمية الاختصاصي النفسي يوماً بعد يوم، وتقدم له التسهيلات الممكنة. غير أن بعض البلدان يقصرون دور الاختصاصي النفسي على أعمال الاستشارة النفسية، والوقاية من الاضطرابات النفسية، ومحاولة اكتشافها في وقت مبكر. وقد ازداد دور الاختصاصي النفسي وأهميته في السنوات الأخيرة في مجال العمل الجنائي، حيث يعد هذا المجال من المجالات المهمة في الحياة، وذلك باعتبار أن المجال القضائي هو المعني بحماية حقوق الناس وحرياتهم، وتحقيق العدالة في المجتمع، وتحقيق الأمن والاستقرار الاقتصادي والسياسي والاجتماعي.

ولهذا يمكن للاختصاصي النفسي الإكلينكي تقديم مساعدة كبيرة للعاملين في المجال الجنائي من حيث فحص حالات المتهمين، وتقدير مدى الاضطراب النفسي والجسمي الذي يعانون منه، فضلاً عن قدرته في تقديم الوقاية والعلاج والتأهيل

لمثل هذه الحالات. وأهم الأدوار التي يقوم بها الاختصاصي النفسي في مجال الفحص والتقدير ما يلي:

آ- قياس الذكاء:

ليست العلاقة بين الذكاء والجريمة علاقة سببية، إذ لا يمكن القول بأن انخفاض مستوى الذكاء سبب من أسباب الجريمة، فليس كل المتأخرين عقلياً هم من أصحاب الجرائم، فكثير من الأفراد السيكوباتيين مثلاً يرتكبون جرائم مخالفة للقانون، ولكنهم ليسوا متجانسين من حيث مستوى الذكاء، إذ أن البعض منهم مرتفع الذكاء، والبعض الآخر منخفض الذكاء. ولكن هناك من الجرائم ما يحتاج تنفيذها إلى درجة ذكاء مرتفعة، مثل جرائم الاختلاس، والاحتيال والسرقات المدبرة بإحكام، وجرائم التزوير. كما أن ذوي الذكاء المنخفض قد يتورطون في ارتكاب جرائم مثل السرقة، والقتل... الخ. ولكن الكثير من الدراسات أوضحت أنه لا علاقة بين الإجرام وانخفاض مستوى الذكاء. فقد لخص سوذرلاند (35) (Sutheriand) دراسة استخدمت فيها اختبارات ذكاء مختلفة طبقت على عدد من المجرمين بلغ (175000) مجرم، حيث أظهرت النتائج أن نسبة الذكاء بين المجرمين تساوي تقريباً نسبة الذكاء بين غير المجرمين، وأن سلوك المتأخرين عقلياً من المجرمين الذين يعيشون معهم، وكذلك في نسبة عودتهم إلى الإجرام.

ولهذا يمكن للاختصاصي النفسي الإكلينيكي استخدام أحد مقاييس الذكاء (مقياس وكسلر، مقياس ستانفورد بينيه، اختبار المصفوفات المتدرجة لرافن..) وذلك بغرض تحديد وجود أو عدم وجود تأخر عقلي لدى المتهم المحول إليه، ومدى شدة هذا التأخر.

ومن المؤكد في الوقت الحاضر أن مقاييس الذكاء لم تعد المعيار الوحيد لتحديد وجود تأخر عقلي عند المتهم، فهناك محك آخر هو تقييم السلوك التكيفي الذي يشمل مظهرين أساسيين هما القدرة على الأداء الوظيفي المستقل، والقدرة على

مواجهة مطالب الحياة الاجتماعية والثقافية. ومـن أمثلـة هـذه المقاييس التـي تستخدم لهـذا الغرض، مقياس السلوك التكيفي الذي اعتمدته الرابطة الأمريكية للتأخر العقلي، والـذي يصلح للاستخدام مع الأطفال غير المتـوافقين انفعاليـاً وغيرهم مـن المعوقين، وهناك أيضاً مقيـاس (فاينلاند) للنضج الاجتماعي، والذي يصلح للتطبيق من الميلاد وحتى عمر الخامسة والعشرـين.

ومن المعلومات التي يمكن للاختصاصي النفسيـ الإكلينيكي الحصـول عليها مـن قيـاس الـذكاء، وتساعد الباحثين عن الحقيقة، ما يتعلق بالتدهور العقلي الذي يقصد به هبـوط أو تنـاقص في مستوى الوظيفة العقلية عن مستواها السابق. وقد أوضح بين (Payne) من مراجعته لعدد من الدراسات في تقدير التدهور العقلي، أن العصابيين يظهرون أقل قدر من التدهور على القياسات المختلفة، في حين يظهر الاكتئابيون أكبر قدر من التدهور. أمـا مرضى فصام المراهقـة والفصـام المزمن، فيعتبرون أسوأ المجموعات الفرعية في الفصام من حيث معدل التدهور.

ب- قياس التفكير:

أكدت نتائج العديد من الدراسات أنه باستخدام الاختبارات التي تقيس اضطرابات التفكير يمكن للاختصاصي النفسي الإكلينيكي أن يكشف عن اضطرابات التفكير المختلفة لـدى الأشخاص الذين يحولون إلى الفحص من جانب المحاكم والهيئات القضائية. ومن أمثلة هذه الاختبـارات: اختبار الأمثال، واختبارات التصنيف مثل اختبار رزاسلو، واختبار بين، واختبار شو، واختبار جولد شتاين، واختبار تشامبان وتايلور، واختبارات تفسير المنبهات الغامضة: كاختبار وايت، واختبار برنجلمان، واختبار المسارات. وهناك أيضاً اختبار المتشابهات في مقياس وكسلر بلفيو وغير ذلك. وقد أكد جولد شتاين أن السوي يستطيع التفكير مستخدماً الاتجاهين التجريدي والعيـاني، وأمـا غير السوي فيقتصر استخدامه على نمط واحد هو العياني.

جـ- قياس الوظائف المعرفية النوعية:

إن أهم الوظائف المعرفية التي يمكن قياسها عند الإنسان المتهم ما يلي:

1- اضطرابات الانتباه:

تضطرب وظيفة الانتباه لدى المرضى النفسيين، مما يؤثر على أداء بعض الوظائف العقلية العليا مثل الإدراك، والتذكر، والتفكير بكل أنواعه. ومن الاختبارات التي تقيس درجة تركيز الانتباه، اختبار إعادة الأرقام في مقياس "وكسلر بلفيو" للذكاء، وكذلك قائمة الشطب، وغير ذلك من اختبارات.

2- اضطرابات الإدراك:

الإدراك هو العملية التي يتم بها معرفة وتفسير العالم الخارجي عن طريق الحواس في ضوء ما يتوافر للفرد من خبرات سابقة. ولذلك فإن ما يتعرض له الفرد من اضطرابات إدراكية بسبب ما يعانيه من هلاوس سمعية أو بصرية أو لمسية قد يؤدي به على الاعتداء على الآخرين والذي يعتقد أنهم هم الذين يدفعونه إلى ارتكاب مثل هذه الأفعال. ولهذا يتأكد الاختصاصي النفسي من مدى سلامة الإدراك عند المتهم، وعند الشاهد أمام المحاكم، لما يترتب على ذلك من قرارات قد تكون مجحفة بحق الكثيرين.

والجدير ذكره فإن مرضى الفصام، وكذلك المصابين بآفات عضوية في الدماغ قد يحدث عندهم اضطرابات إدراكية مختلفة. كما أن العقاقير النفسية والمخدرات، والمهدئات كعقار السيرنيل (Sernyle) وكذلك الحشيش يمكن أن تؤدي إلى اضطرابات في الإدراك والانتباه والتفكير.

ولهذا يستطيع الاختصاصي النفسي- الإكلينيكي التعرف إلى الوظيفة الإدراكية وتقويمها من حيث السرعة والدقة من خلال الاختبارات التي أعدت لهذا

الغرض، كاختبار التعرف الذي وضعه (برنجلمان) لقياس سرعة الإدراك، واختبار بندر جشتالت (Bender Gestalt)، واختبار عد المكعبات، والاختبارات التي تقيس الخداع مثل اختبار الخداع لـ موللر- لاير (Muller- Layer)، واختبار الخداع لفونت (Wundt) وكذلك اختبار بوجندوف (Poggendof) واختبارات تقدير الحجم والمسافة والوزن وغير ذلك.

3- اضطرابات الذاكرة:

يعتبر التذكر إحدى الوظائف النفسية المهمة لدى الإنسان، حيث يتمثل في قدرة الفرد على استدعاء الخبرات الماضية التي مر بها، أو التي سبق أن تعلمها. ويتم قياس الذاكرة بعدة طرائق منها: مدى القدرة على التعرف على خبرات سبق للفرد أن مر بها وذلك عندما يراها مرة أخرى. أما الطريقة الثانية فتكون من خلال القدرة على استدعاء فكرة أو شيء إلى الذاكرة سبق أن مر بها الفرد في الماضي دون رؤية هذا الشيء في الوقت الحاضر أمام الحواس. ويمكن استخدام هاتين الطريقتين في المجال الجنائي عندما يطلب من المتهم إعادة تمثيل الجريمة، واسترجاع ما حدث، أو أن يطلب من شاهد وصف ما رآه أو سمعه مرة أخرى، أو أن يتعرف إلى شخص متهم من بين عدة أشخاص يشتبه في أن أحدهم هو الجاني.

وهناك عدة اختبارات يمكن للمتخصص النفسي أن يستخدمها في قياس الذاكرة مثل: وكسلر، واختبار الذاكرة المنطقية، واختبار مدى الذاكرة، واختبار التذكر البصري.. الخ.

د- فحص الإصابات العضوية بالمخ:

إن الكشف المبكر عن المرضى المصابين بذهانات عضوية كالصرع مثلاً، من الخطوات المهمة جداً في تشخيص الأمراض النفسية، إذ أن وجود مثل هذه الإصابة العضوية يؤدي إلى بعض الاندفاعات العنيفة. كما أن الفحص الدقيق لبعض

المرضى الذين يعانون من جنون السرقة، أو جنون الحرائق، أو الجنون الجنسي، قد يكشف أنهم يعانون من إصابات عضوية بالمخ هي التي دفعتهم إلى ارتكاب مثل هذه الأفعال. كما أن رسم المخ الكهربائي (Eeg) بالإضافة إلى الاختبارات النفسية الأخرى (كاختبار بندر جشتالت، واختبار بنتون للتذكر البصري، واختبارات الإدراك الحسي والقدرات العقلية..)، قد يساعد في الكشف عن الإصابات العضوية بالمخ. فقد أوضح وكسلر (1958) من خلال دراساته وجود ارتباط بين القصور في الاختبارات اللفظية، وتلف الشق الأيسر من المخ، وكذلك وجود علاقة بين قصور الأداء على الاختبارات العملية وتلف الشق الأيمن من المخ.

هـ- قياس وتقويم الشخصية واضطراباتها:

يستخدم الاختصاصي النفسي عدداً من الاختبارات لقياس وتقويم الشخصية واضطراباتها، والتي يمكن أن تسهم بشكل مباشر وفعال في تشخيص الحالات التي تحول من المحاكم أو المؤسسات الجنائية، وذلك بقصد تحديد جوانب السواء والانحراف في الشخصية. ومن أمثلة هذه المقاييس والاختبارات التي تستخدم لهذا الغرض مقياس مينيسوتا المتعدد الأوجه (Mmpi)، حيث يتكون من (550) عبارة تصلح للتطبيق الفردي والجمعي، ويقيس عشرة جوانب في الشخصية مثل: توهم المرض، والاكتئاب، والهستيريا، والانحراف السيكوباتي، والذكورة والأنوثة، والبارانويا، والسيكاثنيا، والفصام، والهوس الخفيف، والانطواء الاجتماعي. وهذا المقياس وضع أساساً للتشخيص الإكلينيكي الفارقي، إذ أن تطبيقه على مرضى نفسيين وأسوياء، أظهر وجود فروق دالة إحصائياً بينهم.

ومن المقاييس الأخرى التي تستخدم في المجال الجنائي، والتي تفيد في تقويم الشخصية، مقياس آيزنك للشخصية(Epi) والذي تم تعديله في عام (1957)، وأصبح هذا المقياس يعرف باسم استخبار آيزنك للشخصية (Epq) حيث يقيس بالإضافة إلى العصابية والانبساط، الذهانية، والإجرام، ويفيد في التمييز بين

المجرمين وغير المجرمين، وأدخلت تحسينات على مقاييس العصابية والانبساط والكذب.

وهناك بالإضافة إلى ما سبق بطارية جيلفورد للشخصية، ومقياس بيك للاكتئاب، الـذي يقيس الاكتئاب كحالة.

ثانياً- دور الطبيب النفسي*:

يعد الطبيب النفسي أحد المشاركين في البحث عن الحقيقة الجنائية، حيث يتلقى بالإضافة إلى تأهيله كطبيب نفسي تدريباً إضافياً فيما يتعلق بطريقة تقديم العلاج، وإجراء الاختبارات النفسية اللازمة للتأكد من مدى المسؤولية الجنائية للمتهم.

ولهذا يحاول الطبيب النفسي البحث عن العوامل النفسية والاجتماعية الكامنة وراء الكثير من الأمراض النفسية والعقلية وذلك بهدف التشخيص الدقيق للحالات الجنائية التي يتوقع أن تكون الأمراض النفسية والعقلية سبباً في حدوثها.

ولذلك لابد مـن أخـذ الاعتبـارات الطبيـة في الحسبـان لتحديـد مـدى المسؤوليـة الجنائيـة للمتهم، حيث يقـدم الطبيـب النفسي- شهادتـه كخبير لبيـان العلاقـة بيـن الخصائـص النفسية والسلوكية والمعرفية والطبية من جهة، وبيـن قـدرة المـريض عـلى القصد والمعرفة والاستدلال والفهم والضبط من جهة أخرى. فالفحوصات التي يقوم بها الطبيب النفسي تركز على إثبات مـا إذا كان المتهم بجريمة ما، يعاني من مـرض نفسي- أم لا؟ فالطبيب بشهادته يمكـن أن يؤكد أن المريض سليم العقل فيحال عندها الجاني إلى المحكمة، أو أنه يؤكد إصابته بمرضة أو اضطراب نفسي، أو مرض عقلي، مـما يجعـل المسؤولية الجنائية تسـقط عنـه أو تخفف بحسب حالـة المريض. وقد ازداد في الوقت الحاضر تدخل الطبيب النفسي- في الحـالات الجنائيـة في كثير مـن المجتمعات، حتى لا يكون هناك ظلم للجاني عن أفعال لم ترتكب بإرادته. ولهذا يطلب القاضي أو المحامي من الطبيب النفسي- إجراء الفحـص المبـدئي للمـتهم قبـل محاكمتـه لتحديـد مـدى استعداده لإقامة الدعوى الجنائية عليه، إذ من المتفق عليه

ضمن القانون ومنذ عدة قرون، أن المتهم بارتكاب جريمة لا يعد مسئولا عنها، إذا كان وقت ارتكاب الجريمة مصاباً بمرض عقلي. ولذلك تعتبر مهمة الطبيب النفسي في المجال الجنائي ذات أهمية كبيرة. ومن أهم أوجه المساعدة التي يقدمها الطبيب النفسي للعدالة ما يلي:

- الفحص والتشخيص، وتحديد المسؤولية الجنائية.
- علاج المتهمين المرضى، عندما يتم تحويلهم للمؤسسات العلاجية.
- التنبؤ بمال المتهمين المرضى، ومدى ما يشكلونه من خطورة على الفرد وعلى المجتمع.
- تقديم الاستشارة الفنية للسلطات التشريعية عند صياغة القوانين التي تتعلق بالمرضى النفسيين، وتوجيه المؤسسات العقابية.

ومن أجل تحقيق هذه المساعدة التي يقدمها الطبيب النفسي للعدالة، يقوم الطبيب النفسي بإجراءات الفحص والتشخيص للمتهم لتحديد ما إذا كان المتهم مضطرباً نفسياً قبل ارتكابه الجريمة أم لا؟ حيث يستخدم أساليب تشخيصية مقننة أو شبه مقننة مثل المقابلة التشخيصية، وقائمة تشخيص الفصام، والاضطرابات الوجدانية وقائمة فحص الحالة الراهنة، والتي يتم فيها التركيز على تاريخ حياة المتهم التي تخص ما أصيب به من اضطرابات أو أمراض نفسية، والعلاجات التي تم أخذها، والأفعال الإجرامية في تاريخ حياته، ومدى تعاطيه للمخدرات.. الخ.

وعندما يقدم الطبيب النفسي تقريره أو شهادته كخبير لتحديد مدى المسؤولية الشخصية للمتهم عما ارتكبه، فإنه يوصي السلطة القضائية بعدة أمور منها:

- إيقاع العقوبة بالجاني.
- إطلاق سراح المتهم مع التوجه بعلاجه نفسياً أو بدون توصية.

- إطلاق سراح المتهم مع متابعته داخل أو خارج المستشفى من قبل طبيب نفسي لعلاجه.

- الإيداع في أحد المستشفيات النفسية نظراً لما يتوقع منه من خطورة على الـذات أو على الآخرين.

- الإيداع في دور الرعاية الاجتماعية لعدم وصول سن الجاني على السن القانونية.

كما يقدم الطبيب النفسي تنبؤاته بمدى خطورة المتهم أو المريض على نفسه وعلى الآخرين في حالة وجود مرض عقلي عنده كالاكتئاب الذهاني مثلاً.

فضلاً عن ذلك يقوم الطبيب النفسي- بتقـديم توصياته ومقترحاته بشأن إدخال المـرضى النفسيين إلى المستشفى وعلاجهم فيها، أو علاجهم خارج المستشفى. وكذلك تقـديم التوصيات حول سن التشريعات والقوانين الخاصة بالاضطرابات النفسية قبل إقرارهـا مـن قبل السـلطات التشريعية.

ولكن بالرغم من جسامة المسؤولية التي يقوم بها الطبيب النفسي من أجل تحديـد مـدى المسؤولية الجنائية لدى المضطربين نفسياً وعقلياً، هناك مشكلات تواجـه الطبيب النفسي- عند تقديم شهادته للسلطات القضائية أهمها: عدم تفاعل أو اعتراف السلطات القضائية بما يقدمـه الطبيب النفسي من شهادة، وقد تلقى مثل هذه الشهادة عدم الاكتراث أو عدم الأخـذ بهـا مـن قبل السلطات القضائية.

المراجع

أولا: المراجع العربية:

1- أبو العزايم، جمال ماضي (1989). الإدمان "أسبابه وآثاره والتخطيط الوقاية والعلاج". القاهرة: فينسيا للإعلان.

2- أبو القاسم، أحمد (1986). مسرح الجريمة، مذكرة في مصلحة الأدلة الجنائية.

3- باعبيد، محمد عوض علي (1995). المدخل إلى علم النفس الجنائي. صنعاء: مركز عبادي للدراسات والنشر.

4- ثابت، ناصر (1984). المخدرات وظاهرة استنشاق الغازات – دراسة اجتماعية ميدانية استطلاعية. ذات السلاسل.

5- بدوي، أحمد زكي (1977). معجم مصطلحات العلوم الاجتماعية. بيروت: مكتبة لبنان.

6- بهنام، رمسيس (1977). الإجراءات الجنائية تأصيلاً وتحليلاً. الإسكندرية: منشأة المعارف.

7- بهنام، رمسيس (1979). علم النفس القضائي. الإسكندرية: منشأة المعارف.

8- بهنام، رمسيس (1986). علم الإجرام. الإسكندرية: منشأة المعارف.

9- جعفر، علي محمد (1990). الأحداث المنحرفون: دراسة مقارنة، ط2. بيروت: المؤسسة الجامعية.

10- جلال، سعد 1984). أسس علم النفس الجنائي. القاهرة: دار المطبوعات.

11- الجنزوري، سمير (1977). الأسس العامة لقانون العقوبات. القاهرة.

12- جوخدار، حسن (1977). شرح قانون الأحداث الجانحين. جامعة دمشق.

13- الحافظ، نوري (1981). المراهق (دراسة سيكولوجية). بيروت: المؤسسة العربية للدراسات والنشر.

14- حبيـب، محمـد شـلال (1990). الشـهادة أحكامهـا: دراسـة مقارنـة في الفقـه الجنـائي الإسلامي. المجلة العربية للدراسات الأمنية. الرياض: المجلد الخامس، العـدد التاسـع، ص ص: 119-141.

15- الحجار، محمد حمـدي (1994). العـلاج المـبرمج في الإدمـان عـلى المخـدرات والمـؤثرات العقلية من المنظور النظري إلى الممارسة العملية (حوار ذاتي). المجلة العربية للدراسات الأمنية والتدريب. الرياض. م9، ع17.

16- حسن، محمد علي (1970). علاقة الوالدين بالطفل وأثرها في جناح الأحداث. القاهرة.

17- حسني، محمود نجيب (1977). شرح قانون العقوبات القسم العام، القاهرة.

18- حسني، محمود نجيب (1974). النظرية العامة للقصد الجنائي. القاهرة.

19- حسون، تماضر (1993). دور التنشئة الاجتماعية والتشريعات القانونية في حماية الطفل من الانحراف. المجلة العربية للدراسات الأمنية. الرياض: المجلد الثامن، العـدد السـادس عشر ص ص: 59-79.

20- حسون، تماضر (1993). انحراف الأحداث الذكور في الوطن العربي – دراسة ميدانية. دار النشر بالمركز العربي للدراسات الأمنية والتدريب، الرياض.

21- حسون، تماضر (1995). اثر العائلة في وقايـة المـراهقين مـن تعـاطي المخـدرات. المجلـة العربية للدراسات الأمنية والتدريب. الرياض: المجلـد العـاشر، العـدد التاسـع عشـر ص ص: 175-200.

22- حسون، تماضر (1996). الوقايـة مـن الجريمـة في الإسـلام (2). الرياض: مجلـة الفيصـل، العدد (230).

23- حمودة، محمود (1990). النفس: أسرارها.. وأمراضها. القاهرة: العجالة.

24- خلف، محمود (1986). مبادئ علم الإجرام، ط4. بنغازي: الدار الجماهيرية.

25- الخوري، حنا؛ مختار، منال (1994). الطب النفسي، ط5، جامعة دمشق.

26- الخيرو، مصباح محمد (1978-1979). معاملة الأحداث الجانحين. مجلة البحوث الاجتماعية والجنائية. العدد الأول، السنة السابعة، والثامنة.

27- الخيرو، مصباح محمد (1990). تفريد معاملة الأحداث الجانحين، المجلة العربية للدراسات الأمنية. الرياض: م5، ع9، يناير/ فبراير، ص ص 65-87.

28- دافيدوف، لندال (1983). مدخل علم النفس، الرياض: دار ماكجر وهيل.

29- الدجاني، عوني وفا (1949). علم النفس الجنائي. بغداد.

30- الدمرداش، عادل (1982). الإدمان – مظاهره وعلاجه. الكويت: عالم المعرفة، 1982.

31- ديبونت، روبرت، ل . 01989). مكافحة العقاقير المؤدية للإدمان. ترجمة وليد الترك، ورياض عوض. عمان: مركز الكتب الأردني.

32- راجح، احمد عزت (1942). علم النفس الجنائي، بغداد.

33- راشد، علي (1974). القانون الجنائي: المدخل وأصوله النظرية العامة القاهرة.

34- ربيع، محمد شحاتة؛ يوسف، جمعة سيد؛ عبد الله، معتز سيد (1995). علم النفس الجنائي. القاهرة. دار غريب للطباعة والنشر والتوزيع.

35- الرفاعي، حسين (1992). الوقاية من انحراف الأحداث، مبادئ الرياض: مجلة الفكر الشرطي، الشرطة، المجلد الأول، العد الثاني، أكتوبر.

36- رمضان، عمر السعيد (1972). دروس في علم الإجرام. بيروت: دار النهضة العربية.

37- الزعبي، أحمد محمد (1994أ). أسس علم النفس الاجتماعي. بيروت: دار الحرف العربي.

37- الزعبي، احمد محمد (1994ب). الإرشاد النفسي: نظرياته، اتجاهاته، مجالاته. بيروت: دار الحرف العربي.

38- الساعاتي، حسن (1951). في علم الاجتماع الجنائي. القاهرة.

39- السعيد، صالح (1993). تعاطي المخدرات والمؤثرات العقلية "دراسة مقارنة بين الأردنيين والعمالة الوافدة". عمان.

40- سوين، ريتشارد (1988). علم الأمراض النفسية والعقلية. ترجمة أحمد عبد العزيز سلامة. الكويت: مكتبة الفلاح.

41- سيف، مجدمحمد (بدون تاريخ). علم النفس الجنائي والقضائي، ج1. صنعاء: دار إقرأ.

42- الشرقاوي، أنور محمد (1986). انحراف الأحداث، ط2. القاهرة.

43- شكري، عليا؛ وآخرون (1993). دراسة المشكلات الاجتماعية. (عدلي السمري، المتغيرات الاجتماعية لتعاطي المخدرات). القاهرة.

44- شوقي، مدحت عزيز (1985). أسطورة المخدرات والجنس. القاهرة: النهضة المصرية العامة للكتاب، ص ص:12-13.

45- الشيباني، عمر التومي (1995). الاتجاه الإسلامي لرعاية السجناء وتطبيقاته في الميدان الإصلاحي. الرياض: المجلة العربية للدراسات الأمنية والتدريب، م10، ع20، نوفمبر، ص ص: 7-38.

46- الصباغ، محمد لطفي (1995). الشريعة الإسلامية ودورها في عميق الوعي بمخاطر التدخين والمخدرات. الرياض: المجلة العربية للدراسات الأمنية والتدريب. م10، ع20، ص ص: 69-127.

47- صدقي، عبد الرحيم (1984). مقدمة في دراسة علم الإجرام العام والمعملي. القاهرة: دار المعارف.

48- طاش، عبد القادر (1991). وباء المخدرات ودور وسائل الإعلام في التوعية بمخاطره. الرياض: الثقافة الأمنية، سلسلة محاضرات الموسم الثقافي الرابع.

49- الطريري، عبد الرحمن سليمان (1987). تعديل السلوك كوسيلة لإصلاح نزلاء السجون. الرياض: المجلة العربية للدراسات الأمنية، م3، ع5، ص ص: 93-103.

50- عارف، محمد (1990). الجريمة في المجتمع، نقد منهجي لتفسير السلوك الإجرامي. القاهرة: الأنجلو المصرية.

51- عبد الستار، فوزية (1987). معاملة الأحداث: الأحكام القانونية والمعاملة العقابية. جامعة القاهرة.

52- العشماوي، السيد متولي (1993). الجوانب الاجتماعية لظاهرة الإدمان ج1، الرياض، المركزي العربي للدراسات الأمنية والتدريب.

53- العصرة، منير (1974). انحراف الأحداث ومشكلة العوامل. الإسكندرية.

54- العفيفي، عبد الكريم (1984) ظاهرة تعاطي المخدرات وأثرها على التنمية الاجتماعية. رسالة دكتوراة غير منشرة، مكتبة كلية الأداب بسوهاج ص: 317-318.

55- عكاشة، أحمد (1989). الطب النفسي المعاصر. القاهرة: الانجلو المصرية.

56- العلم والمجتمع (1984). الوسائل الكفيلة لمكافحة المخدرات والسموم. العدد (55)، السنة (14)، يونيه – سبتمبر، مجلة اليونسكو، (1984)، مركز مطبوعات اليونسكو، القاهرة. ص 93.

57- العوجي، مصطفى (1980). دروس في العلم الجنائي (الجريمة والمجرم). بيروت: مؤسسة نوفل.

58- عـويس، سـيد (1969). الشـباب الجـانح في جمهوريـة مصرـ العربيـة. القـاهرة: المجلـة الجنائية القومية، م12، مارس.

59- العيسوي، عبد الرحمن (1981). دراسات سيكولوجية الإسكندرية: منشأة المعارف.

60- العيسوي، عبـد الـرحمن (1990). علـم الـنفس الجنـائي – أسسـه وتطبيقاتـه العمليـة. بيروت: الدار الجامعية.

61- العيسوي، عبد الرحمن (1992) مبحث الجريمة "دراسة تفسير الجريمة والوقاية منها". بيروت: دار النهضة العربية.

62- غانم، محمد حسن (1994). ديناميات صورة السلطة لدى المسجونين – دراسـة نفسـية مقارنة. ملخص أطروحة ماجستير (غـير منشـورة). جامعـة عـين شـمس، كليـة الآداب، 1990)، في الثقافة النفسية م5، ع19، حزيران.

63- غباري، محمـد سـلامة محمـد (1986). الانحـراف الاجتماعـي ورعايـة المنحـرفين ودور الخدمة الاجتماعية معهم. الإسكندرية: المكتب الجامعي الحديث.

64- الغزاوي، جـلال الـدين عمـر (1987). إدمـان المخـدرات والعمـل الاجتماعـي. الريـاض: المجلة العربية للدراسات الأمنية. م2، ع4.

65- الفاضل، محمد (1955). إصلاح الأحـداث الجـانحين. دمشق: مجلـة القـانون السـورية، ع5.

66- فتحي، محمد (1969). علم النفس الجنائي علـماً وعمـلاً ج1. القـاهرة: مكتـب النهضـة المصرية.

67- الفراجي، باسم محمد أحمد (1995). الغدد والسلوك الإجرامي. الرياض: المجلة العربية للدراسات الأمنية والتدريب. م10، ع20، ص ص: 39-68.

68 - القوصي، عبد العزيز (1975). أسس الصحة النفسية. القاهرة: النهضة العربية.

69 - الكتاني، إدريس (1987). الآثار السلبية لمشاهدة العنف والإجرام في التلفزيون والسينما على سلوك الطفل. الرياض: المجلة العربية للدراسات الأمنية والتدريب. م3، ع5، ص ص: 65-78.

70 - الكردي، محمود فهمي (1990) مشكلة تعاطي المخدرات (دراسة ميدانية، جامعة قطر).

71 - ليلة، رزق مسند إبراهيم (1991). مقدمة في علم النفس الجنائي. مجلة الثقافة النفسية، مركز الدراسات النفسية والنفسية الجسدية، العدد 8، م2، ت1 ص ص: 88-96.

72 - مرسي، محمد عبد المعبود (1995). احتراف الجرمية. المجلة العربية للدراسات الأمنية. الرياض: م10، ع19.

73 - مسيحة، جميل حنا (1974). الاعتماد على المخدرات وتنظيم أجهزة المكافحة. سلسلة أبحاث الدارسين بمعهد الدراسات العليا لضباط الشرطة. القاهرة.

74 - مصطفى، شاكر (1986). الأيتام هل هم يقودون التاريخ. القبس الكويتية في كافية رمضان. التنشئة الأسرية وأثرها في تكوين شخصية الطفل العربي، المؤتمر العربي حول الطفولة والتنمية. تونس: نوفمبر.

75 - مصيقر، عبد الرحمن (1985). الشباب والمخدرات في دول الخليج العربي، الكويت: شركة الربيعان للنشر والتوزيع.

76 - المغربي، سعد (1986). سيكولوجية تعاطي الأفيون ومشتقاته. القاهرة: الهيئة المصرية العامة للكتاب.

77- مكي، عباس (1990). تماسك الأسرة العربية، دور الأب في الوقاية من الجريمة والانحراف، دراسة قدمت إلى ندوة: دور المواطن في الوقاية من الجريمة والانحراف. دمشق: آذار/ مارس.

78- المهدي، السيد (1993)، مسرح الجريمة ودلالته في تحديد شخصية الجابي. الرياض: المركز العربي للدراسات الأمنية والتدريب.

79- النابلسي، محمد أحمد (1991). علم نفس المجتمع. الإدمان وحش يهدد المجتمع. بيروت: الثقافة النفسية، ع5، م2، كانون الثاني.

80- نافع، إبراهيم (1991). في بيتنا مدمن، كيف نمنع الكارثة؛ القاهرة: مركز الأهرام.

81- هاربرت، روبرت (1974). التحليل النفسي والعلاج النفسي. ترجمة سعد جلال. القاهرة: الهيئة المصرية العامة للكتاب.

82- هلال، هلال فرغلي (1987). جرائم المخدرات في الشريعة الإسلامية. المجلة العربية للدراسات الأمنية. الرياض: م2، ع4، يونيو.

83- الهواري، محمد (بدون تاريخ). المخدرات من القلق إلى الاستعباد. قطر: مطابع الدوحة.

ثانيا: المراجع الأجنبية:

84- Austin, Gregory, A. et.al. (1979). Reseach issues UP date, 1978, National institute on drug a buse. Washington, P. 1 71-1722.

85- Beckett, H.K. Hypothesis Concerning the Ethiologie of Herion Addication. New York. Academic Press.

86- Gerald. C., Davison & J.M. Neale (1974). Abnormal Psychology, an Experimental Clinical approach. London, John Willy & Sons, inc.

87- Gluech, sh; &Eeaner (1950), Unravelling Juvenile Delinquency. Cambridge, Harvard University Press.

88- Greer,s (1964). Study of Parental lossin the neurotic and Socio Paths. Arcives of general Psychiatry.

89- Hare, R.S. (1870). Psychopathy: Theory and research. New York: Jon Willie.

90- Newin, V. (1980). Opium Addicts and the New Wave of Heroion Addicats Compared. Public Health Papers, No.3, WHO, Geneva.

91- Robison, S.M. (1960). Juvenile delinquency, its nature and Control, New York.

92- Siporin, Max. (1970). Social Treatment: Anew – Old Helping Method. In Social Work. Vol 15, July, PP. 13-25.

93- Stefani, G.; et levassiur, G. (1972). Criminology et Science Penitentiaire, Paris.

94- Tygert, C. (1991). Juvenile delinquency and numbers of childrens in a Family: Some empirical and theoretical Updates, Youth and Society, 22, 24. June.

95- Venezia, P. (1968). Delinquency as afunction of interfamily relationship. Journal of research in crime and delinquency. New York.

96- Wadud, K.A. (1981). Yoth and Drug abuse treatment. World Healthy Organization Geneva.

د. أحمد محمد الزعبي

- ولد في مدينة جاسم - محافظة درعا - سوريا 1956م.
- تخرج من قسم علم النفس بكلية التربية جامعة دمشق 1980 بتقدير جيد جداً، وكان ترتيبه الأول.
- حصل على دبلوم التأهيل التربوي من كلية التربية جامعة دمشق بتقدير جيد جيداً.
- حصل على درجة الدكتوراة في علم النفس من جامعة لايبزج- ألمانيا عام 1986 بتقدير جيد جداً واختير البحث كأحد خمسة بحوث متميزة في جامعة لايبزج.
- عمل محاضراً في جامعة دمشق لمدة ثلاث سنوات من عام 1986-1987 وحتى عام 1988-1989.
- يعمل حالياً أستاذاً مشاركاً في قسم علم النفس - كلية الآداب جامعة صنعاء.
- يعمل حالياً مرشداً نفسياً في الإدارة الطبية المركزية بجامعة صنعاء بالإضافة إلى عمله التدريسي.
- نشر له سبعة كتب هي:
  - الإرشاد النفسي (نظرياته - مجالاته - اتجاهاته).
  - الأمراض النفسية والمشكلات السلوكية والدراسية عند الأطفال.
  - أسس علم النفس الاجتماعي.
  - سيكولوجية الفروق الفردية وتطبيقاتها التربوية.
  - آفاق جديدة في علم النفس (ترجمة عن اللغة الإنجليزية بالاشتراك مع أساتذة مختصين في قسم علم النفس بجامعة صنعاء).
  - سيكولوجية المراهقة.
  - أسس علم النفس الجنائي.
  - نشر له عدد من البحوث في مجلات عربية ودولية، كما نشر له عدد من المقالات والمقابلات في صحف ومجلات عربية.

Printed in the United States
By Bookmasters